"十四五"职业教育国家规划教材

高等职业教育财经类专业群 **智慧财经** 系列教材

个人理财

（第四版）

廖旗平　主编

刘梁炜　杨　洁　肖建琳　副主编

U0772018

中国教育出版传媒集团

高等教育出版社·北京

内容提要

　　本书是"十四五"职业教育国家规划教材，也是高等职业教育财经类专业群智慧财经系列教材之一。

　　本书以党的二十大精神为指引，根据国内外个人理财发展的特点和我国高职教育的要求，结合金融类职业教育专业人才培养的特点，对理财知识内容进行了精选，从理财问题导向出发，设计了八章内容，包括个人理财基础、现金规划、消费规划、教育规划、保险规划、投资规划、退休规划、财产分配和传承规划，便于学生开展实践；同时按照任务驱动教学模式设计章节，将案例、学习活动和理论知识融为一体，并融入了1+X家庭理财规划职业技能等级证书的知识点，设计了专业能力训练，并针对每章重难点提供了微课视频资源。教师如需获取本书授课用PPT、电子教案、习题答案等配套资源，请登录"高等教育出版社产品信息检索系统"（xuanshu.hep.com.cn）免费下载。

　　本书适用于高等职业教育专科、本科院校和应用型本科院校投资理财专业及其他相关专业的教学，也可作为社会从业人士的学习参考读物使用。

图书在版编目（CIP）数据

　　个人理财 / 廖旗平主编 . -- 4 版 . -- 北京：高等教育出版社，2025. 2. -- ISBN 978-7-04-063203-3

　　Ⅰ. F830.59

中国国家版本馆 CIP 数据核字第 2024FE1333 号

个人理财（第四版）

GEREN LICAI

| 策划编辑　马　一 | 责任编辑　马　一 | 封面设计　李树龙 | 版式设计　于　婕 |
| 责任绘图　马天驰 | 责任校对　刁丽丽 | 责任印制　耿　轩 | |

出版发行	高等教育出版社	网　　址	http://www.hep.edu.cn
社　　址	北京市西城区德外大街 4 号		http://www.hep.com.cn
邮政编码	100120	网上订购	http://www.hepmall.com.cn
印　　刷	小森印刷（北京）有限公司		http://www.hepmall.com
开　　本	787mm×1092mm　1/16		http://www.hepmall.cn
印　　张	19.5	版　　次	2009 年 2 月第 1 版
字　　数	370 千字		2025 年 2 月第 4 版
购书热线	010-58581118	印　　次	2025 年 2 月第 1 次印刷
咨询电话	400-810-0598	定　　价	49.80 元

本书如有缺页、倒页、脱页等质量问题，请到所购图书销售部门联系调换

版权所有　侵权必究

物　料　号　63203-00

第四版前言

随着我国经济的发展和居民收入水平的提高，个人理财需求凸显。与此同时，中国金融服务和金融产品日益丰富，理财规划师、理财顾问等职业走进了大众的生活和工作中，理财教育也得到了较大发展，"个人理财"逐渐成为金融类职业教育的核心课程。本书在 2008 年第一版、2016 年第二版、2020 年第三版的基础上总结十多年的教育实践，为适应目前我国个人理财发展特点和趋势，按照教育部《高等学校课程思政建设指导纲要》等文件的具体要求进行修订，修订后的教材具有以下三个特点：

一、育人特色更鲜明

本书梳理"个人理财"课程的理财规划逻辑和思政逻辑，把立德树人作为育人首要目标，坚持将社会主义核心价值观融入知识传授和能力培养，涵盖了理财价值观、理财职业道德等内容。本书结合党的二十大精神，以构建科学理财理念为目标，将需求调查、理财案例等素材融入理财知识，树立正确的理财价值观，增强学生的爱国情怀、法治意识、社会责任和人文精神。

二、精选内容更接实际

考虑职业教育的属性，注重实践与理论并重，本次修订对理财知识内容进行了精选，融入了 1+X 家庭理财规划职业技能等级证书知识点，设计了专业能力训练。本次修订从理财问题导向出发，新增了现金规划、消费规划等六章的财务问题诊断相关内容，便于学生开展理财顾问实践；同时按照任务驱动教学模式设计章节，将案例、学习活动和理论知识融为一体。另外，本次修订体现了中国国情和金融市场实际变化，也更适应高职学生今后从事理财工作的职业特点。

三、编写体例更新颖

基于个人线上理财需求的增长趋势，金融机构智能投顾业务发展迅速，本书按照智能理财顾问业务导向进行编排。同时，基于职业教育的特点，本书针对每章重难点制作了数字化资源，丰富了理财教育资源库，助力线上线下混合教学，期望达到满足师生教与学的便利性、实用性的要求。

本次修订由广东农工商职业技术学院廖旗平教授任主编，负责重新编写拟定全书大纲，对全书修订稿进行修改和统稿；广东农工商职业技术学院刘梁炜（兼任广东招商创富资产管理有限公司策略研究员）、马克思主义学院杨洁（兼职律师）、广东财经大学会计学院肖建琳协助进行统稿和修订，任副主编。全书具体编写分工：第一章，廖旗平、肖建琳；第二章，廖旗平、刘宇宁；第三章，刘梁炜、谢芳；第四章、第七章，陈伟芝、廖旗平；第五章、第六章，刘梁炜、梁志成；第八章，廖旗平、杨洁。杨洁也参与了本教材各章节课程思政内容的修订。

本书在编写过程中参阅了国内外各种有关文献，在此对参考文献的作者和教材第三版编者刘美荣、张会丽表示感谢。由于我们的水平有限，加上时间仓促，谬误之处在所难免，敬请广大读者批评指正。

编　者

2025 年 1 月

第一版前言

随着人们收入水平的提高，个人理财已成为人们生活当中的一件大事。通过理财，人们不仅可以增加收入，还可以改善生活质量，丰富人们的精神生活。但是，总体来看，人们对个人理财的知识缺乏相应的了解，个人理财教育任重道远。

2003 年年初，国家劳动和社会保障部（现人力资源和社会保障部）颁布了《理财规划师国家职业标准（试行）》，推出了理财规划师这一新职业。2005 年，国家进行了理财规划师资格试点考试，到 2008 年已经进行了多次理财规划师和助理理财规划师的资格考试。本教材正是适应个人理财教育发展趋势，按照理财职业发展的要求而编写的。本教材具有以下三个特点：

一、内容新。由于国家理财规划师资格考试内容正在修订当中，本教材结合国内外理财教育发展的动态，从高职学生从事理财业务的要求出发，参照国家助理理财规划师考试要求，增加了理财心理的相关内容，也符合高职学生今后从事理财一线工作的职业特点。

二、形式活。本教材结合高职教育强调工学结合人才培养模式的特点，联系个人理财教育的实际，采用案例导入法，并以案例作为学习资料启发学生思维，调动学生学习兴趣。同时，在本教材中还设计了丰富的学习活动，加强学生对知识的了解和运用。另外，还设计了一些知识扩展点和思考练习题，便于学生复习和巩固所学知识。

三、实践性强。本教材按照任务驱动教学模式设计章节，符合高职教育强调实践的教学特点。第一章为个人理财基础，中间八章按照理财规划各项目进行安排，分别是现金规划、消费规划、教育规划、保险规划、投资规划、退休规划、财产分配和传承规划、个人理财规划建议书的编写，最后一章为综合理财规划应用。每一章都设计了理财规划的工作步骤，便于开展教学。

本教材由广东省职业技能鉴定指导中心理财规划师专家组成员、中山大学金融学博士、广东农工商职业技术学院廖旗平副教授任主编，负责拟定全书编写大纲，并对全书进行修改和统稿；黄河水利职业技术学院张会丽和内蒙古财经学院刘美荣任副主编，对部分章节初稿进行了审查和修改。全书各章由下列同志执笔：第一章、第十章，廖旗平；第二章，刘美荣；第三章，张会丽；第四章、第七章，广东交通职业技术学院陈伟芝；第五章、第六章，广东农工商职业技术学院刘梁炜；第八章，广东农工商职业技术学院吴红宇；第九章，黄河水利职业技术学院崔嵩。本教材由广东省职业技能鉴定指导中心理财规划师专家组成员、广东金融学院张文云副教授负责审定。

本教材在编写过程中大量参阅了国内外有关文献，在此对文献的作者表示感谢。

由于编者水平有限，加上时间仓促，谬误之处在所难免，敬请广大读者批评指正。

编　者

2008 年 11 月

目录 <<<<<<<<

第一章　个人理财基础 / 001

　　第一节　个人理财和个人理财规划 / 004

　　第二节　个人理财规划理论和计算基础 / 023

第二章　现金规划 / 051

　　第一节　现金规划目标 / 054

　　第二节　现金财务问题诊断 / 057

　　第三节　现金规划方法和工具 / 060

第三章　消费规划 / 089

　　第一节　消费财务问题诊断 / 092

　　第二节　消费购买决策 / 095

　　第三节　住房规划 / 100

第四章　教育规划 / 129

　　第一节　教育规划概述 / 132

　　第二节　教育规划需求诊断与投资 / 137

第五章　保险规划 / 159

　　第一节　保险规划的意义和步骤 / 162

　　第二节　保险需求诊断 / 173

第六章　投资规划 / 195

　　第一节　投资规划的意义和步骤 / 198

　　第二节　投资目标和投资环境 / 205

　　第三节　资产配置 / 214

第七章　退休规划 / 229

　　第一节　退休规划的意义和步骤 / 232

　　第二节　退休需求 / 236

　　第三节　退休金的投资准备 / 242

第八章　财产分配和传承规划　/　263

　　第一节　财产分配和传承规划的意义和步骤　/　266

　　第二节　财产分配规划　/　272

　　第三节　财产传承规划　/　283

参考文献　/　299

"个人理财"
线上课程

第一章
个人理财基础

第一节　个人理财和个人理财规划

第二节　个人理财规划理论和计算基础

学习目标

素养目标
- 树立理财规划师职业具有的个人理财服务意识，以理财服务的意识推动理财产品的营销；
- 树立正确的理财价值观，从而养成竭诚服务民生、守护人民美好生活的职业素养。

知识目标
- 了解个人理财生命周期理论和中国家庭理财理论；
- 了解个人理财与理财规划的含义；
- 了解个人理财规划工作的基本步骤；
- 了解中国家庭理财规划师的职业道德；
- 掌握货币时间价值的概念；
- 熟悉普通年金的概念及计算公式。

能力目标
- 能够运用货币的时间价值进行个人理财规划的分析；
- 能够运用 Excel 软件进行理财规划的计算操作技能。

个人理财基础
重难点讲解

思维导图

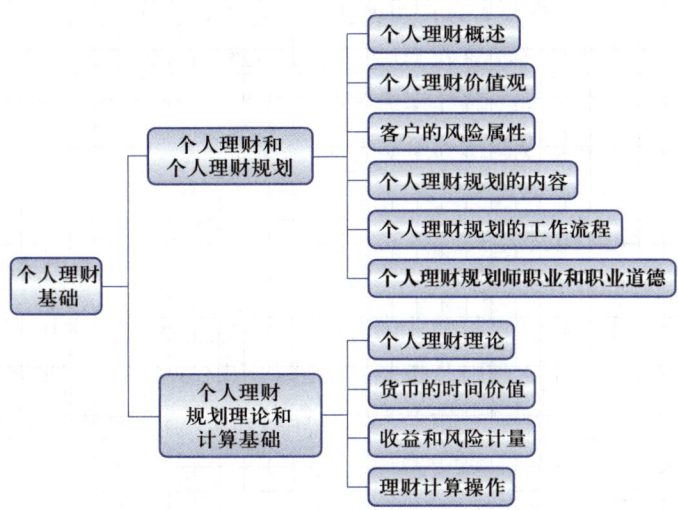

第一节　个人理财和个人理财规划

【导入案例】

案例 1.1　刘先生和张先生 10 年前是大学本科的同班同学，大学毕业后都从事财务工作。工作 5 年后，两人都存储了 30 万元人民币。5 年前，他们都花掉了这 30 万元。刘先生在广州购买了一套房；张先生买了一辆小轿车。5 年后的今天，刘先生的房子市值 60 万元；张先生的小轿车市值只有 5 万元。

解释：两人的收入都一样，而且有同样学历、同样的社会经验，但因为两人的理财观念不一样，导致两人目前的资产有了很大的差异。

一、个人理财概述

（一）个人理财的定义

关于个人理财的定义，目前业内有不同的说法。其中，美国理财师资格鉴定委员会的定义是：个人理财是指制订合理利用财务资源、实现客户个人人生目标的程序。由于个人理财包括个人生活理财和个人投资理财，属于广义的个人理财的定义。

1. 个人生活理财

个人生活理财是指通过制订财务计划对个人消费性财务资源的适当管理，并通过不断调整计划以追求财务安全和财务自由为目标的经济活动。个人生活理财主要通过帮助个人设计一个将其整个生命周期考虑在内的财务计划，将个人未来的职业选择、子女及自身的教育、购房、保险、医疗、企业年金和养老、遗产及事业继承，以及生活中个人所需面对的各种税收等各方面的事宜进行妥善安排，使个人在不断提高生活品质的同时，即使到年老体弱以及收入锐减的时候，也能保持自己所设计的生活水平，最终达到整个生命周期的财务安全、自主、自由和自在。个人生活理财的核心在于根据个人的消费性财务资源状况和消费偏好来实现个人的人生目标。

2. 个人投资理财

个人投资理财是指通过制订财务计划对个人投资性财务资源进行适当管理，并通过不断调整计划以追求财务安全和财务自由为目标的经济活动。个人投资理财是在个人现有生活目标得到满足以后，追求投资于股票、债券、金融衍生工具、黄金、外汇、不动产及艺术品等各种投资工具时的最优回报，加速个人、家庭资产成长，从而提高家庭的生活水平和质量。个人投资理财的核心在于根据个人的投资性财务资源状况和风险偏好来实现个人的人生目标。

总而言之，个人生活理财侧重于对现有消费性财务资源的规划和管理，而个人投资理财侧重于对现有投资性财务资源的规划和管理，满足未来消费需求和人生目标。在中国，人们非常重视个人生活理财成为一种传统，在社会上形成了很多有价值的理财观念；而现在由于人们生活水平的提高，市场化的投资工具越来越多，个人投资理财也越来越得到人们的重视和青睐。

（二）个人理财的动机

人从事任何活动都有一定的原因，动机是为实现一定的目标激励人们行动的内在原因。个人理财的动机是人们管理个人财务资源的原因。具体来说，可能是财富增值所带来的能力的证明，也是个人价值的体现，通过理财可以改善家庭生活水准，也可以为社会做贡献等。

个人理财的动机可以概括地分为理性动机与感性动机。其中，理性动机包括获得收益、资金流动、防范风险、融资便利等；感性动机包括被他人赞美、被社会承认及自我满足等。理财者个人只有把握好自己的理财动机，认识到自己的理财侧重点，才能在理财过程中实现自己的愿望，达到理财的目标；理财中介机构只有对客户需求与动机进行充分的研究，才能为客户提供满意的理财产品和服务。

（三）个人理财的目标

个人理财追求两大目标：财务安全和财务自由。

1. 财务安全

理财观不同，财务安全的含义也不同。从个人生活理财角度看，财务安全就是指现有的财务资源足以应对现在和未来的生活支出。从个人投资理财角度看，财务安全就是指要保障个人财务资源原有价值不受损失。财务安全是个人理财所追求的第一层次目标；只有实现财务安全，才能达到人生各阶段收入支出的基本平衡。

从个人生活理财角度看，衡量一个人或家庭的财务安全，主要通过以下内容来进行：

（1）是否有稳定、充足的收入；

（2）个人是否有发展潜力；

（3）是否有充足的现金准备；

（4）是否有适当的住房；

（5）是否购买了适当的财产和人身保险；

（6）是否有适当的、收益稳定的投资；

（7）是否享受社会保障；

（8）是否有额外的养老保障计划。

从个人投资理财角度看，衡量一个人或家庭的财务安全，主要通过财务安全度指标来判断。

财务安全度 =（投资性资产市场价值 / 投资性资产原值）× 100%

财务安全度一般用来衡量个人投资性资产保值的能力。如果财务安全度大于100%，表示个人投资性资产保值能力较强；反之，则表示个人投资性资产保值能力较弱。

例1.1 刘某20××年1月1日拥有金融资产共计60万元，到20××年12月31日，这些金融资产价值达到了66万元，请问刘某这些金融资产安全度如何？

答：财产安全度 $= \dfrac{66}{60} \times 100\% = 110\%$，这说明刘某资产保值能力较强。

2. 财务自由

财务自由，是表示个人在不用为一份薪水而工作的前提下其财务资源就可以满足个人生活所需的状态，但并不是指个人必须拥有大笔的实际物质财富才能达到。财务自由是个人理财所追求的第二层次目标。

财务自由度 = ［投资性收入（非工资收入）/ 日常消费支出］× 100%

财务自由度一般用来衡量个人财务自由的程度。如果财务自由度大于100%，表示个人财务自由度较大；反之，则表示个人财务自由度较小。

例1.2 张某今年45岁，家庭每月消费支出为5 000元，现拥有投资性资产共计100万元，预计每年能带来8万元投资收益，请问该家庭的财务自由度如何？

答：财务自由度 $= \dfrac{8}{0.5 \times 12} \times 100\% = 133.33\%$。这说明该家庭财务自由度较大。

财务自由度是家庭理财中一项很重要的指标，一个人靠购买基金和炒股的收益完全可以应付家庭日常支出，工资可以基本不动，那这个人的财务自由度就较大，即使以后失业了也不会对家庭生活造成太大影响。如果一个人除工资之外几乎没有任何理财收入，那么只能完全依赖工资生活了，其财务自由度相对较小。因此，要想提高家庭财务自由度指标，就要及早树立理财意识。

财 商小课堂

只拥有物质财富不是人生的一切

现代很多人追求财富，总认为拥有物质财富就有了人生的一切。其实，当一个人的物质财富可以满足基本生存时，应该进而追求精神财富。自然界的所有生物中，唯有人类同时拥有精神和物质的双重世界。飞禽走兽为觅食奔忙，如果人类也仅仅是为了生存而生活，那和动物有什么区别？当基本生存问题解决之后，我们对生活的感受，更多是来自于精神体验。物质财富与精神财富平衡与否，正是决定人生幸福的关键所在。党的二十大报告指出，中国式现代化是物质文明和精神文明相协调的现代化。物质富足、精神富有是社会主义现代化的根本要求。

二、个人理财价值观

（一）理财价值观的含义

理财价值观就是客户对不同理财目标的优先顺序的主观评价。价值观因人而异，没有对错标准。理财规划师的责任不在于改变客户的价值观，而是让客户了解在不同价值观下的财务特征和理财方式。

客户在理财过程中会产生两种支出：义务性支出和选择性支出。

义务性支出也称为强制性支出，是收入中必须优先满足的支出。义务性支出包括三项：第一，日常生活基本开销；第二，已有负债的本利摊还支出；第三，已有保险的续期保费支出。

收入中除去义务性支出的部分就是选择性支出。选择性支出也被称为任意性支出。不同价值观的客户由于对不同理财目标实现后带来的效用有不同的主观评价，因此，对选择性支出的选择顺序会有所不同。

（二）四种典型的理财价值观

根据对义务性支出和选择性支出的不同态度，理财价值观可以被划分为如下四种：

1. 偏退休型——先牺牲后享受的"蚂蚁族"

（1）选择性支出大都存起来，"先牺牲后享受"，不重眼前享受。

（2）目标是早日实现财务独立，提早退休。

（3）工作期辛苦工作，储蓄率高，退休后享受高品质的退休生活。

（4）工作储蓄用于退休后生活支出。

2. 偏当前享受型——先享受后牺牲的"蟋蟀族"

（1）把大部分选择性支出用于现在消费，"先享受后牺牲"，重眼前享受。

（2）青春不留白，及时行乐。

（3）储蓄率低，未来事会船到桥头自然直，可以靠政府救济。

（4）工作储蓄不足支付退休后生活所需。

3. 偏购房型——为壳辛苦而忙的"蜗牛族"

（1）将购房列为首要目标。

（2）义务性支出以房贷为主，未购房者的选择性支出也会储蓄以备购房。

（3）认为有土斯有财，有恒产才有恒心。

（4）工作期收入支付房贷后，所剩无多，无法维持较好的生活，能用于储蓄的资金不多，退休后也难有好生活可享受。

4. 偏子女型——一切为子女着想的"慈鸟族"

（1）子女教育经费投入占其消费的比重偏高。

（2）一生为子女而奔忙，视子女的成就为最大满足。

（3）开始工作尚未有子女即开始累积子女教育基金。

（4）在子女身上投注太多资源，忽略自身退休目标所需财源。

（三）理财价值观与金融产品的选择

1. 蚂蚁族

（1）规划可顺利退休的储蓄投资计划。

（2）因储蓄率高，离退休时间过长，可配置数只基金作定期定额投资，以成熟股市的区域型基金为主。

（3）保险以养老寿险为主，或为投资型保单。

2. 蟋蟀族

（1）应唤起其对未来的忧患意识，制订最低储蓄计划。

（2）定期定额投资以单一全球型基金为主。

（3）保险以基本需求养老寿险为主。

3. 蜗牛族

（1）以基金投资为其准备购屋自备款。

（2）定期定额投资以中长期看好的基金为主。

（3）保险以短期储蓄险或房贷寿险为主。

4. 慈鸟族

（1）以基金投资为其准备子女教育基金。

（2）定期定额投资以中长期稳健的基金为主。

（3）保险以子女教育年金险为主。

学习活动 1.1

讨论：对本节导入案例 1.1 中两种不同的理财观进行分组辩论。

赞成张先生的消费优先理财观的理由有：

（1）_____

（2）_____

（3）_____

赞成刘先生的投资优先理财观的理由有：

（1）_____

（2）_____

（3）_____

三、客户的风险属性

（一）影响客户投资风险承受能力的因素

1. 客户年龄

一般而言，客户年龄越大，所能够承受的投资风险越低。

2. 资金的投资期限

如果用于投资的一项资金可以长时间持续进行投资而无须考虑短时间内变现，那么这项投资可承受的风险能力就较强。相反，如果一项投资要准备随时变现，就要选择更安全、流动性更好的产品，那么这项投资可承受的风险能力就较弱。

3. 理财目标的弹性

理财目标的弹性越大，可承受的风险也就越高。若理财目标时间短且完全无弹性，则采取存款以保本保息是最佳选择。

4. 投资者主观的风险偏好

投资者主观上可以承受本金损失风险的程度是因人而异的。个人的性格、阅历、胆识、意愿等主观因素所影响的个人态度，直接决定了一个人对不同风险程度的产品的选择与决策。

5. 学历与知识水平

一般来说，掌握专业技能或拥有高学历的人，对风险的认识更清晰，管理风险的能力更强，往往能从事高风险的投资。

6. 财富

绝对风险承受能力由一个人投入风险资产的财富金额来衡量，而相对风险承受能力由一个人投入风险投资的财富比例来衡量。

一般地，绝对风险承受能力随着财富的增加而增强，因为投资者将更多的财富用来投资，而相对风险承受能力未必随着财富的增加而增强。

（二）客户风险偏好的分类及风险承受能力评估

1. 客户风险偏好的分类

（1）非常进取型。非常进取型的客户追求更高的收益和资产的快速增值，操作的手法往往比较大胆。同样，他们对投资的损失也有很强的承受能力。

（2）温和进取型。温和进取型的客户愿意承受一定的风险，追求较高的投资收益，但是又不会像非常进取型的客户过度冒险投资那些具有高度风险的投资工具。

（3）中庸稳健型。中庸稳健型的客户既不厌恶风险也不追求风险，对任何投资都比较理性，往往会仔细分析不同的投资市场、工具与产品，从中寻找风险适中、收益适中的产品，获取社会平均水平的收益，同时承受社会平均风险。

（4）温和保守型。温和保守型的客户总体来说偏向保守，对风险的关注甚于对收益的关心，更愿意选择风险较低而不是收益较高的产品，喜欢选择既保本又有较高收益机会的结构性理财产品。

（5）非常保守型。非常保守型的客户往往对于投资风险的承受能力很低，选择一项产品或投资工具首要考虑的是能否保本，然后才考虑追求收益。

2. 客户风险承受能力的评估

（1）评估目的。对风险承受能力的评估不是为了让理财规划师将自己的意愿强加给客户，而是强调客户可接受的风险水平应该由其自己来确定，理财规划师的角色是帮助客户认识自我，使其作出客观的评估和明智的决策。

（2）常见的评估方法。

① 定性评估方法和定量评估方法。定性评估方法主要通过面对面的交谈来收集客户的必要信息，但没有对所收集的信息给予量化。定量评估方法通常采用有组织的形式（如调查问卷）来收集信息，进而将观察结果转化为某种形式的数值，用以判断客户的风险承受能力。

② 客户投资目标。理财规划师必须帮助客户明确自己的投资目标。

③ 对投资产品的偏好。衡量客户风险承受能力最直接的办法是让客户评判自己所偏好的投资产品。

④ 概率和收益的权衡。第一，确定 / 不确定性偏好法。第二，最低成功概率法。第三，最低收益法，要求客户就可能的收益而不是收益概率作出选择。

【网上实训】

学生可以在各银行的官方网站上进行注册，从而成为个人银行客户，然后进行自我风险测评。

商业银行理财客户风险评估问卷示例

以下 11 个问题将根据您的财务状况、投资经验、投资风格、投资目的、风险偏好和风险承受能力等对您进行风险评估，我们将根据评估结果为您更好地配置资产。（每个问题请选择唯一选项，不可多选）

客户姓名：＿＿＿＿＿＿＿＿　　　　联系方式：＿＿＿＿＿＿＿＿

证件类别：＿＿＿＿＿＿＿＿　　　　证件号码：＿＿＿＿＿＿＿＿

一、财务状况

1. 您的年龄是（　　　）。

☐ A. 18–25（–2）　　　　　　☐ B. 25–50（0）

☐ C. 51–60（–2）　　　　　　☐ D. 61–65（–3）

☐ E. 高于 65 岁（–10）

2. 您的家庭总资产净值为（折合人民币）（　　　）。

☐ A. 15 万元及以下（0）

☐ B. 15 万元（不含）–50 万元（含）（2）

☐ C. 50 万元（不含）–100 万元（含）（6）

☐ D. 100 万元（不含）–1000 万元（含）（8）

☐ E. 1000 万元（不含）以上（10）

3. 在您的家庭总资产净值中，可用于金融投资（储蓄存款除外）的比例为（　　　）。

☐ A. 小于 10%（2）　　　　　　☐ B. 10% 至 25%（4）

☐ C. 25% 至 50%（8）　　　　　☐ D. 大于 50%（10）

二、投资经验（任一项选 A 客户均视为无投资经验客户）

4. 以下最能说明您的投资经验的是（　　　）。

☐ A. 除存款、国债外，我几乎不投资其他金融产品（0）

☐ B. 大部分投资于存款、国债等，较少投资于股票、基金等风险产品（2）

☐ C. 资产均衡地分布于存款、国债、银行理财产品、信托产品、股票、基金等（6）

☐ D. 大部分投资于股票、基金、外汇等高风险产品，较少投资于存款、国债（10）

5. 您有（　　　）年投资股票、基金、外汇、金融衍生产品等风险投资品的经验。

☐ A. 没有经验（0）　　　　　　☐ B. 有经验，但少于 2 年（2）

☐ C. 2 至 5 年（6）　　　　　　☐ D. 5 至 8 年（8）

☐ E. 8 年以上（10）

6. 以下描述最符合您的投资态度的是（　　　）。

☐ A. 厌恶风险，不希望本金损失，希望获得稳定回报（0）

☐ B. 保守投资，不希望本金损失，愿意承担一定幅度的收益波动（4）

☐ C. 寻求资金的较高收益和成长性，愿意为此承担有限本金损失（8）

☐ D. 希望赚取高回报，愿意为此承担较大本金损失（10）

三、投资风格

7. 本金 100 万元，不提供保本承诺的情况下，您会选择的投资机会是（　　　）。

☐ A. 有 100% 的机会赢取 1000 元现金，并保证归还（0）

☐ B. 有 50% 的机会赢取 5 万元现金，并有较高可能性归还本金（4）

☐ C. 有 25% 的机会赢取 50 万元现金，并有一定的可能性损失本金（6）

☐ D. 有 10% 的机会赢取 100 万元现金，并有较高可能性损失本金（10）

8. 投资于理财、股票、基金等金融投资品（不含存款和国债）时，您可接受的最长投资期限是（　　　）。

□ A. 1 年以下（4）　　　　　　□ B. 1 — 3 年（6）

□ C. 3—5 年（8）　　　　　　　□ D. 5 年以上（10）

9. 您的投资目的是（　　　）。

□ A. 资产保值（2）　　　　　　□ B. 资产稳健增值（6）

□ C. 资产迅速增值（10）

四、风险承受能力

10. 您的投资出现（　　　）程度的波动时，您会焦虑。

□ A. 本金无损失，但收益未达预期（−5）

□ B. 出现轻微本金损失（0）

□ C. 本金 10% 以内的损失（5）

□ D. 本金 20%～50% 的损失（10）

□ E. 本金 50% 以上损失（15）

11. 对您而言，保本比高收益更为重要，您的态度是（　　　）。

□ A. 非常同意（−2）　　　　　　□ B. 同意（0）

□ C. 无所谓（2）　　　　　　　　□ D. 不同意（4）

□ E. 非常不同意（5）

评估结果：＿＿＿＿＿＿＿＿＿＿＿＿＿（客户风险等级）

［客户确认栏］

本人保证以上所填全部信息为本人真实的意思表示，并接受贵行评估意见。

客户签名：＿＿＿＿＿＿＿＿＿＿＿＿＿

评估人：＿＿＿＿＿＿＿＿＿＿＿＿＿

评估日期：＿＿＿＿＿＿＿＿＿＿＿＿＿　　　　　　　　银行签章

客户分级评估标准及可以购买的产品类型如表 1-1 所示。

表 1-1　客户分级评估标准及可以购买的产品类型

分值范围	客户类型	适合的产品类型
≤ 20	保守型	极低风险产品
21～45	稳健型	极低、低风险产品
46～70	平衡型	极低、低、中等风险产品
71～85	成长型	极低、低、中等、较高风险产品
86～100	进取型	极低、低、中等、较高及高风险产品

（1）极低风险产品。经各行风险评级确定为极低风险等级产品，包括各种

保证收益类理财产品，或者保障本金，且预期收益不能实现的概率极低的产品。

（2）低风险产品。经各行风险评级确定为低风险等级产品。包括本金安全，且预期收益不能实现的概率较低的产品。

（3）中等风险产品。经各行风险评级确定为中等风险等级产品，该类产品本金亏损的概率较低，但预期收益存在一定的不确定性。

（4）较高风险产品。经各行风险评级确定为较高风险等级产品，存在一定的本金亏损风险，收益波动性较大。

（5）高风险产品。经各行风险评级确定为高风险等级产品，本金亏损概率较高，收益波动性大。

四、个人理财规划的内容

（一）个人理财规划的定义

个人理财规划，是指运用科学的方法和特定的程序为个人制订切合实际、具有可操作性的某方面或综合性的财务方案。

个人理财规划的目的在于使个人在不断提高生活品质的同时，即使在年老体弱以及收入锐减的时候，也能保持自己所设定的生活水平，最终实现终生的财务安全和财务自由。个人理财规划是一个评估个人各方面财务需求的综合过程，它是由专业理财规划师通过明确个人客户的理财目标，分析个人的生活、财务现状，从而帮助个人制订可行的理财方案的一种综合性金融服务。

（二）个人理财规划的具体内容

个人理财规划主要包括现金规划、家庭消费支出规划、教育规划、保险规划、税收筹划、投资规划、退休规划、财产分配与传承规划。个人理财的规划结构如图 1-1 所示。

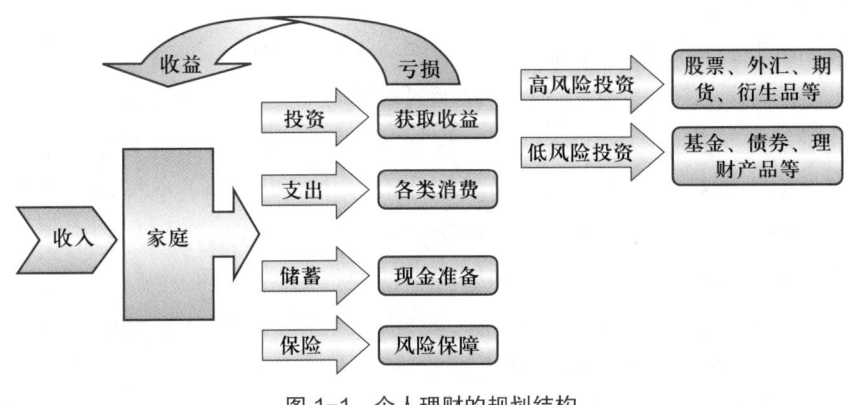

图 1-1　个人理财的规划结构

1. 现金规划

现金规划是对客户日常的现金及现金等价物进行管理的一项活动。现金规划的作用在于满足日常现金需要，满足计划外现金消费——紧急备用金。现金规划的目的在于确保客户有足够的资金来支付计划中和计划外的费用，并且客户的消费模式是在其预算限制之内的。

2. 消费规划

消费规划是基于一定的财务资源，对家庭消费水平和消费结构进行规划，以达到适度消费、稳步提高生活质量的目标。

消费规划主要包括住房消费规划、汽车消费规划、子女教育消费规划以及信用卡与个人信贷消费规划等。家庭财富增长的重要原则是开源节流，在收入一定的情况下，如何做好消费规划对一个家庭整个财务状况具有重要的影响。消费规划的目的是合理安排消费资金，树立正确的消费观念，节省成本，保持稳健的财务状况。消费规划是理财业务不可或缺的内容。如果消费支出缺乏计划或者消费计划不得当，家庭就很可能支付过高的消费成本，甚至会导致家庭出现财务危机。

3. 教育规划

教育支出既是一种消费支出，也是一种投资支出。教育不仅可以提高受教育者的文化水平与生活品位，也可以增加受教育者的人力资本。教育规划包括本人教育规划和子女教育规划两种，自我完善和教育后代都是人生重要的内容。而子女教育规划又分为基础教育规划和高等教育规划。

个人理财规划师在帮助客户进行教育规划时，首先，要对客户的教育需求和子女的基本情况进行分析，以确定客户当前和未来的教育投资资金需求；其次，要分析客户的收入和资产状况，以确定客户和子女教育投资资金的来源；最后，理财规划师应当分析客户教育投资资金来源与资金需求的差距，并寻求恰当的投资工具，从而以投资收益弥补教育投资差距。

4. 保险规划

我们都知道保险与人生是密不可分的。人的一生中有悲有喜，当不幸的事情发生时，就不免花钱消灾，但仅靠平时储蓄或社会救济可能是不够的。此时可以通过经济又实惠的保险制度加以规划。那么，如何以保险规划人生呢？保险规划是指通过对风险的识别、衡量和评价，并在此基础上选择与优化组合各种风险管理技术，对风险实施有效控制并妥善处理风险所致损失的后果，以最小的成本去争取最大的安全保障和经济利益的行为。

保险规划的基本步骤是：首先，要确定保险的标的，也就是确定保险对象的财产和人的寿命或身体；其次，确定保险需求缺口，也就是确定保险事故发生时所需要的资金与个人为防范事故发生已经储备的资金之间的缺口；最后，要确定保险产品和保险期限，以弥补保险需求缺口，满足个人保障的需求。

5. 税收筹划

税收筹划是指纳税人为了减轻税收负担和实现涉税零风险而采取非违法手段，对自己的经济活动事先进行的筹划安排。个人税收筹划是指在纳税义务发生前，通过对纳税主体的经营、投资、理财等经济活动的事先筹划和安排，充分利用税法提供的优惠和差别待遇减轻税负，达到整体税后利润最大化的过程。

税收筹划主要包括以下内容：其一，节税筹划，是指纳税人在不违背税法精神的前提下，充分利用税法中固有的起征点、减免税等一系列优惠政策，通过对筹资、投资和经营等经济活动的巧妙安排，达到少缴税甚至不缴税目的的行为。其二，转嫁筹划，是指纳税人为了达到减轻税负的目的，通过价格调整将税负转嫁给他人承担的经济行为。其三，实现涉税零风险。是指纳税人账目清楚，纳税申报正确，税款缴纳及时、足额，不会受到任何关于税收方面的处罚，即在税收方面没有任何风险，或处于风险极小可以忽略不计的一种状态。这种状态的实现，虽然不能使纳税人直接获取税收上的好处，但却能使其间接地获取一定的经济利益，而且这种状态的实现，更有利于纳税人的长远发展。

6. 投资规划

投资规划是根据个人投资理财目标和风险承受能力，为个人制订合理的资产配置方案，构建投资组合来帮助个人实现理财目标的过程。投资规划是个人理财规划的一个组成部分，而且，投资是实现其他财务目标的重要手段。如果没有通过投资实现资产增值，个人就可能没有足够的财务资源来完成诸如购房、养老等生活目标，因此，投资规划对于个人理财规划有重要的基础性作用。

投资规划的步骤是：首先，确定投资目标，包括投资服务的对象、期望达到的金额、准备投资的资金以及投资的时间；其次，确定投资组合，包括选择投资产品，确定每种投资产品的投资比率等；最后，评估投资风险，调整投资组合。

7. 退休规划

退休规划是为保证个人在将来有自立、尊严、高品质的退休生活，而制订一个从现在就开始积极实施的规划方案。退休后能够享受自立、尊严、高品质的退休生活是一个人一生中最重要的财务目标之一，因此，退休规划是个人理财规划中不可缺少的部分。

退休规划的步骤是：首先，设定退休生活目标，也就是确定退休后的生活方式和所需生活费用等；其次，确定退休前的每年储蓄资金，就是根据退休后的收支差确定退休时所需准备的储蓄资金，再根据退休时所需准备的储蓄资金和退休前的风险承受能力，确定退休前每年的储蓄资金；最后，制订退休投资产品方案，确定投资组合和投资比率等。

8. 财产分配与传承规划

财产分配与传承规划是人生中需要妥善安排的一个重要事项。从形式上看，制订财产分配与传承规划能够对个人及家庭财产进行合理合法的配置；从更深层次的角度看，财产分配与传承规划为个人及家庭提供了一种规避风险的保障机制，当个人及家庭遭遇现实中存在的风险时，这种规划能够帮助客户避免风险或降低风险带来的损失。

在实际生活中，个人及家庭可能遭遇的风险主要有以下几类：其一，家庭经营风险。对于其成员共同从事商业经营的家庭来讲，经营收益是该家庭的主要收入来源，维持着整个家庭的正常生活，一旦该经营实体受到商业风险的冲击，整个家庭的经济状况就有可能急转直下，严重者甚至威胁家庭成员的正常生活、教育、工作等。其二，夫妻中一方或双方丧失劳动能力或经济能力的风险。夫妻是家庭组织的核心，如果其中一方或者双方均丧失了劳动能力，如因工伤、意外事故而造成身体残疾，或者丧失了经济能力，或因对外欠债导致被追索，都会导致家庭经济支付能力的下降，影响家庭的正常生活。其三，离婚或者再婚风险。离婚意味着夫妻关系的结束和一个家庭的解体，无论对家庭还是对夫妻任何一方都会产生重大的影响，其中最突出的方面就体现在对家庭财产的分割上。现实生活中经常会发生这样的情况，即离婚时，夫妻一方有转移、隐匿、变卖财产、侵害另一方财产权益的行为，导致出现受害一方的生活质量下降及经济能力减弱等不良后果。其四，家庭成员去世的风险。家庭成员去世后，对其遗留财产的分配会使得家庭其他成员个人的财产增加或者减少，对整个家庭财产也会产生影响。同时，由于多数家庭没有事先立遗嘱的意识，遗产分割很容易在家庭内部产生纠纷，即使有的家庭立了遗嘱，也会因为遗嘱内容表述不清，而在执行过程中出现财产被恶意侵吞，或者不按照遗嘱人意愿进行分配等情况。以上种种个人及家庭遭遇的风险都是不确定的、不可预测的，这些风险一旦发生，就会对个人及家庭的经济能力产生不利影响。如果能够在风险发生之前采取相应措施，就可以最大限度地消除或减少其可能造成的不利影响。财产分配与传承规划就具有这样的风险隔离、减少损失的功能。

五、个人理财规划的工作流程

个人理财规划的工作流程基本分为六步：建立客户关系、收集客户信息、分析客户财务状况、制订理财方案、执行理财方案、持续理财服务，如图 1-2 所示。

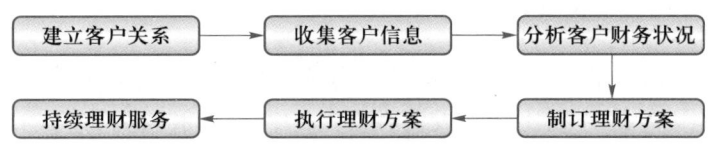

图 1-2　个人理财规划的工作流程

（一）建立客户关系

能否建立客户关系直接决定了个人理财规划业务的开展与否。建立客户关系的方式可以多种多样，主要包括电话交谈、网络沟通、书面交流和面对面交谈等。在建立客户关系过程中，沟通技巧很重要，不但要注意口语沟通技巧、书面沟通技巧，还要懂得运用各种非语言的沟通技巧，包括眼神、面部表情、身体姿势、手势等。另外，理财规划师作为专业人士，在与客户交谈时要尽量使用专业化的语言。对于涉及投资回报率等财务指标的信息，交谈时尽量不要给出确定的承诺表示，以免因此承担不必要的法律责任。

（二）收集客户信息

个人理财规划方案是在对客户信息非常了解的基础上作出的。对客户信息了解得越全面和准确，个人理财规划方案就会越接近客户的实际。理财规划师收集的客户信息包括：

1. 客户财务信息

（1）收入与支出。收入支出表用来说明在过去一段时期内，客户的现金收入和支出情况。收入支出表只记录涉及实际现金流入与流出的交易，那些额外收入，如红利和利息收入、人寿保险现金价值的累积以及股权投资的资本利得，也应列入其中。收入支出表反映了客户在一段时间内的财务活动状况，它使得客户可以将实际发生的费用和购买支出与预算的数字对比，进而采取必要的调整措施以消除两者之间的差异。

（2）资产与负债。资产负债表是对某一时点客户财务状况的总结。资产是客户所拥有所有权的财富的总称。它可以是现金，可以是通过购买行为获得的财产，可以是客户通过借贷资金购买的财产，也可以是客户接受的礼物。但是，那些客户只拥有使用权而非所有权的财物，如租赁的房子和汽车等，不是客户的资产。负债是指客户因过去的经济活动而产生的现有责任，这种责任的结算将会引起客户经济资源的流出。资产与负债反映了客户的财务资源状况，它能帮助客户对实现财务目标的进程进行追踪，因而对于设定、监控和调整理财规划是必不可少的。

（3）现金预算。现金预算主要涉及未来预期的现金收入和现金支出。对现金预算中收入的估计和收入支出表中的收入不同，现金预算中的收入是客户的实际收入，而不是在进行扣减之前的总收入。另外，在估计现金支出时，弄清楚客户的消费习惯很重要。

（4）其他财务信息。除了以上几种财务信息之外，有时候理财规划师还需要了解各类资产的分配比例、投资性资产的回报率和金融资产的现值等财务信息。

2. 客户非财务信息

（1）性别。客户的性别等信息可以帮助理财规划师判断其适用的人寿保险种类、社会保障和收入状况等。另外，在评估客户的风险态度和风险承受能力时，也可发现性别的重要影响。

（2）职称、工作单位性质和工作稳定程度。一方面，职称信息可以使理财规划师更加了解客户。在中国，在国家机关、学校、医院工作的客户的工作稳定程度较高，这表明他们的收入稳定，福利待遇也较稳定。另一方面，客户的社会地位也从侧面反映了客户的收入状况。而且，在中国的文化氛围中，理财规划师如果用职称来称呼客户，会使双方更加容易沟通。一般而言，不同工作单位的工作稳定程度是不一样的。比如，在公司任职的客户的工作稳定程度要低一些。理财规划师了解这些信息以后，就可能合理且周密地为客户提供长期甚至终身的财务安排。

（3）年龄。客户在大多数情况下都不愿意直接透露自己的年龄。但在个人理财规划中，这项信息是十分重要的。因为，客户年龄对他们的理财目标、社会保障、保险投资种类、未来收入的变化以及风险承受能力等情况有着直接的影响。显然，一位 25 岁的客户和一位 60 岁的客户，两者的财务目标有着很大的不同。前者也许更重视通过投资实现房地产购置计划或教育计划，而后者则会更多关注通过养老金投资来保证退休后的生活质量。

（4）健康状况。健康状况方面的信息可以包括客户本人的健康状况和家庭的健康状况两部分。这方面信息对客户人寿保险计划的选择和制订有着重要的影响。

（5）子女信息。子女的数量、年龄、健康状况、婚姻状况和职业等信息都对客户的各种财务安排有直接的影响。一般而言，子女越多，年龄越小，健康状况越差，客户的财务负担就越重，这时，保险计划和教育计划对于客户而言就非常重要。当然，如果客户的子女已成年并且有一份稳定的职业，客户对子女就只需进行小额投资。对于离异客户而言，子女的监护权归属也将影响其财务安排。

（6）客户的风险偏好程度。客户的风险偏好程度也会对投资规划产生重要影响。如果客户是风险偏好型的投资者，而且有着极强的风险承受能力，理财规划师就可以根据需要帮助其制订积极的投资计划，争取更多的盈利。但如果客户是保守型的投资者，要求投资风险为零，那么就应该帮助其制订稳健的投资计划。

收集客户信息时要注意采用数据调查表的方式进行，收集完后要注意保存这些信息。

（三）分析客户财务状况

客户现行的财务状况是达到未来财务目标的基础，理财规划师在提出具体的理财计划之前必须客观地分析客户现行的财务状况并对客户未来的财务状况进行预测。客户的财务状况分析主要包括客户资产负债表分析、收入支出表分析以及对未来财务状况的预测。其中，资产负债表分析是分析客户资产和负债在某一时期的基本情况。收入支出表分析是指对客户在某一时期的收入和支出进行归纳汇总，为进一步的财务现状分析与理财目标设计提供基础资料。

（四）制订理财方案

在了解客户信息和理财目标，诊断出客户的财务问题后，考虑目前和未来宏观经济发展状况的前提下，为客户制订整体理财方案。理财方案一般采用个人理财建议书的方式。初步的理财规划方案可以有几种，最终的理财方案由理财规划师和客户共同选定。

（五）执行理财方案

为了确保理财规划的执行效果，理财规划师应当遵循三个原则：准确性、有效性和及时性，而且要制订理财规划的执行计划。在执行计划中，要确定理财计划的实施步骤，确保匹配的资金来源和实施时间表。在执行计划过程中，理财规划师还应注意以下一些问题：

（1）不论实施方案是在制订的过程中还是在完成之后，都应当积极主动地与客户进行沟通，让客户亲自参与到实施方案的制订和修改过程中来；

（2）执行理财方案必须首先获得客户的执行授权；

（3）妥善保管理财方案的执行记录。

理财方案本身也不是一成不变的。在执行理财方案过程中，当理财方案的假设前提或客户的财务状况发生重大变化时，理财方案需要及时调整。

（六）持续理财服务

理财服务并不是一次完成的，需要不断调整、修改才能满足客户的理财需求。由于理财规划持续的时间较长，未来的预估不可能完全准确，客户的经济条件、理财目标等也会发生变动，因此，理财方案也得随之变化。理财规划师应当根据新情况不断调整方案。通常情况下，理财方案至少每年修正一次。如果客户所投资的是高风险产品，则需要每季或每半年就调整方案一次。持续理财服务包括定期的理财方案评估和不定期的信息服务与方案调整。

六、个人理财规划师职业和职业道德

（一）个人理财规划师职业

理财规划师是为客户提供全面理财规划的专业人士。按照中华人民共和国原劳动和社会保障部（现人力资源和社会保障部）制定的《理财规划师国家职业标准》，理财规划师是指运用理财规划的原理、技术和方法，针对个人、家庭以及中小企业、机构的理财目标，提供综合性理财咨询服务的人员。理财规划的全方位性要求理财规划师全面掌握各种金融工具及相关法律法规，为客户提供量身定制的、切实可行的理财方案，并不断修正，以满足客户长期的、不断变化的财务需求。

在国外，理财规划师可以在独立理财机构和非独立理财机构任职。独立理财机构是指基于中立的立场，不代表任何机构如保险公司、基金公司、银行等，也不仅仅代表单个客户的利益为客户提供综合理财规划服务的中介机构，如咨询公司、理财师事务所、会计师事务所、税务师事务所、律师事务所等机构；非独立理财机构即企业经营性理财机构，是指经营投资理财产品的银行、证券公司、保险公司等金融机构。目前在中国，理财规划师主要在非独立理财机构任职，独立理财机构正在规范发展当中。

按照《理财规划师国家职业标准》，本职业共设三个等级，分别为助理理财规划师（国家职业资格三级）、理财规划师（国家职业资格二级）、高级理财规划师（国家职业资格一级）。中国理财规划师认证由各理财协会自主主办。

（二）国外理财规划师职业资格介绍

20 世纪 70 年代，理财规划首先出现在美国，当时主要为美国公众解决合理避税的问题。早期的理财规划停留在财务顾问的基础上，没有形成自成一体的理论和统一的操作程序。1985 年第一个理财规划师协会在美国成立，随即英国于1986 年、日本于 1987 年相继成立了国家认可的理财规划师协会。1990 年国际理财规划师协会成立，标志着理财规划服务有了统一的职业道德标准、胜任能力标准和实际操作标准，这使得理财规划师职业得以在全球迅速推广。在总的原则下，各国各地区的成员协会组织根据各自国家的经济、政治制度制订具体标准，规范理财规划师注册程序，举行理财规划师考试，颁发理财规划师证书。

（1）ChFC——特许理财顾问师。ChFC（Chartered Financial Consultant）于1982 年由美国学院创立，因其考试难度较高，后续培训比较完善，侧重实务操作而获得广泛认可。要取得 ChFC 证书，需有 3 年相关工作经验，并通过 8门核心课程的考试。ChFC 与其他理财职业资格相互承认学分。

（2）CLU——特许人寿理财师。CLU（Chartered Life Underwriter）是特许人寿理财师的简称，是美国三大理财认证之一。作为公认的寿险专业领域最高级别的资格认证，CLU 始于 1927 年，是目前持有人数最多的理财认证证书。

随着 CLU 的发展，它的范畴早已不局限于寿险领域，而是作为一个综合理财规划认证证书而存在。要获得 CLU 证书需通过 8 门核心课程的考试，以获得有关收入支出规划、不动产规划、财产传承规划、财产管理等方面的能力。

（3）CFP——注册理财规划师。CFP（Certified Financial Planner）是注册理财规划师的简称，由 CFP 标准委员会（CFP Board of Standards）考试认证，在美国广受认可。1972 年美国首批 CFP 诞生。CFP 考试涉及 7 大类共 102 个子课题，涵盖了保险、投资、财务、会计等基本原理、政策法规及市场投资品种等知识，内容广，难度大。

（4）IFA——独立理财顾问师。IFA（Independent Financial Advisor）是独立于金融机构（产品提供者）而向客户提供全方位理财服务的第三方专业人员，其收入来源包括金融机构可能提供的佣金和向客户收取的咨询费。IFA 起源于英国，后在欧美等地区得到推广和普及。近年来，在中国也开始出现认证独立理财顾问师的相关机构。

（三）职业道德和操守

1. 职业道德

职业道德，是一个行业从业人员所应恪守的道德标准，或者说是人们在其职业活动中应当遵循的行为规范和准则。一般来说，职业道德不具有法律的强制约束力，但应当是行业从业人员的自觉和集体约束行为。职业道德一般包括爱国守法、正直诚信、客观公正、勤学上进、公平合理、保守秘密、团结合作、勤勉尽责等。

2. 理财规划师职业道德

理财规划师职业道德规范由两部分组成：职业道德准则和执业纪律规范。

职业道德准则是以原则性的语言表述该行业的从业道德和理念。理财规划师职业道德准则及其执业纪律规范为：

（1）正直诚信原则及相关具体规范。党的二十大报告提出："弘扬诚信文化，健全诚信建设长效机制。"正直诚信原则要求理财规划师诚实不欺，不能为个人利益而损害委托人的利益。如果理财规划师并非由于主观故意而导致错误，或与客户存在意见分歧，且该分歧并不违反法律，则此种情形并不违背正直诚信原则。理财规划师不得在拓展业务时夸大专业能力，不得提供虚假理财报告。

（2）客观公正原则及相关具体规范。客观，是指理财规划师以自己的专业知识进行判断，不带感情色彩；公正，是指理财规划师在执业过程中应对客户、委托人、合伙人或所在机构持公正合理的态度，对于执业过程中发生的或可能发生的利益冲突应随时向有关各方进行披露。在合同关系确立之前，理财规划师应当以书面形式披露可能对其客观性及独立性产生影响的各种关系。理财规划师应当及时以书面形式披露与所提供的专业服务相关的重要信息。理财规划师与客户建立初始业务关系时，交易合约条款对客户而言必须是公平合理的。理财规划师应向客户阐明交易风险、利益冲突及其他相关信息，以确保该交易对客户的公平性。理财规划师以代理人身份进行理财服务时，应当明确职权并持有授权代理委托书。理财规划师在执业过程中不得侵占或盗取客户的财产。

（3）谨慎勤勉原则及相关具体规范。理财规划师为客户提供服务时应及时、周到、勤勉；理财规划师必须根据客户的具体情况提供并实施有针对性的理财建议；理财规划师应对其向客户推荐的理财产品进行调查；理财规划师应当对辅助其向客户提供个人理财规划服务的下属进行指导、监督，发现有违规行为应及时制止；理财规划师应严格履行对客户的承诺。

（4）专业尽责原则及相关具体规范。理财规划师应该具有职业荣誉感，在提供服务的过程中，应尊重并礼貌对待客户及其他理财规划师；理财规划师应当在其所能胜任的范围内为客户提供理财服务；对那些尚不具备胜任能力的领域，理财规划师可以聘请相关专业专家协助工作，或向专业人员咨询，或者将客户介绍给其他相关组织；理财规划师在从事理财规划过程中应当遵守业内的规章，从专业角度进行审慎判断。

（5）严守秘密原则及相关具体规范。未经客户书面许可，理财规划师不得向合同关系以外的第三方透露任何有关客户的个人信息；理财规划师不得披露在执业过程中知悉的客户涉嫌违法犯罪的事实，至少没有义务向司法机关举报；理财规划师对雇主和客户应遵循相同的保密标准。

（6）团队合作原则及相关具体规范。理财规划师要及时认识到自身所掌握知识和技能的局限，对于自己不熟悉的领域，应当请教该领域的专业机构，或及时将业务交给所在机构的其他具备该专业能力的理财规划师办理；理财规划师应当与同业者充分合作，共同维护和提高该行业的公众形象及服务质量；理财规划师与其他理财专业人士及相关组织，应遵循公平合理的竞争原则，开展业务。

3. 违反职业道德规范的制裁措施

（1）行业自律机构的制裁措施。对于违反职业道德准则和执业纪律规范的行为，行业自律机构根据具体情节的不同，给予不同的制裁。对于非执业理财规划师违反职业道德规范，通常的制裁措施是取消其理财规划师资格，严重者可能终生无法参加理财规划师职业资格考试，或终生无法执业。对于执业理财规划师违反职业道德规范的制裁措施，通常的制裁措施是警告、暂停执业、罚款和吊销执照等。

（2）法律责任。理财规划师违反职业道德准则和执业纪律规范的行为，如同时触犯了法律，则将承担相应的法律责任。法律责任有民事法律责任、行政法律责任和刑事法律责任。

① 民事法律责任主要表现为违约责任和侵权责任。如理财规划师不按照

合同约定提供其所承诺的服务，则客户可要求理财规划师所在机构承担违约责任，所在机构承担违约责任后，再追究理财规划师的责任。如理财规划师向客户提供虚假或误导性信息，给客户造成损害的，由理财规划师所在机构承担侵权责任，所在机构承担责任后，再追究理财规划师的责任。

②　行政法律责任主要表现为罚款、吊销执照或停业整顿等。

③　刑事法律责任是理财规划师的行为触犯刑法后所承担的法律责任。在理财规划师侵占或盗取客户或其所在机构财产，情节严重的情况下，理财规划师将被追究刑事法律责任。

学习活动 1.2

请以学习小组为单位，每组由一位同学担任理财规划师角色，其他同学扮演客户角色，由理财规划师向客户介绍理财规划师的职业、工作流程以及理财服务内容。理财规划师的角色可以由同学轮流担任，其他同学作为客户为担任理财规划师的同学的介绍评价打分。

评价标准：从语言表达、态度和行为、内容、综合效果四方面给予评价（见表1-2）。

表1-2　客户评价表

评价项目	评价标准	分值/分	评价得分/分
语言表达	语言流畅、清晰，普通话标准	20	
态度和行为	精神饱满、态度诚恳、举止文明	20	
内容	内容全面、准确，重点突出	30	
综合效果	客户反应等情况	30	
合计		100	

第二节　个人理财规划理论和计算基础

【导入案例】

案例1.2　年龄都是35岁的陈某和刘某的年薪同样都是12万元。陈某单身并且没有家庭负担；刘某已婚还有两个年龄分别为10岁和6岁的小孩，其妻子正在做酒店服务员工作，每年收入8万元，其岳母同他们生活在一起，负责带小孩。

解释：两人所处理财生命周期不同。陈某处于家庭理财的青年单身期，节财需求是位居第一的理财需求，而刘某家庭处于家庭形成期，子女教育规划是位居第一的理财需求。

案例 1.3　你很想买一台计算机，但现在没有能力支付。销售人员注意到了你看到那台计算机标价为 7 790 元时的表情，因此他为你提供了一个分期付款的购买建议。方案一：你首付 380 元，以后每月支付 380 元，总共需支付 24 次，这样你可以把计算机搬回家；方案二：你利用银行贷款，月利率为 1%，每月月末供款共两年，这样也可以把计算机抱回家。请问你应该选择银行贷款还是分期付款呢？

解释：在支付利息率和支付时间相同情况下，比较两种方案支付资金现值的大小。

方案一支付的现值为：$PV = PV_1 + PV_2 = 380 + PMT \cdot (P/A, 1\%, 24)$
$$= 380 + 380 \times 21.2434 \approx 8452.5 \text{（元）}$$

方案二支付的现值为：7790 元

选择支付现值小的方案二，即选择银行贷款。

一、个人理财理论

（一）生命周期理论概述

生命周期理论（LCH）的理论是由诺贝尔经济学奖得主 F. 莫迪利安尼（F. Modigliani）和经济学家 R. 布伦贝格（R.Brumberg）在 1954 年创立的。该理论认为生命是有限的，可以分为依赖、成熟、退休三个阶段。一个人一生的财富累积状况，就像驼峰的形状。财富在年轻时很少，赚钱之后开始成长累积；到退休之前的中年岁月，财富累积到最高峰；退休之后，财富则开始减少。财富的累积中，可能有遗产或赠与，因此模型中也纳入了这项因素。根据估计，可能有 20% 的财富是来自遗产或赠与，但剩下的 80% 都是个人的积累。该理论就驼峰式的财富分配模型有一项重要发现，那就是把个别的储蓄加总，即不再着眼于个别家庭，而是整个经济体系时，虽然不同国家里的每个人在生命周期中都有相同的行为，但各国的总合财富（总合储蓄）却大相径庭。换言之，有的国家没有任何储蓄，有的国家却数量可观。为什么？因为国家总合储蓄的主要决定因素并不是所得而是经济成长。一个国家的经济成长越快速，用以储蓄的所得也会越高；经济成长越慢，那么储蓄也将越少。假如没有经济成长，那么总的储蓄率将为零。

（二）生命周期理论与个人理财

人的生命是有限的。在这有限的生命中，理财将伴随人生的每个阶段。而在每个阶段，每个人的财务状况、获取收入的能力、财务需求与生活重心等都会不同。与此相应，其理财的目标也会有所差异，所以针对不同的阶段需采用不同的理财策略。我们把几个不同阶段组成的人的一生称为财务生命周期，相应地，针对家庭即有家庭生命周期的概念，即家庭是由不同阶段组成的。一般来说，周期分为五个阶段：青年单身期、家庭形成期、家庭成长期、家庭成熟期、退休养老期。生命周期中不同阶段个人理财优先顺序如表 1-3 所示。

表 1-3　生命周期中不同阶段个人理财优先顺序

生命周期	个人理财优先顺序
青年单身期	节财计划＞资产增值计划＞应急基金＞购置住房
家庭形成期	购置住房＞购置硬件＞节财计划＞应急基金
家庭成长期	子女教育规划＞资产增值管理＞应急基金＞特殊目标规划
家庭成熟期	资产增值管理＞养老规划＞特殊目标规划＞应急基金
退休养老期	养老规划＞遗产规划＞应急基金＞特殊目标规划

1. 青年单身期

青年单身期指参加工作至结婚的时期，一般为 2～8 年。在这个时期，人们刚参加工作，收入比较低，消费支出大。这个时期的主要任务是提高自身素质和技术水平。这段时期理财的重点是增加储蓄，培养未来的获利能力。而财务状况是资产较少，可能还有负债（如银行贷款、父母借款），甚至净资产为负。理财优先顺序为：节财计划＞资产增值计划＞应急基金＞购置住房。

2. 家庭形成期

家庭形成期指从结婚到新生儿诞生时期，一般为 1～5 年。这一时期是家庭的主要消费期。经济收入增加而且生活稳定，家庭已经有一定的财力，但为提高生活质量往往需要较大的家庭建设支出，如购买一些较高档的用品；贷款买房的家庭还需一笔大开支——月供款。因此，这一时期理财的重点是合理安排家庭建设支出。这一时期可以适当进行投资，但最好选择一些安全、稳健的投资品种。理财优先顺序为：购置住房＞购置硬件＞节财计划＞应急基金。

3. 家庭成长期

家庭成长期指从小孩出生直到大学毕业的时期，一般为 20 年左右。在这一阶段里，家庭成员不再增加，家庭成员的年龄都在增长，家庭的最大开支是保健医疗费、教育经费、智力开发费用。同时，随着子女的自理能力增强，父母精力充沛，又积累了一定的工作经验和投资经验，投资能力大大增强，可以进行有一定风险的投资。但在这个时期的后几年，由于要准备子女上大学的费用，所以应投资一些流动性好的品种，避免高风险的投资，保证资金的流动性，合理安排子女的教育和生活开支。理财优先顺序为：子女教育规划＞资产增值管理＞应急基金＞特殊目标规划。

4. 家庭成熟期

家庭成熟期指子女参加工作到家长退休为止这段时期，一般为 15 年左右。

这一阶段自身的工作能力、工作经验、经济状况都达到高峰状态，子女已完全自立，债务已逐渐减轻，理财的重点是扩大投资。在这阶段的后期，因为要面临退休，所以，应提前考虑退休以后的生活安排和投资。理财优先顺序为：资产增值管理＞养老规划＞特殊目标规划＞应急基金。

5. 退休养老期

退休养老期指退休以后的时期。这一时期的主要内容是安度晚年，理财的重点在于生活支出的安排、资产的保全。在这一时期的后期还应做好财产的传承安排。理财优先顺序为：养老规划＞遗产规划＞应急基金＞特殊目标规划。

【网上实训】

请在网上搜索并阅读中国古代理财有关文献，总结中国古代三位"理财"先贤范蠡、白圭和胡光墉的理财思想。

对中国古代家庭理财文献的综述

二、货币的时间价值

货币的时间价值，是指货币经历一定时间的投资和再投资所增加的价值，也称为资金的时间价值。比如，银行存款年利率为5%，现在将1元钱存入银行，1年后连本带利就可以得到1.05元。也就是说，在1年的时间里1元钱产生了0.05元的增值。不同时间单位货币的价值不相等，今天1元钱的价值大于1年后1元钱的价值。所以，不同时点上的货币收支不宜直接比较，只有将它们换算到相同的时点上，才能进行大小的比较和有关计算。

（一）单利与复利

货币时间价值的计算有单利法和复利法两种方法，计算内容涉及利息、现值、终值和年金等。

1. 单利法

单利法是指在规定的期限内获得的利息均不计算利息，只就本金计算利息的一种方法。

单利利息的计算公式为：

$$I=P \times i \times n$$

单利终值是指按单利计算的利息与本金之和。

单利终值的计算公式为：

$$F=P+P \times i \times n$$

例1.3　今天存到银行1 000元，10年后能得到多少本息呢？

答：假定年存款利率是3%，则10年后的本息和是：1 000×（1+3%×10）=1 300（元）。

单利现值是指依据未来的终值，按单利计算的现在价值。单利现值的计算公式为：

$$P=F-I=F-P\times i\times n=F/（1+i\times n）$$

例 1.4　小陈希望在 5 年后取得 10 000 元，用来支付他出国留学的费用，年利率是 5%，若以单利计算，小陈现在应该存入银行的资金是多少呢？

答：$P=10\,000/（1+5\times5\%）=8\,000$（元）

单利法计算简单，操作容易，便于理解，因此，银行存款计息和到期一次还本付息的国债都采用单利计息方式。

2. 复利法

复利法是指将每一期利息分别滚入下期连同本金一起计算利息的方法，俗称利滚利。复利终值就是一定数量的本金在一定的利率下按照复利的方法计算出若干时期以后的本金和利息。

例 1.5　刘江今年年初存了 1 000 元，年利率为 10%，在未来 4 年内，该笔存款每年年底的金额为多少？

答：该笔存款每年年底的金额分别（见图 1-3）如下：

第一年年末的金额为：$1\,000\times（1+10\%）=1\,100$（元）

第二年年末的金额为：$1\,100\times（1+10\%）=1\,210$（元）

第三年年末的金额为：$1\,210\times（1+10\%）=1\,331$（元）

第四年年末的金额为：$1\,331\times（1+10\%）=1\,464.1$（元）

复利终值的计算公式为：

$$F=P\times（1+i）^n$$

式中，$（1+i）^n$ 通常被称为复利终值系数，用符号 $(F/P,\,i,\,n)$ 表示 1 元本金 n 期末的复利终值（见图 1-4）。

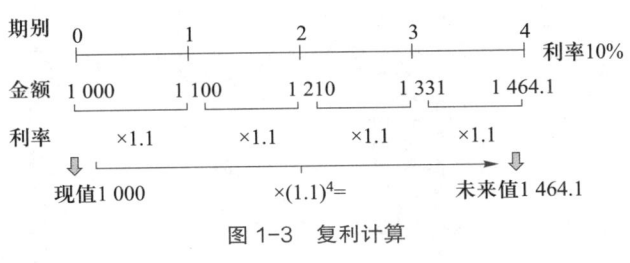

图 1-3　复利计算

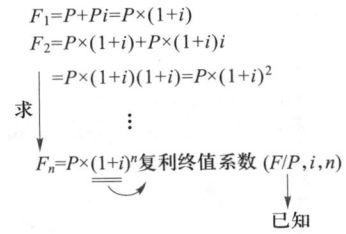

图 1-4　复利终值计算过程

例如，（F/P，5%，2）表示利率为 5% 的 2 期末现在 1 元钱的复利终值。

例 1.6　存入银行 1 000 元，假定年存款利率是 3%。若按照复利方法计算，10 年后的本息和是多少？

答：按照公式，本息和 $F=P×（1+i）^n=1 000×（1+3\%）^{10} = 1 343.92$（元）。

复利现值是复利终值的逆运算，指未来一定时间的资金按复利计算的现在价值，或者说是为取得将来一定本利和而现在所需要的本金。

例 1.6 可以使用 Excel 中的 FV 函数计算。

具体操作步骤是：第一步，打开 Excel 软件，在文件菜单栏中新建一个文档；第二步，在新建文档中选定空格栏；第三步，在菜单栏选定"公式"栏；第四步选插入函数；第五步，选"财务"函数，找到 FV 函数（本书中其他变量的计算找到相应的函数即可）；第六步，单击确定后，输入相应参数就可以计算得到相应的结果。图 1–5 和图 1–6 展示了 Excel 操作界面。

例 1.7　刘江预计 3 年后要存够 10 000 元，年利率为 10%。在 3 年内，该笔存款每年年初的金额为多少？

答：该笔存款每年年初的金额分别如下：

第三年年初的金额为：10 000/（1+10%）=9 090.91（元）

第二年年初的金额为：9 090.91/（1+10%）=8 264.46（元）

第一年年初的金额为：8 264.46/（1+10%）=7 513.15（元）

复利现值的计算公式为：

$$P=F×（1+i）^{-n}$$

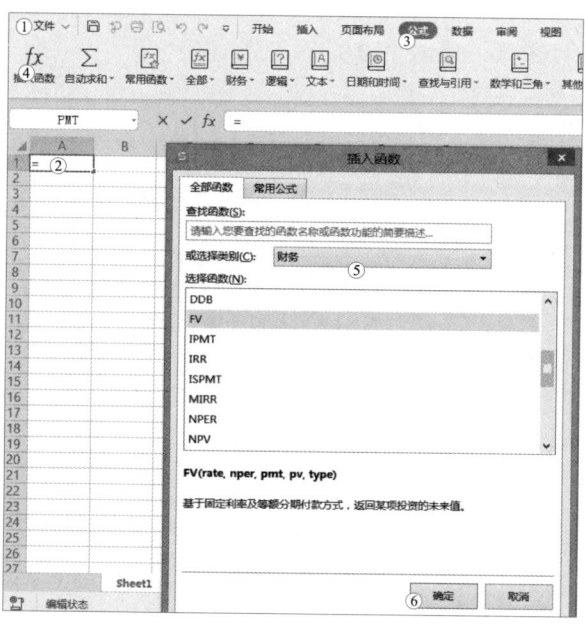

图 1–5　FV 函数插入步骤

FV（$rate, nper, pmt, pv, type$）

基于固定利率及等额分期付款方式，返回某项投资的未来值。

B4		fx	=FV(0.03,10,,-1000)		
	A	B	C	D	E
1	PV	1000			
2	i	3%			
3	n	10			
4	FV	¥1,343.92			

图 1-6　*FV* 函数计算应用

式中，$(1+i)^{-n}$ 通常被称为复利现值系数，用符号（P/F，i，n）表示 1 元本金 n 期末的复利现值。

例如，（P/F，5%，10）表示利率为 5% 时 10 期末 1 元钱的复利现值。

例 1.7 可以使用 Excel 中的 *PV* 函数计算，如图 1-7 所示。

PV（$rate, nper, pmt, fv, type$）

返回投资的现值。现值为一系列未来付款的当前值的累积和。

B4		fx	=PV(0.1,3,,10000)		
	A	B	C	D	E
1	FV	10000			
2	i	10%			
3	n	3			
4	PV	¥-7,513.15			

图 1-7　*PV* 函数计算应用

财 商小课堂

复 利 思 维

　　巴菲特在其《致股东信》中说：从 1900 年 1 月 1 日到 1999 年 12 月 31 日，道琼斯指数从 65.73 点涨到了 11497.12 点，足足增长了 176 倍，是不是非常可观？通过计算得出它的年复合增长仅仅是 5.3%。但是事实上在理财中很少有人能持续 100 年做到每年 5% 的回报率。因为人们觉得回报率太低，不屑去做。大多数人总想着一夜暴富，用最短的时间追求最快速的财富积累，追求过高的回报率。

　　在有限的时间，把有限的精力和财富，持续而反复地投入到某一领域，长期坚持下去，最终产生的积极影响就如雪球越滚越大，它带来的回报一定超过你的想象。这就是典型的复利思维。复利思维需要我们用长远的眼光去看待事物。

例 1.8　小陈希望在 3 年后取得 10 000 元，用来支付他出国留学的费用，年利率是 5%。若以复利计算，小陈现在应该存入银行的资金是多少呢？

答：$P=10\,000/(1+5\%)^3=10\,000\times(P/F, 5\%, 3)=10\,000\times0.863\,8=8\,638$（元）

单利与复利收益（投资 100 元的收益）对比如表 1-4 所示。

表 1-4　单利与复利收益对比

年收益率	年期	单利收益 / 元	复利收益 / 元	折算单利收益率
12%	1	12	12.00	12.00%
12%	2	24	25.44	12.72%
12%	3	36	40.49	13.50%
12%	4	48	57.35	14.34%
12%	5	60	76.23	15.25%
12%	10	120	210.58	21.06%
12%	15	180	447.36	29.82%
12%	20	240	864.63	43.23%
12%	25	300	1 600.01	64.00%
12%	30	360	2 895.99	96.53%
12%	35	420	5 179.96	148.00%
12%	40	480	9 205.10	230.13%
12%	50	600	28 800.22	576.00%

（二）年金

年金（Annuity）是指等额、定期的系列收付款项。在实际工作中，分期收付款、分期偿还贷款、发放养老金、分期支付工程款等，就属于年金收付形式。按照收付的次数和支付的时间划分，年金可分为以下四类：普通年金、预付年金、递延年金和永续年金。

1. 普通年金

普通年金是指一定时间内每期期末等额收付的系列款项，又称后付年金，其收付形式如图 1-8 所示。PMT（Payments）表示每期金额，PVA 和 FVA 分别表示年金的现值和终值。

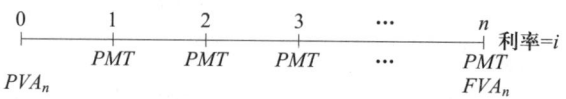

图 1-8　普通年金的收付形式

（1）普通年金终值的计算。普通年金终值是指其最后一次支付的本利和，它是每次支付的复利终值之和。

例1.9　每年年末存款100元，年利率为10%，经过5年，普通年金终值是多少？

答：计算过程（见图1-9）如下：

第一年年末存入100元4年后的终值=100×（1+10%）^{4}=146.41（元）；

第二年年末存入100元3年后的终值=100×（1+10%）^{3}=133.1（元）；

第三年年末存入100元2年后的终值=100×（1+10%）^{2}=121（元）；

第四年年末存入100元1年后的终值=100×（1+10%）^{1}=110（元）；

第五年年末存入100元0年后的终值=100×（1+10%）^{0}=100（元）；

100元年金5年的终值为610.51元。

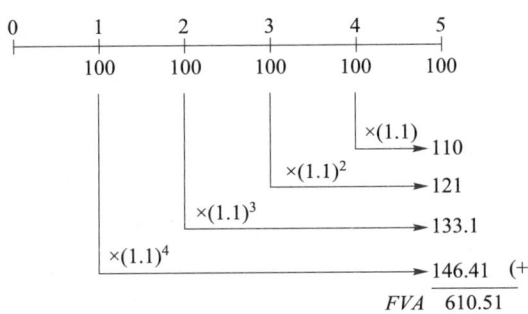

图1-9　普通年金终值的计算过程

计算普通年金终值的一般公式为：

$$FVA_n=PMT\times\left[1+（1+i）+（1+i）^2+\cdots+（1+i）^{n-1}\right]=PMT\times\frac{（1+i）^n-1}{i}$$
$$=PMT\times（FVIFA_{i,n}）$$

在该式中$FVIFA_{i,n}$是普通年金1元，利率为i，经过n期的年金终值，记作（F/A，i，n），可查普通年金终值系数表。

例1.9可以使用Excel中的FV函数计算，如图1-10所示。

FV（$rate, nper, pmt, pv, type$）

基于固定利率及等额分期付款方式，返回某项投资的未来值。

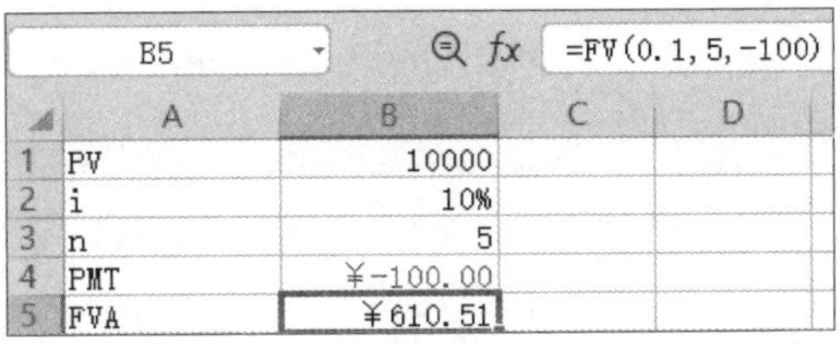

	B5		fx	=FV(0.1,5,-100)	
	A	B	C	D	
1	PV	10000			
2	i	10%			
3	n	5			
4	PMT	￥-100.00			
5	FVA	￥610.51			

图1-10　FV函数计算应用

（2）普通年金现值的计算。年金现值是指一定时期内每期期末收付款项的复利现值之和。

例1.10 每年年末存款100元，年利率10%，经过5年，年金现值是多少？

答：年金现值的计算过程（见图1-11）如下：

第一年年末存入100元1年前的现值=$100×(1+10\%)^{-1}=90.91$（元）；

第二年年末存入100元2年前的现值=$100×(1+10\%)^{-2}=82.64$（元）；

第三年年末存入100元3年前的现值=$100×(1+10\%)^{-3}=75.13$（元）；

第四年年末存入100元4年前的现值=$100×(1+10\%)^{-4}=68.30$（元）；

第五年年末存入100元5年前的现值=$100×(1+10\%)^{-5}=62.09$（元）；

100元年金5年的现值为379.07元。

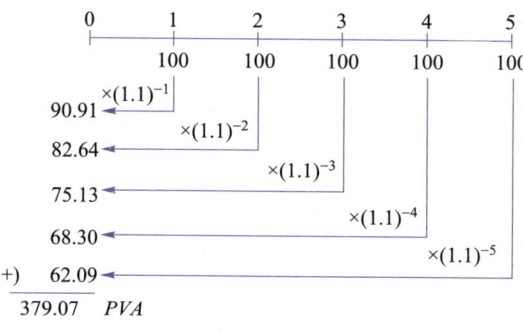

图1-11 普通年金现值的计算

计算普通年金现值的一般公式为：

$$PVA_n=PMT×\left[(1+i)^{-1}+(1+i)^{-2}+\cdots+(1+i)^{-n}\right]$$
$$=PMT×\frac{1-(1+i)^{-n}}{i}=PMT×(PVIFA_{i,n})$$

在该式中，$PVIFA_{i,n}$是普通年金1元，利率为i，经过n期的年金现值，记作（P/A，i，n），可查普通年金现值系数表。

例1.10可以使用Excel中的PV函数计算，如图1-12所示。

PV（$rate, nper, pmt, fv, type$）

返回投资的现值。现值为一系列未来付款的当前值的累积和。

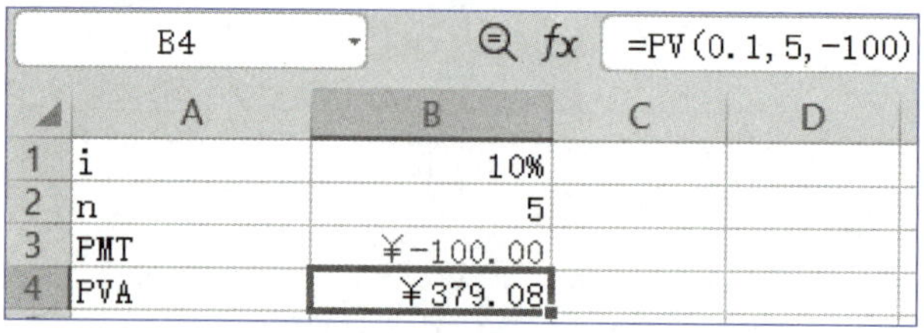

B4		f_x	=PV(0.1,5,-100)
	A	B	C	D
1	i	10%		
2	n	5		
3	PMT	￥-100.00		
4	PVA	￥379.08		

图1-12 PV函数计算应用

2. 预付年金

预付年金是指在每期期初支付的年金，又称即付年金或先付年金。它比普通年金早了一期，预付年金的形式如图1-13所示。

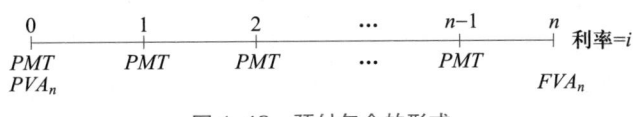

图 1-13 预付年金的形式

（1）预付年金的终值。预付年金的终值计算公式如下：

$$FVA_n = PMT \times \sum_{t=0}^{n-l}(1+i)^{n-t} = PMT \times (FVIFA_{i,n}) \times (1+i)$$

我们可以利用普通年金终值系数表查得 n 期的系数值，然后乘以（$1+i$）后得到1元预付年金终值。

例1.11　黄先生为长期投资者，5年来黄先生每年年初买入1 000股某公司股票，其间一直持有不卖出，如果该公司每年发放股票股利为每股0.2股，到了第5年年底时，黄先生拥有该公司多少股的股票？

答：$FVA = 1\,000 \times FVIFA_{20\%,\,5} \times 1.2$
$\qquad\quad = 1\,000 \times 7.441\,6 \times 1.2$
$\qquad\quad = 8\,929.92$（股）

例1.11可以使用Excel中的 FV 函数计算，如图1-14所示。

PV（$rate, nper, pmt, fv, type$）

返回投资的现值。现值为一系列未来付款的当前值的累积和。

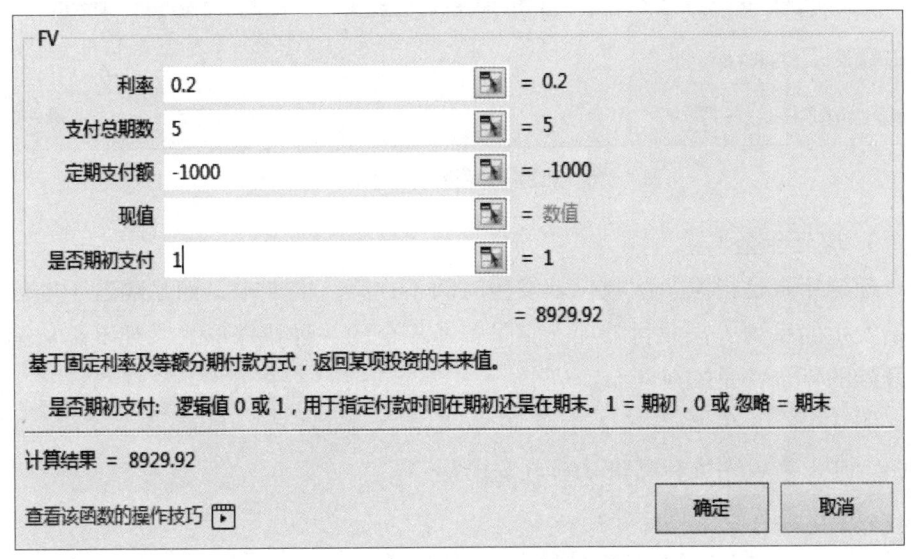

图 1-14 利用 FV 函数计算预付年金终值

（2）预付年金的现值。预付年金的现值计算公式如下：

$$PVA_n = PMT \times \sum_{t=0}^{n-1} \frac{1}{(1+i)^t} = PMT \times (PVIFA_{i,n}) \times (1+i)$$

我们可以利用普通年金现值系数表查得 n 期的系数值，然后乘以 $(1+i)$ 后得到 1 元预付年金现值。

例 1.12　张某分期付款购买小汽车，约定每年年初付 30 000 元，要付 5 年。假设银行年利率为 8%，则这辆车现在的价格是多少元？

答：$PVA = 30\,000 \times PVIFA_{8\%,5} \times 1.08$

$\quad\quad\quad = 30\,000 \times 3.992\,7 \times 1.08$

$\quad\quad\quad = 129\,363.48$（元）

例 1.12 可以使用 Excel 中的 PV 函数计算，如图 1-15 所示。

返回投资的现值。现值为一系列未来付款的当前值的累积和。

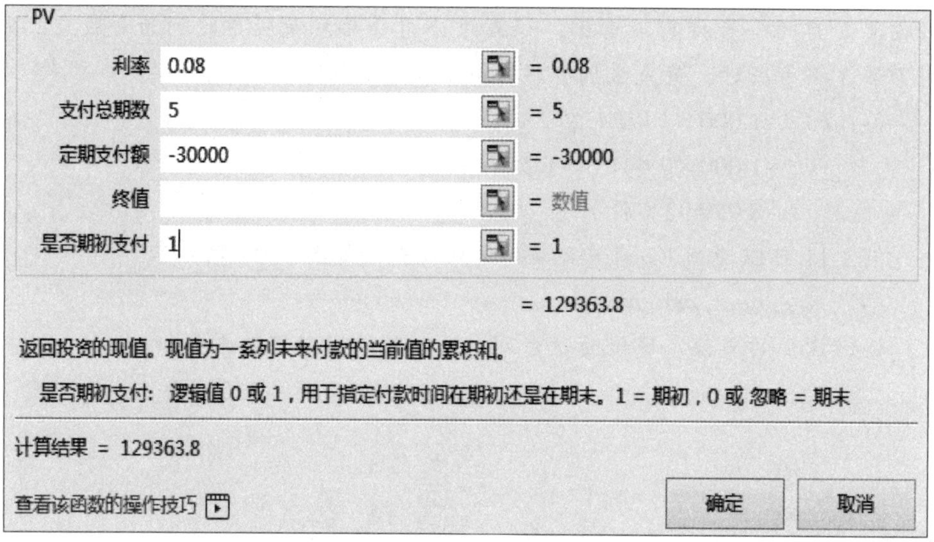

图 1-15　利用 PV 函数计算预付年金现值

3. 递延年金

递延年金是指第一次收付款发生时间不在第一期期末，而是隔若干期后才开始发生的系列等额收付款项。它是普通年金的一种特殊形式，凡不是从第一期开始的年金都是递延年金。

例 1.13　5 年后连续 3 年每年年末存入 1 000 元，银行存款年利率为 10%，问 8 年后终值和现值分别是多少？

答：8 年后的终值计算：

$$FVA = 1\,000 \times FVIFA_{10\%,3} = 1\,000 \times 3.31 = 3\,310\,(\text{元})$$

8 年的现值计算：首先把递延年金视为 3 年期普通年金，求出递延末期的现值，然后将此现值调整到第一期期初。

$$PVA_5 = 1\ 000 \times PVIFA_{10\%,\ 3} = 1\ 000 \times 2.486\ 9 = 2\ 486.9（元）$$

$$PV_0 = PVA_5 / (1+10\%)^5 = 2\ 487 \times 0.620\ 9 = 1\ 544.18（元）$$

4. 永续年金

永续年金是指无限期等额收付的特种年金，可将其视为普通年金的特殊形式，即期限趋于无穷的普通年金。例如，诺贝尔存入了一笔基金作为科学奖，每年发放一次，就是永续年金。由于永续年金没有终止时间，终值也就无限大，因此一般不计算其终值，只计算其现值。

永续年金现值的计算公式为：

$$PVA = PMT/i$$

例 1.14　A 市政府自后年年初起，每年将有 5 亿元的社会福利支出。如果年利率固定为 5%，A 市政府希望明年年初存入一笔钱之后，可以应付每年的社会福利支出，不会中断且不必再筹款，则明年应存款多少？

答：$PVA = PMT/i = 5/5\% = 100（亿元）$

复利计算公式汇总如表 1-5 所示。

表 1-5　复利计算公式汇总

基本时间价值		公式	逆运算	公式
复利终值		$F=P \times (1+i)^n$ $=P \times (F/P, i, n)$	复利现值	$P=F \times (1+i)^{-n}$ $=F \times (P/F, i, n)$
年金	普通年金终值	$F=A \times \dfrac{(1+i)^n - 1}{i} = A \times (F/A, i, n)$	偿债基金	$A = F/[(F/A, i, n)]$
	普通年金现值	$P=A \times \dfrac{1-(1+i)^{-n}}{i} = A \times (P/A, i, n)$	投资回收额	$A=P/[(P/A, i, n)]$
	预付年金终值	$F=A \times \left[\dfrac{(1+i)^{n+1}-1}{i} - 1\right] = A \times [(F/A, i, n+1) -1]$	每期投资额	$A=F/[(F/A, i, n+1) -1]$
	预付年金现值	$P=A \times \left[\dfrac{1-(1+i)^{-(n-1)}}{i} + 1\right]$ $=A \times [(P/A, i, n-1) +1]$	投资回收额	$A=P/[(P/A, i, n-1) +1]$
	递延年金现值	$P=A \times (P/A, i, n) \times (P/F, i, m)=A \times [(P/A, i, m+n)-(P/A, i, m)] = A \times (F/A, i, n) \times (P/F, i, m+n)$		
	永续年金现值	$P=A/i$	投资回收额	$A=P \times i$

（三）复利频率

复利频率也称复利的时间间隔。复利频率决定了一年内的复利次数。如果一年内以利率 i 对一笔资金计 m 次复利，则 n 年后，该笔资金得到的价值为：

$$FV = PV \times \left(1 + \frac{i}{m}\right)^{m \times n}$$

例 1.15 将 10 000 元按年利率 12% 投资 2 年，求计息期分别按年、季度、月计算时该笔投资的终值。

答：计息期按年计算该笔投资的终值为：

$$FV_1 = 10\ 000 \times \left(1 + \frac{12\%}{1}\right)^{1 \times 2} = 12\ 544\ （元）$$

计息期按季度计算该笔投资的终值为：

$$FV_2 = 10\ 000 \times \left(1 + \frac{12\%}{4}\right)^{4 \times 2} = 12\ 667.7\ （元）$$

计息期按月计算该笔投资的终值为：

$$FV_3 = 10\ 000 \times \left(1 + \frac{12\%}{12}\right)^{12 \times 2} = 12\ 697.35\ （元）$$

【同步案例】

利用年金概念对汽车信贷以及房产信贷的分期付款额进行计算。

刘先生购买一栋房子，办理了一笔期限为 10 年的抵押贷款。贷款总金额为 300 000 元，该抵押贷款的年利率为 8%，与银行约定以等额偿还方式偿还贷款。

思考：这笔抵押贷款的每年偿还额是多少？其中多少用来偿还利息和本金？

分析要点：首先，理清长期借款还本付息概况（见表 1-6）；其次，采用年金现值公式计算年偿还额（即 PMT），并采用如下公式作相应计算：年支付利息 = 年初剩余本金 × 年利率、偿还本金 = 年偿还额 - 年支付利息、剩余本金 = 年初剩余本金 - 本期偿还本金额。

表 1-6 长期借款还本付息概况

贷款金额 / 元（年金现值）	300 000
贷款期限 / 年（年金期限）	10
贷款利率 /%（年金利率）	8

长期借款还本付息计算结果如表 1-7 所示。

表 1-7　长期借款还本付息计算结果　　单位：万元

年	年偿还额	支付利息	偿还本金	剩余本金
0				300 000.00
1	44 708.85	24 000.00	20 708.85	279 291.15
2	44 708.85	22 343.29	22 365.55	256 925.60
3	44 708.85	20 554.05	24 154.80	232 770.80
4	44 708.85	18 621.66	26 087.18	206 683.62
5	44 708.85	16 534.69	28 174.16	178 509.46
6	44 708.85	14 280.76	30 428.09	148 081.37
7	44 708.85	11 846.51	32 862.34	115 219.03
8	44 708.85	9 217.52	35 491.32	79 727.71
9	44 708.85	6 378.22	38 330.63	41 397.08
10	44 708.85	3 311.77	41 397.08	0.00
合计	447 088.50	147 088.47	300 000.00	

三、收益和风险计量

（一）收益率的计量

收益率是指投资品种所带来的收益与本金的比率。一般而言，衡量各种投资品种收益大小的主要指标就是收益率。对于理财从业人员来说，收益率的正确估计和计算是做好理财规划的重要步骤。

1. 预期收益率

投资者在了解理财产品的时候，经常会看到预期收益率这个概念。预期收益率（也称预期报酬率、期望报酬率、期望收益率）就是指在不确定的情况下，预测某种资产未来可能实现的收益率，但大多数人并不知道这个预期收益率是如何计算出来的。既然预期收益率是在不确定性的情况下出现的，那就会有概率，所以预期收益率一般就是概率与收益率相结合的产物。预期收益率的计算公式为：

$$E(R) = P_1 R_1 + P_2 R_2 + \cdots + P_n R_n = \sum_{i=1}^{n} P_i R_i$$

式中：$E(R)$ 为预期收益率；P_i 为概率；R_i 为可能的收益率。

例 1.16　某投资者根据股市的历史情况预计 A 股票未来一年内的收益情况如表 1-8 所示，请估计投资于 A 股票的预期收益率是多少？

表 1-8　A 股票未来收益表

假设情形	股市大涨	股市平稳	股市下跌
出现的可能性 /%	40	50	10
该情况收益率 /%	30	15	−5

答：预期收益率为：

$$E（R）=40\% \times 30\%+50\% \times 15\%+10\% \times （-5\%）=19\%$$

实际上，由于对未来概率和收益率预期的困难，一般情况下参照历史数据对概率和收益率进行估计。再加上参照历史时期的长短、权数的不同，预期收益率的具体计算方法也有多种，因此在比较不同投资品种的预期收益率时要注意其相互之间的可比性。比如市场上有的理财产品预期收益率的计算采用的是简单算术平均的方法，就是把历史收益率的数据收集起来，然后计算其简单算术平均值。假设某理财产品历年收益率如表 1-9 所示。

表 1-9　某理财产品历年收益率

年度	2017	2018	2019	2020	2021	2022	2023	2024
收益率 /%	30	5	−10	−10	10	5	20	25

那么根据算术平均值算出其预期收益率就是：

$$（30\%+5\%-10\%-10\%+10\%+5\%+20\%+25\%）/8=9.38\%$$

2. 持有期收益率

投资者投资的目的在于放弃目前的消费所带来的短期快乐，追求长期的收益增长所带来的满足。因此，计算投资在持有期间的收益率对投资者来说也是非常值得关注的。

持有期收益率的计算公式为：

$$持有期收益率 = \frac{（卖出价-买入价）+期间收益}{买入价} \times 100\%$$

$$持有期年均收益率 = \frac{持有期间收益率}{持有年限}$$

$$持有年限 = \frac{实际持有天数}{360}$$

例 1.17　11 月 1 日买入分期付息债券，每年年末付息，面值 1 000 元，年利率 5%，每年利息 50 元，于次年 4 月 30 日卖出，债券买入价是 1 010 元，卖出价是 1 030 元，那么持有期年均收益率是多少？

答：持有期收益率 $=\dfrac{50+(1\ 030-1\ 010)}{1\ 010}\times100\%$，持有期年均收益率 $=$

$\dfrac{50+(1\ 030-1\ 010)}{1\ 010}\div\dfrac{6}{12}\times100\%=13.86\%$。

3. 投资组合收益率

投资组合收益率是指几个不同投资项目依据不同的权重而计算的加权平均收益率。其计算公式为：

$$E(R)=\sum_{i=1}^{n}W_iE(r_i)$$

式中，$E(R)$ 为投资组合收益率，W_i 为单项投资在投资组合中的权重，$E(r_i)$ 为单项投资的投资收益率。

例 1.18　甲公司持有 A、B、C 三只股票，在由上述股票组成的证券投资组合中，各股票所占的比重分别为 50%、30% 和 20%，预计一年后三只股票的收益率分别为 10%、8% 和 6%，请问甲公司一年后三只股票的证券投资组合的收益率是多少？

答：三只股票的证券投资组合的收益率是：

$$E(R)=\sum_{i=1}^{n}W_iE(r_i)=50\%\times10\%+30\%\times8\%+20\%\times6\%=8.6\%$$

（二）风险的计量

风险是指某一不利事件的发生导致未来收益或损失的不确定性。一般而言，如果能对未来情况作出准确估计，则无风险。对未来情况估计的精确程度越高，风险就越小；反之，风险就越大。对于个人和家庭而言，风险主要有财产风险、投资风险、财务风险和人身风险等。风险的计量在理财计算中具有非常重要的作用。目前衡量风险大小的指标主要有两种方法：概率法和 β（Beta）系数法。

1. 概率法

在实际生活中，每一个人对未来所作的决策都不可能百分之百准确。未来是不确定的。对于未来变化的不确定性，有两种情况：其一，未来的变化具有统计特征，可以通过统计方法来分析，比如赌博；其二，未来变化是混沌的，无法通过统计方法来分析。风险则是可以通过统计方法来处理的未来收益或损失的不确定性。风险程度的衡量与以下几个概念相关：

（1）随机变量与概率。随机变量（X_i）是指经济活动中，某一事件在相同的条件下可能发生也可能不发生的事件。概率（P_i）是用来表示随机事件发生可能性大小的数值。

通常，把必然发生的事件的概率定为 1，把不可能发生的事件的概率定为 0，而一般随机事件的概率是介于 0 与 1 之间的。概率越大，表示该事件发生的可能性越大。

（2）期望值。期望值（E）是指随机变量以其相应概率为权数计算的加权平均值。计算公式如下：

$$\overline{E} = \sum_{i=1}^{n} X_i P_i$$

（3）方差与标准差。方差（σ^2）和标准差（σ）都是反映不同风险条件下的随机变量和期望值之间离散程度的指标。方差和标准差越大，风险也越大。实务中，常常以标准差从绝对量的角度来衡量风险的大小。

方差和标准差的计算公式如下：

$$\sigma^2 = \sum_{i=1}^{n} (X_i - \overline{E})^2 P_i$$

$$\sigma = \sqrt{\sigma^2} = \sqrt{\sum_{i=1}^{n} (X_i - \overline{E})^2 P_i}$$

例 1.19 某企业有两个投资方案，其未来的预期报酬率及发生的概率如表 1-10 所示。试采用概率法比较甲、乙两方案的风险大小。

表 1-10 某企业两个投资方案预期报酬率

经济情况	发生概率	预期报酬率（X_i）/%	
		甲方案	乙方案
繁荣	0.4	60	25
一般	0.4	20	20
衰退	0.2	−60	10
合计	1		

答：（1）计算期望报酬率（E） $\overline{E}_{甲}$=0.4×60%+0.4×20%+0.2×（−60%）=20%

$\overline{E}_{乙}$=0.4×25%+0.4×20%+0.2×10%=20%

（2）计算标准差（σ）

$\sigma_{甲}$=［0.4×（60%−20%）^{2}+0.4×（20%−20%）^{2}+0.2×（−60%−20%）^{2}］$^{1/2}$ =43.82%

$\sigma_{乙}$=［0.4×（25%−20%）^{2}+0.4×（20%−20%）^{2}+0.2×（10%−20%）^{2}］$^{1/2}$=5.48%

由于 $\sigma_{甲} > \sigma_{乙}$，所以甲方案的风险比乙方案大。

（4）标准离差率。标准差只能从绝对量的角度衡量风险的大小，但不能用于比较不同方案的风险程度。在这种情况下，可以通过标准离差率进行衡量。

标准离差率（q）是指标准差与期望值的比率。计算公式如下：

$$q = \frac{\sigma}{\overline{E}} \times 100\%$$

例 1.20　A、B 两只股票未来可能的投资收益率如表 1–11 所示，由两只股票组成的投资组合中 A、B 两只股票的投资比例分别为 40% 和 60%。试采用标准离差率比较 A、B 两只股票的风险大小。

表 1–11　A、B 两只股票未来可能的投资收益率

发生概率	A 的投资收益率 /%	B 的投资收益率 /%
0.2	40	30
0.5	10	10
0.3	–8	5

答：（1）A 股票的期望收益率 $=0.2×40\%+0.5×10\%+0.3×（-8\%）=10.6\%$

B 股票的期望收益率 $=0.2×30\% + 0.5×10\% + 0.3×5\%=12.5\%$

（2）A 股票收益率的标准差 $=［0.2×（40\%-10.6\%）^2+0.5×（10\%-10.6\%）^2+0.3×（-8\%-10.6\%）^2］^{1/2}=16.64\%$

B 股票收益率的标准差 $=［0.2×（30\%-12.5\%）^2+0.5×（10\%-12.5\%）^2+0.3×（5\%-12.5\%）^2］^{1/2}=9.01\%$

（3）A 股票收益率的标准离差率 $=16.64\%/10.6\%=156.98\%$

B 股票收益率的标准离差率 $=9.01\%/12.5\%=72.08\%$

由于 A 股票收益率的标准离差率大于 B 股票收益率的标准离差率，所以 A 股票的风险要比 B 股票大。

2. β（Beta）系数法

概率法可以测量某项投资风险大小，也可比较不同时期同一个项目或不同项目同一时期的风险大小，但由于计算复杂，难于理解，一般投资者很难掌握；而采用 β 系数法测量风险大小就比较容易被投资者接受。β 系数是一种用来测定一种证券的收益受整个证券市场收益变化影响程度的指标。它用来衡量个别证券的市场风险（也称系统风险），而不是公司的特有风险（也称非系统风险）。

根据资本资产定价理论，证券或组合 i 的期望收益率（r_i）等于无风险收益率 r_F 加上市场投资组合的风险溢价（$r_M - r_F$）与证券或组合 i 的系统风险 β_i 之积，即 $r_i = r_F + \beta_i（r_M - r_F）$。在此式中 β 系数的计算公式为：

$$\beta_i = \frac{\sigma_{iM}}{\sigma_M^2}$$

式中，β_i 为证券或组合 i 的 β 系数，σ_{iM} 为证券或组合 i 与市场投资组合 M 之间的协方差，σ_M^2 为市场投资组合 M 的方差。

β（Beta）系数在投资理财中是一个核心概念。β 系数告诉我们：任何投资

项目的超额收益率与整个市场的超额收益率呈线性正比关系。β 系数用来度量包括股票在内的证券市场等各种投资项目的系统风险，β 系数越大，系统风险越高。当某证券的 β 系数等于 1 时，说明其风险与整个市场的平均风险相同，也就是说，市场收益率上涨 1%，该证券的收益率也上升 1%；如果某种证券的 β 系数大于 1 时，说明其风险大于整个市场的平均风险，且数值越大，其风险越高；如果某证券的 β 系数小于 1，说明其风险比整个市场的平均风险要小，且数值越小，其风险越低。

由于证券的特有风险可以通过投资组合的方式分散掉，市场风险就成了投资者关注的焦点，因此 β 系数就成为证券投资决策的重要依据。

例 1.21　某公司拟进行股票投资，计划购买 A、B、C 三只股票，已知三只股票的 β 系数分别为 1.5、1.0 和 0.5，根据 A、B、C 三只股票的 β 系数，分别评价三只股票相对于市场投资组合而言的投资风险大小。

答：A 股票 β 系数为 1.5，说明其投资风险高于市场投资组合的风险；B 股票 β 系数为 1.0，说明其投资风险等于市场投资组合的风险；C 股票 β 系数为 0.5，说明其投资风险小于市场投资组合的风险。即投资风险的大小依次为 A、B、C。

资本资产定价理论还告诉我们，证券组合的 β_P 与组成证券组合的若干证券的 β_j 系数也呈线性关系，即 $\beta_P = \sum_{j=1}^{n} x_j \beta_j = x_1\beta_1 + x_2\beta_2 + \cdots + x_n\beta_n$。其中 x_j 为 j 证券在证券组合 P 中的投资比例。

例 1.22　市场上 A、B、C 三只股票的 β 系数分别为 0.91、1.17、1.8，假定投资者购买 A、B、C 三只股票的比例分别为 1∶3∶6，计算 A、B、C 投资组合的 β 系数，并判断其风险大小。

答：投资组合中 A 股票的投资比例 =1/（1+3+6）=10%

投资组合中 B 股票的投资比例 =3/（1+3+6）=30%

投资组合中 C 股票的投资比例 =6/（1+3+6）=60%

投资组合的 β 系数 =0.91×10%+1.17×30%+1.8×60%=1.52

由于投资组合的 β 系数大于 1，说明它的风险比市场风险要高。

例 1.23　上题中如果投资者购买 A、B、C 股票的比例为 6∶3∶1，请计算该投资组合的 β 系数。

答：β_P=0.91×60%+1.17×30%+1.8×10%=1.08

例 1.22 与例 1.23 两题相比较，后者计算 β_P 结果变小了，说明通过调节组合投资比例，可以控制组合的风险大小。

收益与风险的关系如图 1–16 所示。

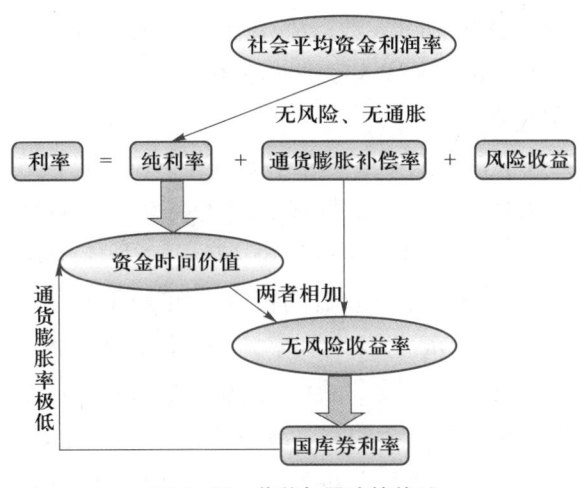

图 1-16　收益与风险的关系

四、理财计算操作

由于在理财的过程中经常要进行比较复杂的计算，一般通过手工计算难度比较大，也比较烦琐，因此，人们总结了一些方法并发明了一些有益的计算工具，主要包括财务计算器、货币时间价值系数表以及 Excel 软件等。下面介绍 Excel 软件的理财计算。

Excel 软件提供了许多财务函数，这些函数可以用于一般的财务计算，如确定贷款的支付额、投资的未来值或净现值，以及债券或息票的价值等。与理财关系紧密的财务函数大体有三类：投资计算函数、偿还率计算函数、债券及其他金融函数。它们为财务分析提供了极大的便利。在这里，凡是投资的金额都以负数形式表示，收益以正数形式表示。

（一）Excel 软件财务函数中常见的参数

（1）未来值（*FV*）。在所有付款发生后的投资或贷款的价值。

（2）利率（*Rate*）。投资或贷款的利率或贴现率。

（3）期间数（*NPER*）。为总投资（或贷款）期，即该项投资（或贷款）的付款期总数。

（4）付款（*PMT*）。对于一项投资或贷款的定期支付数额。其数值在整个年金期间保持不变。通常 PMT 包括本金和利息，但不包括其他费用及税款。

（5）现值（*PV*）。在投资期初的投资或贷款的价值。例如，贷款的现值为所借入的本金数额。

（6）类型（*Type*）。付款期间内进行支付的间隔，如在月初或月末，用 1 或 0 表示。

（7）日计数基准类型（*Basis*）。*Basis* 为 0 或省略代表美国（NASD）30/360，

Basis 为 1 代表实际天数 / 实际天数，Basis 为 2 代表实际天数 /360，Basis 为 3 代表实际天数 /365，Basis 为 4 代表欧洲 30/360。

（二）投资计算函数

在投资计算函数中，这里将重点介绍 FV、PMT、PV 函数。

（1）投资的未来值 FV。FV 函数基于固定利率及等额分期付款方式，求得某项投资的未来值。利用 Excel 软件中 FV 函数进行计算后，可以帮助我们进行一些有计划、有目的、有效益的投资。语法形式为 FV（Rate，NPER，PMT，PV，Type）。其中 Rate 为各期利率，是一固定值；NPER 为总投资（或贷款）期，即该项投资（或贷款）的付款期总数；PV 为各期所应付给（或得到）的金额，其数值在整个年金期间（或投资期内）保持不变，通常 PV 包括本金和利息，但不包括其他费用及税款，PV 为现值，或一系列未来付款当前值的累积和，也称为本金，如果省略 PV，则假设其值为零；Type 为数字 1 或 0，用以指定各期的付款时间是在期初还是期末。如果省略 Type，则假设其值为零，表示付款时间在期末。

例 1.24　刘某两年后需要一笔学习费用支出，计划从现在起每月月初存入 2 000 元，如果按年利 2.25%，按月计息（月利为 2.25%/12），那么两年以后该账户的存款额会是多少呢？

答：FV 函数公式写为：FV（2.25%/12.24，−2 000，0，1）。计算的结果为 49 141.34 元，如图 1-17 所示。

	A	B
1	**数据**	**说明**
2	2.25%	年利率
3	24	付款期总数
4	−2000	各期应付金额
5		现值
6	1	各期的支付时间在期初
7	**公式**	**说明（结果）**
8	FV(A2/12, A3, A4, A5, A6)	在上述条件下投资的未来值 (49,141.34)

图 1-17　年金终值计算

（2）贷款分期偿还额 PMT。PMT 函数基于固定利率及等额分期付款方式，返回投资或贷款的每期付款额。其语法形式为 PMT（rate，nper，pv，fv，type）。其中，rate 为各期利率，是一固定值；nper 为总投资（或贷款）期，即该项投资（或贷款）的付款期总数；pv 为现值，或一系列未来付款当前值的累积和，也称为本金；fv 为未来值，或在最后一次付款后希望得到的现金余额，如果省略 fv，则假设其值为零（例如，一笔贷款的未来值即为零）；type 为 1 或 0，用以指定各期的付款时间是在期初还是期末，如果省略 type，则假设其值为零。

例 1.25 10 个月付清的年利率为 8% 的 10 000 元贷款需要每月支出为多少？

答：PMT（8%/12，10，10 000），计算结果为 −1 037.03 元。

（3）投资的现值 PV。PV 函数用来计算某项投资的现值。年金现值就是未来各期年金现在的价值的总和。如果投资回收的当前价值大于投资的价值，则这项投资是有收益的。

PV 函数语法形式为：PV（rate，nper，pmt，fv，type）。其中，rate 为各期利率；nper 为总投资（或贷款）期，即该项投资（或贷款）的付款期总数；pmt 为各期所应支付的金额，其数值在整个年金期间保持不变，通常 pmt 包括本金和利息，但不包括其他费用及税款；fv 为未来值，或在最后一次支付后希望得到的现金余额，如果省略 fv，则假设其值为零（一笔贷款的未来值即为零）；type 用以指定各期的付款时间是在期初还是期末。

例 1.26 假设要购买一项保险年金，该保险可以在今后 20 年内于每月月末回报 600 元。此项年金的购买成本为 80 000 元，假定投资回报率为 8%，那么该项年金的现值为多少？

答：PV（0.08/12，12×20，600，0），计算结果为 −71 732.58 元，如图 1–18 所示。年金的现值（71 732.58 元）小于实际支付的购买成本（80 000 元）。因此，这不是一项合算的投资。

	A	B
1	数据	说明
2	600	每月底一项保险年金的支出
3	8%	投资收益率
4	20	付款的年限
5	公式	说明（结果）
6	¥−71,732.58	在上述条件下年金的现值（−71,732.58）
7		

图 1–18 年金现值计算

知 识巩固

（一）单选题

1. 以下国内机构中无法提供理财服务的是（　　）。

A. 基金公司　　　　B. 保险公司　　　　C. 信托公司　　　　D. 律师事务所

2. 以下不属于个人理财规划内容的是（　　　）。

A. 教育投资规划　B. 健康规划　　　　C. 退休规划　　　　D. 居住规划

3. 标准的个人理财规划的流程包括以下几个步骤：Ⅰ.收集客户资料及个人理财目标　Ⅱ.制订理财计划　Ⅲ.客户关系的建立　Ⅳ.分析客户现行财务状况　Ⅴ.执行理财计划　Ⅵ.持续理财服务。正确的次序应为（　　　）。

A. Ⅰ，Ⅲ，Ⅵ，Ⅴ，Ⅳ，Ⅱ　　　　　　B. Ⅲ，Ⅰ，Ⅳ，Ⅴ，Ⅵ，Ⅱ

C. Ⅲ，Ⅴ，Ⅱ，Ⅰ，Ⅵ，Ⅳ　　　　　　D. Ⅲ，Ⅰ，Ⅳ，Ⅱ，Ⅴ，Ⅵ

4. 从一般角度，理财规划的目标可以归结为财务安全与财务自由两个层次，（　　　）不属于财务安全的衡量标准。

A. 是否有充足、稳定的收入　　　　　B. 是否有适当的住房

C. 是否制订了奢侈品消费计划　　　　D. 是否有适当、收益稳定的投资

5. 按复利计算，年利率为3%，5年后的1000元的现值为（　　　）。

A. 862.61元　　　B. 860.32元　　　C. 869.56元　　　D. 870元

6. 某高校毕业生，今年23周岁。根据生命周期理论，他应当优先选择（　　　）理财策略，进行有效的理财。

A. 储蓄　　　　　　　　　　　　　　B. 风险投资

C. 消费　　　　　　　　　　　　　　D. 准备应急基金

7. 某人现年47周岁，事业蒸蒸日上，子女已读高中，根据生命周期理论，他应当属于（　　　）阶段。

A. 家庭形成期　　B. 家庭成长期　　　C. 家庭成熟期　　　D. 家庭衰退期

8. 假设某理财产品的贝塔系数为1.2，无风险收益率为5%，市场的期望收益率15%，根据资本资产定价模型计算该理财产品的期望收益为（　　　）。

A. 17%　　　　　　B. 23%　　　　　　C. 21%　　　　　　D. 20%

9. 为在第5年获本利和100元，若年利率为8%，每3个月复利一次，求现在应向银行存入多少钱，下列算式正确的是（　　　）。

A. $P=100\times(1+8\%)^5$　　　　　　B. $P=100\times(1+8\%)^{-5}$

C. $P=100\times(1+8\%/4)^{5\times4}$　　　　D. $P=100\times(1+8\%/4)^{-5\times4}$

10. 下列各项年金中，只有现值没有终值的年金是（　　　）。

A. 普通年金　　　B. 递延年金　　　　C. 永续年金　　　D. 预付年金

（二）多选题

1. 执行理财计划应遵循的原则包括（　　　）。

A. 准确性　　　　B. 一致性　　　　　C. 有效性　　　　　D. 及时性

2. 理财规划师职业道德准则除了正直诚信原则和客观公正原则外还有（　　　）原则。

A. 团队合作　　　　B. 谨慎勤勉原则　　C. 专业尽责原则　　D. 严守秘密

3. 下列关于影响客户投资风险承受能力的因素，说法正确的是（　　　）。

A. 客户年龄越大，能承受的投资风险越大

B. 投资期限越长，可承受风险能力越强

C. 理财目标的弹性越小，承受风险能力越强

D. 个人的性格、阅历、胆识、意愿等主观因素决定个人的风险偏好

E. 绝对抗风险能力随着财富增加而增加

4. 关于不同理财价值观客户所对应的不同的营销策略，下列描述正确的是（　　　）。

A. 对于后享受型，应建议其购买养老保险

B. 对于先享受型，应建议去购买单一指数型基金

C. 对于购房型，应建议其购买中短期比较看好的基金

D. 对于子女中心型，建议其购买短期稳定基金

E. 对于后享受型，应建议其购买投资保单

5. 以下有关货币的时间价值的说法，正确的有（　　　）。

A. 货币的时间价值认为等量资金在不同时点上的价值量不相等

B. 货币的时间价值是指货币经历一定时间的投资和再投资所增加的价值

C. 不同时间单位的货币收入在不换算到相同时间单位的情况下，其经济价值也具有可比性

D. 货币的时间价值也被称为资金的时间价值

6. 关于递延年金，下列说法正确的有（　　　）。

A. 递延年金是指隔若干期以后才开始发生的系列等额收付款项

B. 递延年金终值的大小与递延期无关

C. 递延年金现值的大小与递延期有关

D. 递延期越长，递延年金的现值越大

7. 下列反映金融资产风险特征的是（　　　）。

A. 期望收益率　　　　　　　　　B. 方差和标准差

C. 无风险收益率　　　　　　　　D. 标准差离散系数

8. 下列有关贝塔系数说法正确的是（　　　）。

A. β系数等于0，表明该资产期望收益应等于无风险资产的收益率

B. β系数等于1，表明该资产期望收益应等于市场的平均收益率

C. β系数大于1，表明该资产期望收益应大于市场的平均收益率

D. β系数小于1，表明该资产期望收益应小于市场的平均收益率

 **业能力训练**

（一）计算分析题

1. 某企业拟建立一项基金，每年年初投入100 000元，若利率为10%，5年后该项资本本利和将为多少元？

2. 当银行利率为10%时，一项6年后付款800元的购货，若按单利计息，相当于第一年年初一次现金支付的购价为多少元？

3. 假定A公司贷款1 000元，必须在未来3年每年年底偿还相等的金额，而银行按贷款余额的6%收取利息。请编制如表1-12所示的还本付息表（保留小数点后2位）。

表1-12　还本付息表

年度	支付额	利息	本金偿还额	贷款余额
1				
2				
3				
合计				

4. 以10%的利率借得50 000元，投资于寿命期为5年的项目，为使该投资项目成为有利的项目，每年至少应收回的现金数额为多少元？

5. 某项投资的资产利润率概率估计情况如表1-13所示。

表1-13　某项投资的资产利润率

可能出现的情况	概率	资产利润率/%
1. 经济状况好	0.3	20
2. 经济状况一般	0.5	10
3. 经济状况差	0.2	−5

要求：

（1）计算资产利润率的期望值。

（2）计算资产利润率的标准离差。

（3）计算资产利润率的标准离差率。

6. 某人 6 年后准备一次性付款 180 万元购买一套住房，他现在已经积累了 70 万元。若折现率为 10%，为了顺利实现购房计划，他每年年末还应积累多少元？

7. 吕某今年 50 岁，家庭每月消费支出为 3 000 元，现拥有投资性资产共计 20 万元，预计每年能带来 1.5 万元的投资收益，试分析该家庭的财务自由度。

（二）问答题

1. 什么是个人理财和个人理财规划？

2. 什么是个人生活理财和个人投资理财？

3. 试述个人理财规划工作流程。

4. 试述个人理财规划包括的主要项目及内容。

第二章
现金规划

›) 第一节　现金规划目标

›) 第二节　现金财务问题诊断

›) 第三节　现金规划方法和工具

学习目标

素养目标
- 具有个人理财服务的意识；
- 养成应对危机与风险的安全理财价值观。

知识目标
- 了解现金的含义；
- 掌握流动比率的含义；
- 熟悉现金规划的基础流程；
- 掌握家庭财务比率的计算公式与诊断标准。

能力目标
- 能够估算客户现金需求；
- 能够编制客户资产负债表、收入支出表；
- 能够收集客户信息和财务诊断能力；
- 能够根据客户的需求状况和现金规划工具的特点，选择适当的现金管理工具；能够制订现金规划方案。

现金规划
重难点讲解

思维导图

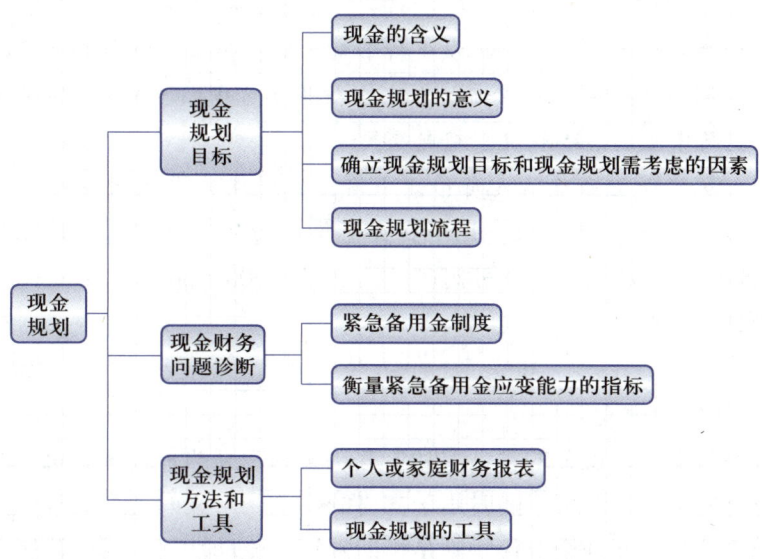

第一节　现金规划目标

【导入案例】

案例 2.1　张女士与其先生虽然结婚已经 4 年了，但因为居无定所一直没有生孩子。一年前，他们刚用首付款 60 万元、贷款 150 万元安置了新家。虽然家里每月 10 500 元的收入不算高，其中还贷款每月就要 5 220 元，因有 16 万元的银行存款垫底，还完全可以坚持下来。就在张女士准备要孩子时，她所在的公司却倒闭了。虽然可以安心在家生孩子，可少了 5 000 元的月收入，夫妇俩马上就对家里的经济状况悲观起来。

解释：从张女士家庭收入负债比来看，她所在公司倒闭前的家庭收入负债比为 5 220/10 500=49.71%，她所在公司倒闭后的家庭收入负债比为 5 220/（10 500−5 000）=94.91%，公司倒闭后失去了 5 000 元收入，家庭收入刚够还债，生活压力增大。

一、现金的含义

在金融活动中，现金的含义实际上有狭义和广义两种理解。狭义的现金一般包括持有的现金以及可以随时用于支付的存款；广义的现金通常包括狭义现金和现金等价物。而现金等价物则是指期限短、流动性强、易于转换成已知金额现金、价值变动风险较小的投资，一般包括活期储蓄、各类银行存款和货币市场基金等金融资产。从本质上看，现金最重要的特征就是流动性强，方便支付，因此只要满足这一本质要求，能无损失或以较小损失转换为现金的，就可以视为现金。

二、现金规划的意义

现金规划是为满足个人或家庭短期支出需求而进行的现金及现金等价物的日常管理活动。现金规划中所指的现金等价物是指流动性比较强的活期储蓄、各类银行存款和货币市场基金等金融资产。

大家从第一章内容中已经了解了家庭生命周期各阶段的理财内容及顺序，从表 1–3 中不难看出，每段生命周期的规划有不同的侧重点，但是现金规划是每段周期或者家庭模型都不可避免的，可以说现金规划是个人或家庭理财规划中最重要的部分，无论日常消费，还是买房、买车、上学、投资，都要在家庭现金流中体现出来。

现金规划是个人或家庭理财规划中的重要组成内容之一，也是较核心的部分。个人或家庭持有现金主要是为了满足日常开支，预防突发事件和投机性需要。生命中总会不可避免地会发生一些意外事情，如失业、不可预测的费用发生及一些好的投资机会出现，因此保留一定的现金是必要的。持有一定的现金不仅可以提供一个必要的缓冲，还能减少为支付意外事件发生的费用而被迫在不好的时机出售正在进行投资的资产的可能性，从而保障个人或家庭生活质量与状态的持续性稳定。现金规划对个人财务管理来说是非常必要的。现金规划的目的就在于确保个人或家庭有足够的资金来支付计划中和计划外的费用，并且个人或家庭的消费模式在预算限制之内。现金规划是否科学合理将影响其他规划能否实现。因此，做好现金规划是整个投资理财规划的基础，能否做好现金规划将对理财规划方案的制订产生重要影响。一般来说，在现金规划中有这样一个原则，即短期需求用手头现金满足，预期的或将来的需求则可以通过各种储蓄或短期投资、融资工具来满足。

财 商小课堂

现金是家庭财富的"血液"

检查身体，主要是 X 光透视和血液常规的检查。为什么要进行血液常规检查呢？因为血液是反映人体健康状况的"晴雨表"，通过对血液成分进行分析，可以了解人体的许多生理状况。那么，家庭理财中的"血液"是什么呢？是现金。掌控了现金也就把握了家庭理财的命脉。那么家庭破产的主要标志是什么呢？家庭理财出现危机的主要标志就是资金链断裂，现金流出现问题。因此，家庭理财的首要工作就是要为家庭财富做好现金规划。

三、确立现金规划目标和现金规划需考虑的因素

（一）确立现金规划目标

现金规划作为个人理财规划的第一步，其目的在于理性分析个人与家庭的财务目标（收入、支出、投资收益等）与人生目标（养老规划、保险规划、子女教育计划等）之间的平衡关系。如每月需存入多少钱，每年需达到多少投资收益等。因此，现金规划就是合理、有效地处理和运用钱财，让自己的花费发挥最大的效用，以达到最大限度地满足日常生活需要的目的。从技术的角度看，就是基于开源节流的原则，增加收入，节省支出，用最合理的方式来实现家庭所希望达到的经济目标。这些目标包括基本目标和期望目标。基本目标即维持正常生活水平，包括日常饮食消费、居住消费、交通费用和税费等，这一目标的实现就是增加能随时转变为现金的流动资产的数额，最有效途径之一

就是通过储蓄账户。期望目标包括购房买车、储备教育投资，保障未来、安排退休后的晚年生活等。要实现期望目标必须积累足够的资金，要积累资金就需要储蓄。因此，现金规划的目标就是确定储蓄额，即根据各项目标所需资金总额，在考虑货币时间价值的情况下计算出以后各年的储蓄额，据此求出当年的储蓄额，并将其作为当年最低储蓄标准。当然，储蓄额的正确计算一定要建立在合理、可行的理财目标基础之上。

在确立理财规划目标时，一个很重要的原则是：所有的目标必须具体、可行。

"具体"意味着：

（1）理财目标一定要明确、量化；

（2）对自己家庭的财务状况力求了解得全面、准确，切忌好高骛远、不切实际，防止在理财过程中顾此失彼；

（3）家庭理财要将稀缺的货币资源用得其所，为家庭创造更大的效用和收益。

"可行"意味着：经过努力可以达到。如果竭尽全力仍难于达到的目标最好不要列入规划。

但有一点千万不要忽视了，现金规划不是"死"的，它应该有一定的灵活性，那就是每年至少对理财规划进行一次"体检"，以便根据实际情况而进行相应的调整。

（二）现金规划考虑的基本因素

理财规划师在现金规划中既要保证客户资金的流动性，又要考虑现金的持有成本，通过现金规划使短期需求用手头现金来满足，预期的现金支出通过各种储蓄或短期投资、融资工具来满足。

1. 持有现金及现金等价物的机会成本

对于金融资产来说，通常流动性和回报率是呈反方向变化的。现金及现金等价物具有很高的流动性，高流动性也意味着较低的收益率。由于机会成本的存在，持有收益率较低的现金及现金等价物就意味着放弃了持有收益率较高的投资品种的机会。因此，要在资本的流动性和收益之间进行权衡。

2. 对金融资产流动性的要求

一般来说，个人或家庭进行现金规划源于对资产流动性的需求，而流动性需求又源于三个动机：

（1）交易动机。即个人或家庭通过现金及现金等价物进行日常的交易活动。由于收入和支出在时间上常常无法同步，因而个人或家庭必须有足够的现金及现金等价物来维持日常的生活开支需要。一般来说，个人或家庭的收入水平越高，交易数量越大，其为保证日常开支所需要的货币量也就越大。

（2）预防动机。即个人或家庭为了预防意外支出而持有现金及现金等价物的动机，如个人为应对可能发生的事故、失业、疾病等意外事件而需要提前预留一定数量的现金及现金等价物。如果说交易动机产生的现金及现金等价物的需求是由于收入与支出之间缺乏同步性，那么预防动机则归因于未来收入与支出的不确定性。一般来说，个人或家庭对现金及现金等价物的预防需求量主要取决于个人或家庭对意外事件的看法，而且预防需求量和收入也有很大关系。

（3）投资动机。即个人或家庭为把握投资机会获得较大收益而持有现金及现金等价物的动机。

当然，持有的现金及现金等价物总额并不等于各种动机相加，前者往往小于后者。

四、现金规划流程

通过现金规划流程可以看出理财规划师应在充分了解客户非财务信息和财务信息的基础上为客户提供理财建议，见图2-1。具体的工作程序将在第三节进行介绍。

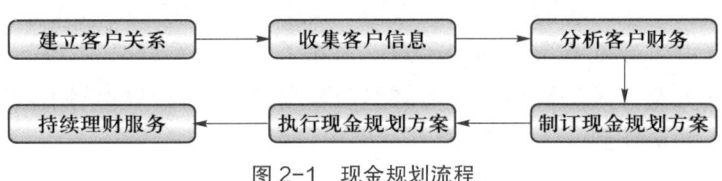

图 2-1　现金规划流程

第二节　现金财务问题诊断

【导入案例】

案例 2.2　刘女士今年 26 岁，就职于一家设计公司，负责平面设计，每月应发工资为 5 000 元，另经营淘宝店月收入在 2 000 元左右，无保险和公积金，没买任何保险和理财产品，目前不需要供养父母。其丈夫 29 岁，和她在同一家公司担任室内设计师，计薪方式是底薪＋提成。他目前底薪 3 000 元（不包括提成），提成按设计费 40% 计算。刘女士的家庭年收入在 20 万元左右，没买任何保险和理财产品。每年给父母 5 000 元。有个 3 岁的孩子在读幼儿园，暂时由父母代管。

该夫妻目前有活期存款 6 万元，自住商品房（毛坯房，现为空置状态）一套（现值 50 万元），无贷款。每月花销约：① 家庭生活开支 1 000 元；② 购物逛街等消费 1 000 元；③ 房租 1 000 元；④ 孩子开销 1 000 元。

解释：我们可以通过计算该家庭的流动性比率来判断刘华家庭现金流动性水平。该家庭流动性比率为：60 000/（1 000+1 000+1 000+1 000）=15，其流动性比率远高于一般家庭3~6的水平，说明该家庭应对紧急情况的能力很强。

一、紧急备用金制度

古人云："天有不测风云，人有旦夕祸福。"一个人在日常生活中经常会遇到一些意想不到的问题，如生病、受伤、伤残、亲人死亡、天灾、失窃、失业等，这些事情都会使个人或家庭财产减少。在正常的收入与支出范围内，一个人或家庭每月或多或少都有结余，但是当收入突然中断或支出暴增时，若没有一笔紧急备用金可动用，则会捉襟见肘，陷入一时的财务困境。在家庭经济生活中，紧急备用金始终扮演着一个十分重要的角色。它是家庭经济生活的润滑剂、缓冲器和平衡器。

（一）紧急备用金应对失业或失能导致的工作收入中断

失业后能否顺利找到工作，与当时的经济环境和经济周期有关。职场经济景气时3个月内找到与原待遇类似的工作不难，但经济不景气时一年半载还找不到工作是常事。因此为应对失业的紧急备用金，至少应准备3个月的固定支出，较保守者可准备6个月的固定支出，除了个人或家庭必须维持温饱，不能因为一时的失业，无法偿还银行借款本金和利息，让自己的信用受损，影响长期的购车、购房计划。

（二）紧急备用金应对紧急医疗或意外灾变所导致的超支费用

因为自己或家人需要紧急医疗或因为天灾、被盗等导致财产损失，需要重建或重购支出时，庞大支出可能远超当时的收入能力，此时也要有一笔紧急备用金才能应对这些突发状况。具体需要多少数额，取决于每个家庭的具体情况。因为收入中断与意外超支费用现象有可能同时发生，所以需要的紧急备用金数额应为两者之和，而非取其高者。

二、衡量紧急备用金应变能力的指标

（一）失业保障月数

失业保障月数 = 存款、可变现资产或净资产 / 月固定支出

其含义是，万一在失业或失能的状况下，现有的存款、可变现资产或净资产可支撑几个月的开销。依照保障的资产范围，可分为存款、可变现资产与净资产三项指标。其中可变现资产包括股票、基金等，不包括汽车、房地产、古董、字画等变现性较差的资产。固定支出除生活费用开销以外，还包括房贷本息支出、分期付款支出等已知负债的固定现金支出。失业保障月数的指标高，表示即使失业也暂时不会影响生活，可审慎地寻找下一个适合的工作。

$$存款保障月数 = 存款 / 月固定支出$$

最保守的保障，要有 3 个月时限。

$$可变现资产保障月数 = 可变现资产 / 月固定支出$$

可变现资产保障月数可定为 6 个月，需要用钱的时候，除存款外还可能需要变现基金或股票。其中，3 个月的部分是应对暂时失业、丧失劳动能力、医疗意外支出的紧急备用金，应以现金、活期存款、定期存单为主，变现时不会有多大损失。另外 3 个月的部分可以基金、股票为主，使用的机会不大，但万一需要，可以在几天内变现，不过变现时受制于当时的市场行情，可能有所损失。

$$净资产保障月数 = 净资产 / 月固定支出$$

当持续失业时，不仅要取出存款、变现基金或股票，还可能卖掉个人使用资产，还清房贷后以余额支付生活费用。净资产保障月数应定为 12 个月以上。

如张先生有存款 2 万元，股票 4 万元，自住房屋价值 60 万元，贷款 40 万元，若月固定支出为 1 万元，则：

$$存款保障月数 =2/1=2（个月）$$
$$可变现资产保障月数 =（2+4）/1=6（个月）$$
$$净资产保障月数 =（2+4+60-40）/1=26（个月）$$

从上面的指标计算我们可以看出，张先生的存款保障月数指标偏低。因此，当失业的状况发生时，生活的压力会迫使张先生必须在很短的时间内找到工作，很可能屈就不是很理想的工作。

（二）意外或灾害承受能力

$$意外或灾害承受能力 =（可变现资产 + 保险理赔金 - 现有负债）/ 基本费用$$

保险包括人身保险（寿险及意外险）及财产保险（房屋险或家财险），不管是亲人突然身故还是遭遇天灾导致房屋毁损，都会影响家庭财务的平稳。要准备几年的生活费，需视若有亲人变故，其遗属需要多久才能从失去亲人的阴影中振作而定，短则 5 年，最长可达 10 年。如果承受能力大于 1，表示对灾变承受能力较强；如果承受能力小于 1，则表示发生灾变后的损失将影响家庭短期生活水准及居住环境；如果承受能力为负数，说明该家庭并未有任何保险，因此当可变现资产减损时现有负债依旧，将无力重建家园。

如发现承受能力偏低时，最快的改善方式是加保寿险、意外险、房屋险或家财险。以此承受能力为 1 计算，合理的寿险保额 =5～10 年的生活费 + 现有负债 - 可变现资产。若觉得寿险过高，则可以意外险代替。

第三节　现金规划方法和工具

【导入案例】

案例2.3　王小姐，26岁，7月份按揭购买一套住房50万元，首付15万元，20年等额本金还款，年利率6%。在某中学任教的王小姐月收入8 000元左右，有银行存款10万元，每月生活开销4 000元，逛街买衣服每月3 500元，交通费每月500元。单位提供"三险一金"。父母均有退休金和医疗保障，身体健康，短期内无须照顾。王小姐截至年底的财务状况如何？

解释：我们可以为王小姐编制财务报表了解其财务状况，见表2-1，表2-2，表2-3。

表2-1　王小姐的资产负债表

客户：王小姐　　　日期：20××年12月31日　　　　　　单位：万元

资产	金额	负债	金额
银行存款	10	长期负债	50-（50/20）/2=48.75
现金	0	短期负债	0
基金	0	负债合计	48.75
债券	0		
房屋不动产	50		
资产合计	60	净资产	11.25

表2-2　20××年1月1日至12月31日王小姐收入支出表

客户：王小姐　　　日期：20××年1月1日至12月31日　　　单位：万元

收入	金额	支出	金额
王小姐工资	9.6	伙食费	4.8
		通信及交通费	0.6
		其他消费	4.2
收入合计	9.6	支出合计	9.6
		净结余	0

通过财务比率对王小姐的财务状况进行分析和诊断。

表 2-3 王小姐家庭财务比率分析诊断表　　单位：万元

财务比率	计算公式	比率分析与诊断
资产负债比率	负债总额 / 总资产 = 48.75/60 =0.81	0.5 以下的负债比率即为合理，王小姐资产负债比率为 0.81，说明王小姐债务过高
流动性比率	流动性资产 / 月总支出 =10/0.8 =12.5	流动性比率保持在 3～6 之间即为合理，王小姐流动性比率偏高，说明王小姐闲置资金较多，虽然可以从容应对生活中急需用钱的情况，但会导致资金没有得到充分利用
储蓄比率	盈余 / 收入 =0/9.6=0	王小姐储蓄比率为 0，说明王小姐开支较大，应该控制支出
生息资产与净资产比率	生息资产 / 净资产 = 0/11.25=0	说明王小姐没有购买投资理财产品，该比值在 0.2 左右（年青家庭）较为合理，这样才能保证净资产有较为合理的增长率
收入负债比率	当年本息支出 / 当年税后收入 =（50/20+50×6%）/9.6=0.57	王小姐的收入负债比率高于一般家庭 0.4 的水平，说明王小姐还债压力较大
即付比率	流动资产 / 流动负债 =10/0= ∝	说明王小姐过于注重流动资产，综合收益率低，财务结构不合理
财务自由度	投资净收入 / 总支出 =0/9.6=0	王小姐还未对未来做投资准备，积累财富能力不够，在做理财规划时，可以对投资方面进行调整

一、个人或家庭财务报表

在理财开始之前，先要了解个人或家庭财务现状，这就相当于财富旅行的起点。如果没有健康的财务现状，一切美好的财务未来都无从谈起。因此学习理财，首先要学会阅读简单的财务报表。个人或家庭的财务报表包括资产负债表、收入支出表和收支预算表三种。

（一）资产负债表

1.资产负债表的含义

资产负债表是反映个人或家庭在某一时点的财务状况的财务报表，资产和负债之差是净资产，因此又称净资产表。

净资产（财富）= 资产（所管理的经济资源）– 负债（债务）

如果你的资产是 10 000 元，负债是 5 000 元，那么你的净资产就是 5 000 元。由这个等式而来的数据可以确定个人或家庭目前的财务状况。编制资产负债表就是要确定这三项，并且把相应的项目归到其中的某一项中去的工作。

2. 资产负债表的编制

个人或家庭资产负债表包括三部分，即资产、负债和净资产，所以资产负债表的编制可分三个步骤进行：

第一步是列出资产大项。只要具有货币价值，任何经济要素都可以成为资产。无论是用现金购买的，还是贷款购买的，都可以划归为资产。尽管一个人的某项资产还未偿清欠款，如按揭贷款买房，但可以认为该资产已经属于个人所有，应该被列入资产负债表中。

根据资产的流动性分类，个人或家庭拥有的资产可以分为流动资产、投资资产和自用资产三大类。

（1）流动资产。指现金和能够很方便地转换成现金的资产，包括现金、银行存款、货币市场基金等。这类资产流动性非常强，可以马上用于消费。

（2）投资资产。包括股票、基金、债券、投资性房产、收藏品等。

（3）自用资产。指物化的资产，包括自用住房（现值）、自用汽车（现值）以及耐用消费品，如家电、家具等（家电、家具应为折旧后的价值）。

需要注意的是，资产的价值并非一成不变的，而是波动的，所以在编制资产负债表时，需依据当时市价对资产进行评估。如你在 4 月 5 日以每股 8 元的价格买入某只股票，而当你编制资产负债表时该股的市场价格是每股 10 元，那么该项资产的价值应以编表时的价格，即每股 10 元来计算。但是由于评估的目的只是要编制相对合理的资产负债表，所以，在许多情况下，并不一定要进行专业评估。

第二步是列出负债大项并确定其数额。负债指的是个人目前所承担的债务。因此，负债会导致今后资金的流出。通常，负债可分为短期负债和长期负债。从编制资产负债表当日算起，一年内需要偿清的负债被认为是短期负债；从编制资产负债表当日算起，超过一年后才需要偿清的负债被认为是长期负债。

（1）短期负债。指必须在短期内偿付的债务，通常为偿还期限短于一年的债务。包括应付信用卡透支、医疗欠费、应交公共事业费、应缴税金等。

（2）长期负债。指偿还期限在一年以上的债务，包括汽车贷款、住房贷款及教育贷款等。

资产负债表中列在负债一栏的数额表示在某一特定时点编表人所欠的数额，因此只能列示贷款剩余本金的数额，不包括所要偿付的利息。

第三步是计算净资产。净资产是总资产与总负债之差。通常，在人的一生中，个人的净资产是不断增加的。例如，一个 20 岁出头刚参加工作的上班族，他的财务状况非常简单，主要是适量的现金和储蓄，以及少额债务（或没有债务）。因此，他的净资产很少。但对一个 30 岁的人来说，他肯定会有更多的资产，这些资产包括更多的现金、投资资产，以及固定资产。他的净资产可能增加，也可能由于负债增多而减少。表 2-4 是个人资产负债表的一个样本。

表 2-4 个人资产负债表

客户：李女士　　　　日期：20×× 年 12 月 31 日　　　　单位：元

项目	金额	项目	金额
流动资产	32 000	短期负债	11 500
现金及存款	22 000	信用卡透支额	5 000
货币市场基金	10 000	应缴税金	6 500
投资资产	548 000	其他应付账款	0
股票	158 000	长期负债	175 000
债券	300 000	教育贷款（本金余额）	20 000
收藏品	90 000	房屋贷款（本金余额）	50 000
投资性房产	0	汽车贷款（本金余额）	30 000
自用资产	400 000	个人消费贷款	75 000
住房现值	310 000		
汽车现值	40 000	负债总计	186 500
家具	50 000	净资产	793 500
其他个人资产	0		
资产总计	980 000	负债与净资产之和	980 000

3. 资产负债表的分析

（1）资产项目分析。如前所述，在一般情况下，家庭资产可以分为流动资产、投资资产和固定资产。流动资产是高流动性、低收益（有时甚至没有什么收益）的资产，主要满足家庭日常消费需要，在通常情况下，其数额应至少满足家庭 3 个月的开支。投资资产有较高的风险，因此应根据个人或家庭经济情况合理调整持有比例，经济繁荣时持有比例高些，经济萧条时持有比例低些。固定资产在一般家庭中占有较大比例，虽然带不来收益，但却是日常生活所必需的。其中汽车、家具等带有折旧特点的固定资产持有比例不能太高，而带有升值特点的房地产等资产的持有比例也不是越低越好，因为它们不仅可以实现保值、增值，而且在特殊情况下，可以满足现金需求。比如在出现财务危机时可以出售变现，退休时也可将大房子换成小房子以弥补退休金不足。

（2）负债项目分析。负债是由家庭过去的经济活动而产生的现有责任，这种责任的结算将会引起家庭经济资源的流出。在通常情况下，家庭总负债要小于家庭总资产；否则说明家庭现时的财务状况非常糟糕，若不及时采取改善措施，可能面临被债权人清算的危险。

（3）净资产分析。净资产是总资产与总负债之差。一般来说，其数值应为正，并且不低于一定数额。增加净资产的主要方法是开源节流，包括增加储蓄、减少消费、增加投资及其他物品的价值、减少负债等。

（4）资产负债总体结构的动态分析。在进行资产负债结构分析时，要将资产、负债、净资产联系起来，综合分析，并要注意分析其演变状况。要注意利用以下3个重要公式：

$$净资产 = 资产 - 负债$$
$$当期储蓄额 = 以成本计价的期末净资产 - 期初净资产$$
$$以市价计的期初期末净资产差异 = 储蓄额 + 未实现资本利得（-损失）+$$
$$资产评估增值（-资产评估减值）$$

从上面的公式可以看出，增加资产和减少负债都是增加储蓄的途径，两者都会使净资产增加。但在储蓄和净资产不变的情况下，资产和负债也会发生变化，如借一笔钱来投资，使资产与负债同时增加，将到期存款用来还债，使资产与负债同时减少。

（二）收入支出表

资产负债表反映的是在某一固定时点一个家庭或个人资产和负债的状况，它是一种静态状况的反映。但是每一天都是变化的，每一天发生的事件都会影响个人或家庭的资产、负债及净资产的状况。对于这种动态的财务状况的监控，可以使用收入支出表，它揭示了资产和负债是如何形成的。

1. 收入支出表的含义

收入支出表是指概括个人或家庭某段时间内现金收入和支出的财务报表，是一段时间内收到和付出现金的记录。例如在一个月之内或是一年之内，通过现金流管理掌握及分析自身收入和支出的详细情况，减少不必要的支出，形成有节制的消费习惯，进而实现保证高质量生活水平的目标。

2. 收入支出表的编制

从出生到死亡，人们都有取得收入和进行支出的活动。怎样能够保持收入大于支出，或者至少做到收支平衡呢？我们需要了解收入是如何来的，又是如何支出的。与资产负债表一样，收入支出表也包含三部分，即总收入、总支出和结余，所以收入支出表的编制也可分三个步骤进行：

（1）第一步是确定总收入。总收入可以分为劳动报酬收入、投资收入以及其他收入。劳动报酬收入包括薪金、佣金与奖金等，是人力资源创造出来的收入，通常较为稳定，但存在失业与失能的风险。投资收入主要是由房租、股利以及投资利得等以金钱或已有财产衍生出来的收入，但有投资风险。其他收入指除上述来源以外的收入，如接受捐赠收入、借入款、资产变现以及债权回收款等。

（2）第二步是确定总支出。按支出去向，总支出分为经常性支出、理财支出和其他支出。经常性支出是用于衣食住行、文化娱乐、医疗健身等日常生活方面的开支；理财支出是指借款利息支出、投资手续费支出、保障性保险的保费支出等；其他支出指除上述支出以外的支出，如捐赠支出、用于偿还债务和投资方面的现金流出等。另外根据支出特点，还可分为固定支出和变动支出。固定支出指无法减少的支出，如生活费、房租费、水电煤气费、子女教育费、保险费、还贷支出等；变动支出指每月都可能发生变动的支出，如零花钱、医药费、娱乐费、旅游费、交往应酬费及购买衣物的支出、购买礼物的支出、购置家电的支出等，每项因人而异，可以包含不同的内容。其中，固定支出多为可控制支出，变动支出多为不可控制支出。

（3）第三步是计算结余。结余是现金收入和现金支出之间的差额。这一差额可能为正，也可能为负。

结余 = 某段时间内的现金收入 – 某段时间内的现金支出

若差额为正，则为盈余，表明该月的现金流入大于现金流出，个人或家庭日常有一定的积累，可以进行储蓄和投资；若差额为 0，则为收支平衡，表明该月的现金流入等于现金流出，个人或家庭日常无积累；若差额为负，则为赤字，表明该月的现金流入小于现金流出，即本月入不敷出，个人或家庭需动用原有的储蓄或者向他人借款。

收入支出表的基本结构如表 2-5 所示。

表 2-5 个人或家庭收入支出表

客户：张先生　　　　日期：20×× 年 1 月 1 日至 12 月 31 日　　　　单位：元

总收入		总支出	
项目	金额	项目	金额
劳动报酬收入	160 000	经常性支出	59 000
工资（税后）	160 000	生活费	14 000
奖金	0	水电煤气费	1 600
津贴	0	子女教育费	0
稿酬	0	医药费	3 000
投资收入	1 697	旅游费	11 100
存款利息	200	交往应酬费	6 800
房租	0	购买衣服	8 600

续表

总收入		总支出	
项目	金额	项目	金额
现金股利	1 497	购买家电	12 000
债券利息	0	购买礼物	1 900
其他收入	**15 000**	**理财支出**	**35 000**
接受馈赠	15 000	还贷利息支出	0
接受救济	0	保险费	35 000
遗产继承	0	**其他支出**	**0**
		捐赠支出	0
合计	**176 697**	**合计**	**94 000**
		结余（盈余或赤字）	**82 697**

通过不同时期个人或家庭收入支出表的对比，可以获得现金收入、支出的变动额度，并从变动的总体趋势上把握个人或家庭的财务状况。但是如果个人或家庭没有保存财务记录的习惯，收集财务信息并编制报表将很困难。

3. 收入支出表的分析

（1）收支结构分析。

① 收入结构分析。不同的收入来源结构决定了家庭收入的稳定性和成长性，所以，收入结构分析对于理财规划而言，处于基础地位。理财规划师应通过计算各类收入占总收入的比例，借以掌握客户收入的特征，根据客户的家庭类型，发现其收入方面存在的问题和改善的余地。例如，刚参加工作的年轻人只有工作收入，很少有理财收入，而退休的老人只有退休金和理财收入，几乎没有工作收入。因此，工作期间应逐步以理财收入代替工作收入，两者的结构状况可以在一定程度上预示着家庭未来的财务状况。

② 支出结构分析。理财规划师应根据客户的收入支出表计算各项支出占比及分类支出占比，以发现支出方面存在的问题，并提出改进方案和措施。

③ 储蓄结构分析。收支差额可反映出当期的储蓄规模。对储蓄结构进行分析时，注意运用下面三个公式：

$$生活储蓄 = 劳动报酬收入 - 经常支出$$
$$理财储蓄 = 理财收入 - 理财支出$$
$$收支差额变动 = 生活储蓄 + 理财储蓄 + 其他净收入$$

生活储蓄在工作期内应为正数；如果为负数，则表明入不敷出，若没有随时可变现的流动性资产或借入款支撑，日常生活将难以维持。理财储蓄在购车、购房及缴纳保费阶段常呈现为负数。但退休后，最好只有理财收入而没有理财支出，用正的理财储蓄应对负的生活储蓄，才能实现财务独立，否则需要通过变现投资或处理资产的现金收入来支撑消费。

收入支出表除可以作为衡量个人或家庭是否合理使用其收入的工具之外，还可以为制订个人理财规划提供以下帮助：

A. 发现个人消费方式上的潜在问题；

B. 找到解决这些问题的方法；

C. 更有效地利用财务资源。

（2）财务比率分析。

① 家庭偿债能力指标。

A. 资产负债率 = 总负债 / 总资产

通常资产负债率应保持在 0.5 以下，若超出此范围，说明该家庭的负债水平过高，自有资产不足，财务杠杆过高。若是负债主要为长期摊还的房贷则可接受，若是短期贷款，应立即进行减债计划，以免资产周转不灵，陷入财务困境。

B. 即付比率 = 流动资产 / 流动负债

多数消费性负债是流动负债，流动负债包含消费性负债以及短期投资性负债，通常即付比率应该保持在 1 以上，才能保证家庭资产的流动性。

C. 收入负债比率 = 年本息支出 / 税后收入

收入负债比率应该控制在 0.4 以下，超过 0.4 说明过多的收入都用于还贷，这会影响正常的生活水平，也很难再从银行增加贷款。

② 家庭应急能力指标。

流动性比率 = 流动性资产 / 月总支出

家庭保有一定的流动资产是为了应对失业或紧急事故的出现，该比率反映了家庭流动资产可以应付几个月的总支出。一般流动资产应该能够应付 3～6 个月的支出，过少会导致紧急状况出现时没有钱用，过多会使得资金丧失获得投资收益的机会，使用效率降低。如投保了医疗险或产险，或有备用贷款信用度，则紧急预备金可降低；若待业时间长，则应提高紧急预备金的水平。

③ 家庭储蓄能力指标。

储蓄比率 = （税后总收入 − 总支出）/ 税后总收入

税后总收入包括工作收入及理财收入，该指标一般应保持在 0.3 以上，开源节流会提高该指标。

④ 家庭财富增值能力指标。

投资资产比率 = 生息资产 / 净资产

生息资产包括定期银行存款、债券、基金、股票、房产等投资性资产，该指标主要用于衡量家庭资产中有多少可以拿来应付流动性、成长性与保值性的需求。年轻人应尽早利用生息资产来累积第一桶金，通常该指标应保持在 0.2 以上，而成熟家庭通常该指标应保持在 0.5 以上。

⑤ 家庭财务自由度指标。

$$财务自由度 = 年投资收入 / 年总支出$$

理想的目标值是在我们退休之际财务自由度等于 1，即包括退休金在内的资产，放在银行生息的话，光靠利息就可以维持生活所需。

如果我们现在算出的财务自由度远低于应有标准，应更积极地进行储蓄投资计划。当整体投资报酬率随存款利率而日渐走低时，即使净资产没有减少，财务自由度也会降低，此时应设法多储蓄来累积净资产，否则就只有降低年支出的水平才有办法在退休时达到财务独立的目标。

家庭财务比率分析体系如表 2-6 所示。

表 2-6　家庭财务比率分析体系

家庭财务指标	计算公式	标准值
资产负债比率	总负债 / 总资产	0.5 以下
即付比率	流动资产 / 流动负债	1 以上
收入负债比率	年本息支出 / 年税后收入	0.4 以下
流动性比率	流动性资产 / 月总支出	3～6
储蓄比率	（税后总收入 – 总支出）/ 税后总收入	0.3 以上
投资资产比率	生息资产 / 净资产	0.2（年青家庭）或 0.5 以上（成熟家庭）
财务自由度	年投资收入 / 年总支出	1

⑥ 财务比率分析注意事项。

家庭财务比率分析的数据都是由财务报表而来。如果这两个表本身的数据有错误，算出来的财务比率也会有错误，此时可通过不合理的财务比率，来检查验证家庭财务报表数据的正确性。分析不合理的财务比率时，不应仅仅着眼于比率自身，而是应该对分子项和分母项进行综合分析，找出该比率不合理的根源和对应的调整措施。

⑦ 家庭财务比率案例分析。

A. 客户家庭基本资料。林先生今年 55 岁，目前在广州市交通运输局担任一名普通职员，每月月薪约 5 000 元（税后），另奖金 2 000 元（税后），其妻子已达到了退休年龄，享有社会养老保险，每月有约 1 300 元的养老金到手。

夫妻俩有一个 21 岁的女儿今年刚出来实习，每月有约 4 000 元的工资。林先生一家每月开销在 4 000 元左右。林先生夫妇之前通过辛勤的工作，已经有了一定的经济基础，家庭正处于财富积累阶段。已经拥有了一套住房和一定的积蓄。目前，林先生定期存款 15 万元，活期存款 5 万元；妻子定期存款 5 万元，活期存款 5 万元，女儿有 1 万元活期存款。

林先生家庭成员基本情况如表 2-7 所示。

表 2-7 林先生家庭成员基本情况表

家庭成员	年龄	职业	月工资 / 万元	年收入 / 万元
林先生	55	交通局职员	0.7	8.4
林太太	51	退休	0.13	1.56
女儿	21	实习	0.4	4.8

B. 家庭财务状况。林先生家庭的资产负债情况见表 2-8，收入支出情况见表 2-9。

表 2-8 林先生家庭资产负债表

客户：林先生　　　　　日期：20×× 年 12 月 31 日　　　　　单位：万元

资产	金额	负债	金额
银行存款	31	长期负债	0
现金	0.5	短期负债	0
基金	0.5	负债合计	0
债券	0.55		
房屋不动产	80		
资产合计	112.55	净资产	112.55

表 2-9 林先生家庭收入支出表

客户：林先生　　　　　日期：20×× 年 1 月 1 日至 12 月 31 日　　　　　单位：万元

收入项目	金额	支出项目	金额
林先生工资	8.4	伙食费	3
林太太退休金	1.56	通信及交通费	0.72
女儿工资	4.8	水电煤气费	0.18
		其他消费	0.9
收入合计	14.76	支出合计	4.8
		净结余	9.96

C. 家庭财务比率分析。林先生家庭财务比率分析如表 2-10 所示。

表 2-10　林先生家庭财务比率分析表

财务比率指标	计算公式	比率分析
资产负债比率	总负债 / 总资产 =0/ 112.55 =0	0.5 以下的负债比率即为合理，林先生家庭资产负债比率为零，说明林先生家庭没有债务
即付比率	流动资产 / 流动负债 =11/0= ∝	说明该家庭过于注重流动资产，综合收益率低，财务结构不合理
收入负债比率	年本息支出 / 年税后收入 =0/14.67=0	说明该家庭无负债，但该家庭的偿还能力较强，在做理财规划时，可适当运用贷款，使资金更大效能地运转起来
流动性比率	流动性资产 / 月总支出 =11/（4.8/12）= 27.5	流动性比率保持在 3～6 之间即为合理，林先生家庭流动性比率偏高，说明该家庭的闲置资金较多，虽然可以从容应对生活中急需用钱的情况，但会导致资金没有得到充分利用。在做理财规划时，可以针对这部分资产做出相对的调整
储蓄比率	年净结余 / 税后总收入 =9.96/14.76=0.67	说明林先生家庭的控制支出和储蓄积累能力较强，可以满足当年的支出，但结余比率较大，在做理财规划时，可以加大投资理财的力度
投资资产比率	生息资产 / 净资产 = 32.05/112.55=0.29	说明林先生家庭购买投资理财产品的程度较低，该比率应在 0.5 左右较为合理，这样才能保障净资产有较为合理的增长率
财务自由度	年投资收入 / 年总支出 =0.2/4.8=0.04	由此可见，该家庭还未达到财富自由，该家庭的投资还是有不足的地方，在做理财规划时，可以对投资方面进行调整

D. 家庭财务比率分析总结。林先生家庭财务状况良好，正处于一个稳定发展的阶段，没有负债，流动性资产较强，控制支出的能力也不错，虽然也有进行的投资，但投资规模较小且过于单一，从而导致财富积累缓慢，结余比率较高，建议该家庭可以适当调整资产投资配置，在分散风险的同时获得较高的投资收益。

（三）收支预算表

资产负债表和收入支出表分别从静态和动态两个方面反映个人或家庭的财务状况。但对个人或家庭财务管理而言，只有这两种报表还不够，还需要编制个人或家庭收支预算表。

编制个人或家庭收支预算表的目的在于对未来生活做出规划，以现有财务状况为基础对未来收支进行合理计划，以实现各项生活目标。预算能把常见的财务问题，如滥用信用、缺乏常规储蓄规划等的发生概率降至最低。

1. 收支预算表的编制

（1）确定理财目标。确定理财目标对未来的规划、理财方向有着重要的影响。理财目标是对未来活动的规划，不同阶段、不同收入的家庭有着不同的理财目标。在达到理财目标的过程中，收支预算表可以发挥很重要的作用。收支预算表不仅是计划在未来一段时间里做什么，而且是通过对花费和储蓄的计划来实现理财目标的主要工具。

（2）预测收入。预测收入一般以一个月为一个预测期，这是因为许多需要付的费用，如租金、按揭还款、公用事业费等，都是按月结清的。在确定可用收入时，只应计算那些确实能够得到的收入，投资分红、获得捐助及礼品等无法控制的、不可预期的收入在尚未收到之前不应该考虑在内。

如果收入比较规律，即每月取得一次收入，那么预算相对容易。但是如果收入是不规律的，如每月取得多次收入或收入根据季节不同而有所变化，那么预算会变得困难一些。在这样的情况下，可以按照过去一年的状况对未来一年的情况进行预测。在预测时采取相对保守的方式更为稳妥一些，这样可以避免对财务资源做出过于乐观的估计，导致因支出过度而陷入财务困境。

（3）留足备用金。未雨绸缪，防患于未然，是为了保障生活品质在遭遇突发情况时不至于一落千丈。专家建议，手中的备用金应该能够应付3～6个月的生活费用支出。当然，备用金的数量应根据个人的生活状况和工作稳定程度而有所变化。3个月的备用金对于拥有稳定工作和收入的人是适用的，但对于只拥有临时工作的人，则应有足够应付6个月的生活支出备用金。

（4）支出预算。支出预算通常要参考以前的支出情况，或以此为依据，再考虑通货膨胀、利率变化等因素。如果上一年度或前一个月的各项支出均有详细的记录，那么新一年度或下一个月的支出预算就比较容易做了。但如果没有记录，那么就需要从固定支出入手，再考虑一些变动支出，进而编制支出预算。固定支出预算是预算的一个重要组成部分，在当期预算中是必须得到保证的，对变动支出的预算相对困难一些，变动支出随家庭状况、时间、健康、经济条件及其他因素的变化而波动。固定支出往往要占个人或家庭支出的50%以上。

如果对支出进行分项目预算的结果是总支出预算超过了收入预算，就需要压缩可以控制的支出。

$$年度支出预算 = 年度收入 - 年储蓄目标$$

（5）记录实际的收入与支出并计算与预算的差异。对实际的收支情况进行记录，将实际发生的数据填到预算表的相应位置。通过对实际数额与预算数额的比较，可以直观地了解资金理财的效果。在预算表内，每个月对应的收入与支出对比上，情况肯定会有所不同，有的月份收入大于支出，有的月份支出大于收入。

预算与实际的差异分析应注意以下几点：①总额差异的重要性大于细目差异；②要定出追踪的差异金额或比率门槛；③依据预算的分类个别分析。刚开始做预算若差异很大，应每月选择一个重点项目进行改善，而不是各个项目同时进行改善。

（6）定期检查并调整收支预算。和大多数决策活动一样，预算是持续的、循环往复的过程，因此必须定期检查并根据实际情况调整预算。例如，在执行了3个月后，实际盈余大大超过预算，这就可以调高以后时间的支出或增加储蓄，购买股票、债券或进行其他投资，从而增大资产增值的机会。相反，预算出现短缺则需要缩减开支，增加收入来源。

总之，应根据经济形势的变化和通货膨胀的状况来估计未来的收入、支出的变化，同时注意财务预算应与个人或家庭状况、生活阶段的财务目标密切相连。

上述步骤可用月度预算表示例更直观地表示，见表2-11。

表 2-11　月度预算表　　　　　　　　　　单位：元

步骤	项目	预算数额	实际数额	差额
第一步，确定理财目标				
第二步，预测收入	计划收入	3 000	3 000	0
	工资	3 000	3 000	0
	稿费			
	利息			
第三步，留足备用金	备用金	700	750	+50
	现金	200	150	−50
	活期存款	200	200	0
	货币市场基金	300	400	+100
第四步，支出预算	固定支出	3 300	3 300	0
	房贷	2 000	2 000	0
	车贷	750	750	0

续表

步骤	项目	预算数额	实际数额	差额
第四步，支出预算	保险	300	300	0
	租金	250	250	0
	变动支出	1 000	950	−50
	交往应酬	200	230	+30
	医疗	100	80	−20
	娱乐	150	100	−50
	教育	150	150	0
	服装	200	180	−20
	交通	100	110	+10
	礼物	100	100	0
	捐赠			
第五步，记录实际的收入与支出并计算与预算的差异				
第六步，定期检查并调整收支预算				

2. 成功的财务预算的特点

财务预算并不能解决财务问题，但是能够对财务资源及资源的流向做到心中有数，一项预算只有在其被执行时才能够真正发挥作用。收入、支出、目标的变化都需要在财务预算中有所反映。成功的预算应具有以下特点：

（1）设计合理。成功的预算需要对未来有所计划，立足于现实，了解和预期切实可用的财务资源，在做预算时需要所涉及的人员参与其中，这样做出来的预算才能够真正起到指导的作用。

（2）贴近实际。预算是建立在现实基础之上的，预算的目的并不是阻止享受生活，而是在现有资源条件的限制下，最大限度地利用好这些资源，实现你想实现的目标。所以既不要因为预算而有意识地削减正常的生活开支，也不要超出自己资源的限制，把预算的目标定得太高。

（3）灵活机动。预算是对未来的财务计划，而未发生的事情总是存在变动的可能性，存在一定程度的不确定性。因此预算要留有一定余地，能够随着生活支出的变化进行调整和修订。对于某些事件要有所预计，同时要有一定的措施，例如孩子的降生，需要增加额外的费用。

（4）沟通清晰。在家庭范围内，预算的制订和执行都不是某一个人的事情，因此要和预算所涉及的人员进行充分的沟通，让所有参与人都清楚了解该预算，只有大家都认同并执行该预算，预算才是有意义、可执行的。

二、现金规划的工具

（一）现金规划的一般工具

在个人或家庭的理财规划中，现金规划既能使所拥有的资产保持一定的流动性，满足个人或家庭支付日常需要的费用，又能使流动性较强的资产保持一定的收益，因此，在确定现金规划的工具时，应以流动性为主要考虑的因素，在此基础上考虑一定的收益性。现金规划的一般工具包括：现金、储蓄及货币市场基金。

1. 现金

现金是现金规划的重要工具，现金的用途是应付日常生活所需、预防意外支出、帮助亲戚朋友及投机之需，因此应以流动性为主要考虑因素，在此基础上考虑收益性。与其他的现金规划工具相比，现金有两个突出的特点：一是现金在所有金融工具中流动性最强。在国际货币基金组织对货币层次的划分中，现金位于第一层次。二是持有现金的收益率低。在通货膨胀条件下，现金不仅没有收益，反而会贬值。在这种情况下，人们之所以持有现金，是为了追求现金流动性，但客观上损失了一定的收益。因此，手头的现金通常能够满足日常生活开支即可。

2. 储蓄

在个人理财盛行的今天，有许多人忽视了合理储蓄在理财中的重要性，不少人错误地认为只要理好财，定期储蓄就不重要了。其实，每月的储蓄是投资资金源源不断的源泉，只有持之以恒地储蓄，才能确保理财规划逐步顺利进行。

（1）银行储蓄业务的种类。目前，国内储蓄机构的储蓄业务一般包括：

① 活期储蓄。1 元起存，多存不限。开户后可随时存取。每年 6 月 30 日结息一次并计入利息。全部支取时，按销户日挂牌公告的活期储蓄利率计息。自 2005 年 9 月 21 日起，个人活期存款按季结息，按结息日挂牌活期利率计息，每季末月的 20 日为结息日。未到结息日清户时，按清户日挂牌公告的活期利率计息到清户前一日止。

活期储蓄是居民储蓄存款中最基本和最重要的一种形式，适于居民小额的随存随用的生活零用结余存款。一般将月固定收入（如工资）作为日常待用款项，供日常开支。

② 定活两便。一般 50 元起存。存期不满 3 个月，按活期计息；存期 3 个月以上不满半年的，按 3 个月定期存款利率打六折计息；存期半年以上，不满 1 年的，按半年定期存款利率打六折计息；1 年以上无论存期多长，均按 1 年期存款利率打六折计息。上述各档次均不分段计息。这种储蓄方式主要是支取日确保存期大于或等于 3 个月，以免利息损失。利用这种方法将多余的现金存

起来可以取得比存在活期账户多的利息。

③ 整存整取定期储蓄。约定存期，到期一次性支取本息。一般50元起存，多存不限。存期分3个月、半年、9个月、1年、2年、3年和5年，到期凭存单支取本息。存期越长，利率越高。储户还可以根据本人意愿办理定期存款到期约定或自动转存业务。

④ 零存整取定期储蓄。每月固定存额，一般5元起存。存期分1年、3年、5年，存款金额由储户自定。每月存入一次，中途如有漏存，应在次月补存。未补存者，到期支取时按实存金额和实际存期计息。它适用于较固定的小额存款积累。但是，这一储种应持之以恒，决不漏存，不要前功尽弃。

⑤ 存本取息储蓄。一次存入本金，金额起点一般为5 000元。存折记名，可预留印鉴或密码，可挂失。存期分为1年、3年、5年。开户时由银行发给储户储蓄卡，约定每1个月、3个月或半年领取一次。取款时储户凭储蓄卡到原开户行填写取款凭证后领取本金。如到期日未领取，以后可随时领取。整存领取不得部分提前支取。将固定的现金以存本取息形式存起来，然后将每月的利息以零存整取的形式存起来，这种方法可以获得较多的利息收入。为免除每月跑银行存取的麻烦，可与银行约定"自动转息"业务。

⑥ 个人通知存款。个人通知存款是指存款人在存入款项时不约定存期，支取时需提前通知金融机构，约定支取日期和金额方能支取存款的一种储蓄方式。根据储户提前通知时间的长短，分为1天通知存款与7天通知存款两个档次。1天通知存款必须提前1天通知约定支取存款，7天通知存款必须提前7天通知约定支取存款。个人通知存款的币种为人民币。个人通知存款的起存金额为5万元，最低支取金额为5万元，存款人需一次性存入，可以一次或分次支取。

⑦ 定额定期储蓄。这是一种存款金额固定、存期固定的定期储蓄业务，简称"双定"。这种储蓄事先在存单上印有存款金额，通常有10元、20元、50元、100元、500元、1 000元等。随着社会经济的发展，存单面额有不断加大的趋势。该储蓄由于事先印好面额，因此存取手续较为简便，有利于提高工作效率，方便储户。定额定期储蓄存期为1年，到期凭存单支取本息，可以过期支取，也可以提前支取。一次取清，不办理部分支取。利率和计算方法与整存整取定期储蓄相同。存单上不记名、不预留印鉴，也不受理挂失，可以在同一市县辖区内各邮政储蓄机构通存通取。

（2）银行储蓄存款技巧。

① 阶梯存储法。如果把钱存成一笔多年期存单，一旦利率上调，就会丧失获得高利息的机会，如果把存单存成1年期，利息又太少，为此可以考虑阶梯存储法。此法流动性强，又可以获得高利息。

具体步骤为：

假如你手中有 5 万元可分别用 1 万元开 1 年期存单，1 万元开 2 年期存单，1 万元开 3 年期存单，1 万元开 4 年期存单，1 万元开 5 年期存单。1 年后，就可以用到期的 1 万元再去开设一个 5 年期存单，以后年年如此。5 年后，手中所持有的存单全部为 5 年期，只是每张存单到期的年限不同，依次相差 1 年。这种储蓄方法既可以跟上利率调整，又能获取 5 年期存款的高利息，适合家庭为子女积累教育基金和未来子女的婚嫁资金等。

② 存单四分存储法。如果现在有 1 万元并在 1 年内有急用，而且每次用钱的具体金额、时间不确定，那就最好选择存单四分存储法。即把存单分为四张，1 000 元一张、2 000 元一张、3 000 元一张、4 000 元一张。这样一来，假如有 1 000 元需要周转，只要动用 1 000 元的存单便可以了，避免了需要 1 000 元也要动用"大"存单的情况发生，减少了不必要的损失。

③ 交替存储法。如果有 5 万元，不妨把它分为 2 份，每份 2.5 万元，分别按半年期、1 年期存入银行。若半年期存单到期，有急用便取出，若不用便按 1 年期再存入银行。以此类推，每次存单到期后都存为 1 年期存单。这两张存单的循环时间为半年，若半年后有急用可取出任何一张存单。这种储蓄方法不仅不会影响家庭急用，反而会取得比活期更高的利息。

④ 利滚利存储法。利滚利存储法又称驴打滚存储法，即存本取息储蓄和零存整取储蓄有机结合的一种储蓄法。具体步骤为：假如有 3 万元，可以把它存成存本取息储蓄，1 个月后取出存本取息储蓄的第 1 个月利息，再用这 1 个月利息开设一个零存整取储蓄户，以后每个月把利息取出后存入零存整取储蓄户，这样不仅存本取息得到利息，而且其利息在参加零存整取后又能取得利息。采用此种储蓄方法，只要长期坚持就会有丰厚回报。

⑤ 采用自动续存法。根据银行相关规定，自动续存的存款以转存日利率为计息依据。当遇降息时，如果钱是自动续存的整存整取，并正好在降息不久到期，储户千万不要去取，银行会自动在到期日按续存约定的转存，并且利率还是原来的利率。

⑥ 少存活期到期支取。同样存钱，存期越长，利率越高，所得利息就越多。如果手中活期存款一直较多，不妨采用定活两便或零存整取的方式，1 年期的定期利率大大高于活期利率。

⑦ 选择合理的存款期限。在利率很低的情况下，由于 1 年期存款利率和 3 年期、5 年期存款利率相差很小，因此个人储蓄时应选择 3 年期以下的存期。这种可方便把储蓄转为收益更高的投资，同时便于消费时利息不受损失。

⑧ 选择特别储种。如银行已开办教育储蓄，可免征利息税，有子女读书的家庭均可办理，到期后凭非义务教育（高中以上）的录取通知书、在校证

明，可享受免利率优惠政策。3 年期的适合有初中以上学生的家庭，6 年期适合有小学四年级以上学生的家庭。

⑨ 多选零存整取。该储种是以积数，即每日存款的累加数为计息总额，其采用的利率为开户日的银行利率，因此储户不妨逐日增加存款金额，提高计息积数，这可以在降息的情况下获得以前银行较高的存款利息。

3. 货币市场基金

货币市场基金是一种功能类似于银行活期存款，而收益却高于银行存款的低风险投资产品。它为个人及企业提供了一种能够与银行中短期存款相互替代，相对安全、收益稳定的投资方式。而且既可以在提供本金安全性的基础上，为投资者带来一定的收益，又具有很好的流动性。就流动性而言，货币市场基金的流动性甚至比银行 7 天通知存款的流动性还要好。前者在 T+1 日或 T+2 日就可以取得资金，而后者则需要 T+7。货币市场基金有类似于活期存款的便利。今天赎回（T 日），资金最快明天（T + 1 日）上午 10 点以前到账。货币市场基金没有认购费、申购费和赎回费，只有年费，总成本较低。货币市场基金本身流动性很强，同时收益高于活期存款，且免征利息税，是理想的现金规划工具。

（二）现金规划的融资工具

在某些时候，个人或家庭会突然有未预料的支出，而与此同时，个人或家庭的现金及现金等价物的额度又不足以应付这些支出，临时变现其他流动性不强的金融资产会有一部分损失。这时利用一些短期的融资工具融得一些资金就不失为一个解决紧急需求的好方法。事实上，在个人或家庭的现金规划过程中，个人或家庭往往更重视对已有现金及现金等价物的管理和使用，而忽略了对个人融资的使用。现金规划中，适宜于解决短期超额资金需求的融资方式主要包括以下几种：

1. 信用卡融资

（1）信用卡简介。信用卡是银行或其他财务机构签发给那些资信状况良好的客户，用于在指定的商家购物或消费，或在指定金融机构存取现金的特制卡片，它是一种特殊的信用凭证。随着信用卡业务的发展，信用卡的种类不断增多。概括起来，一般有广义信用卡和狭义信用卡之分。从广义上说，凡是能够为持卡人提供信用证明、消费信贷或持卡人可凭卡购物、消费或享受特定服务的特制卡片均可称为信用卡。广义上的信用卡包括贷记卡、准贷记卡、借记卡等。从狭义上说，信用卡主要是指由金融机构或商业机构发行的贷记卡，即无须预先存款就可贷款消费的信用卡。狭义的信用卡实质是一种消费贷款，它可以提供一个有明确信用额度的循环信贷账户，借款人可以支取部分或全部额度。偿还借款时也可以全额还款或部分还款，一旦已经使用余额偿还借款，则该信用额度又重新恢复使用。

（2）信用卡的融资功能。信用卡在扮演支付工具的同时，发挥了最基本的账务记录功能。再加上预借现金、循环信用等功能，更使信用卡超越了支付工具的单纯角色，从而具备了融资功能。

信用卡的融资功能表现为发卡机构向持卡人核定一个信用额度，在额度内持卡人无须任何存款即可购物消费或提取现金（一般贷记卡取现额度为信用额度的50%）。具体来讲，信用卡的融资功能表现在以下几方面：

① 信用额度。信用额度指发卡机构根据信用卡申请人的信用记录、财务能力等资料，为申请人事先设定的最高信用支付和消费额度。发卡机构将根据持卡人信用状况的变化定期调整信用额度。

② 免费融资。贷记卡持卡人用贷记卡进行透支支付，可享受免息还款期待遇。即持卡人用贷记卡消费后，从银行记账日至发卡机构规定的到期还款日之间为免息还款期。如果持卡人在发卡机构规定的还款日之前偿还所有消费融资，则享受免息还款期的优惠。免息还款期由以下三个因素决定：客户刷卡消费日期、发卡机构对账单日期和发卡机构指定还款日期。例如，张先生申请了某银行信用卡。按发卡银行规定，每月5日为账单日，23日为还款日，则该银行就为客户提供了最长为48天的免息优惠（各个银行规定不同）。如张先生在1月4日消费1 000元，则这笔款项计入当月账单，那么免息还款期就是当月4日—23日这段时间，为19天；若张先生在1月6日消费1 000元，则这笔款项计入下月账单，到2月23日才需要偿还这部分透支额。那么，免息还款期就是1月4日—2月23日这段时间，为48天。在这48天里可以免费占用银行的资金，相当于从银行获得了一笔无息贷款，弥补了张先生的临时资金缺口，实现了提前消费。

需要注意的是，如果贷记卡持卡人在规定的还款日只偿还了最低还款额或未能支付上月所有信用卡消费，或超过发卡银行批准的信用额度用卡，则不再享受免息还款期待遇，即从银行记账日起，所有消费金额均要支付利息。发卡银行对贷记卡持卡人未偿还最低还款额和超信用额度用卡的行为，分别按最低还款额未还部分、超过信用额度部分的5%收取滞纳金和超限费。

例2.1 王女士持有某银行的信用卡，其信用额度为10 000元，上月购买了便携式计算机，消费金额为10 680元，超出了10 000元的信用额度。近日她收到银行对账单，其中有"超限费34元"。王女士很不解：信用卡也会刷爆？

答：一般情况下，持卡人只能在规定的信用额度内透支消费。但有些银行在核准的信用额度外，不用客户申请，就会给予客户一定比例的上浮信用额度，持卡人在浮动信用额度内可继续刷卡，银行也不会给予提醒。王女士的信用额度为 10 000 元，银行默认提供 1 000 元（10 000×10%）的浮动信用额度，她上个月的消费金额共计 10 680 元，透支 680 元，因此按透支额的 5%计算，其超限费为 34 元（680×5%）。

③ 循环信用功能。循环信用是一种按日计息的小额、无担保贷款。持卡人可以按照自己的财务状况，每月在信用卡当期账单的到期还款日前，自行决定还款金额的多少。当持卡人偿还的金额等于或高于当期账单的最低还款额，但低于本期应还金额时，剩余的延后金额就是循环信用余额。持卡人如果在当期选择了循环信用，那么在当期就不能享受免息还款期的优惠。循环信用的利息计算方法为：上期对账单的每笔消费金额为计息本金，自该笔账款记账日起至该笔账款清偿日止为计息天数，日利率为 0.05%。

例2.2　李女士的账单日为每月 5 日，到期还款日为每月 23 日。4 月 5 日银行为李女士打印的本期账单包括了她从 3 月 5 日至 4 月 5 日之间的所有交易账务：本月账单周期里李女士仅有一笔消费——3 月 30 日，消费金额为 1 000元；李女士的本期账单列印"本期应还金额"为 1 000 元，"最低还款额"为 100 元。李女士的利息是多少？

答：不同的还款情况下，李女士的利息分别为：

（1）若李女士于 4 月 23 日前全额还款 1 000 元，则在 5 月 5 日的对账单中循环利息为 0。

（2）若李女士于 4 月 23 日前只偿还最低还款额 100 元，则在 5 月 5 日的对账单的循环利息为 17.4 元。具体计算为：1 000 元 ×0.05%×24 天（3 月 30 日至 4 月 23 日）+（1 000 元 −100 元）×0.05%×12 天（4 月 23 日至 5 月 5 日）= 17.4 元

④ 预借现金功能。预借现金（取现）服务是发卡行为持卡人提供的小额现金借款，以满足持卡人的应急之需，让持卡人的资金融通更自在从容。一旦有现金紧急需要，持卡人可持信用卡在自动柜员机 24 小时自由取现。国际卡还可在全球的自动柜员机上方便地提领当地货币。预借现金额度根据持卡人的用卡情况设定，包含在信用卡的信用额度内，具体规定各发卡行不同。此外，根据中国人民银行的相关规定，每卡每日取现金额累计不得超过人民币 2万元。同时承担按每笔预借现金金额的 3% 计算的手续费，最低收费额为每笔30 元人民币或 3 美元。预借现金交易不享受免息还款期待遇，自银行记账日起按日利率 0.05% 计收利息至清偿日止。银行记账日为此笔交易发生日，发卡行按月计收复利。

2. 凭证式国债质押贷款

目前凭证式国债质押贷款额度起点一般为 5 000 元，每笔贷款不超过质押品面额的 90%。凭证式国债质押贷款的贷款期限原则上不超过 1 年，并且贷

款期限不得超过质押国债的到期日；若用不同期限的多张凭证式国债作质押，以距离到期日最近者确定贷款期限。凭证式国债质押贷款利率，按照同期同档次法定贷款利率（含浮动）和有关规定执行。贷款期限不足 6 个月的，按 6 个月的法定贷款利率确定，期限在 6 个月以上 1 年以内的，按 1 年的法定贷款利率确定。另外，银行也会根据客户的不同情况对贷款利率有所调整，贷款利率的下限是基准利率的 90%，上限不设。借款人提前还贷，贷款利息按合同利率和实际借款天数计算，并按合同规定收取补偿金。凭证式国债质押贷款实行利随本清。凭证式国债质押贷款逾期 1 个月以内的（含 1 个月），自逾期之日起，按法定罚息率向借款人计收罚息。

3. 存单质押

目前各家商业银行或其他金融机构都推出了存单质押贷款业务，且手续简便。借款人只需向开户行提交本人名下的定期存款（存单、银行卡账户均可）及身份证，就可提出贷款申请。经银行审查后，双方签订定期存单抵押贷款合同，借款人将存单交银行保管或由银行冻结相关存款账户，便可获得贷款。有的银行，如中国工商银行存单质押贷款的起点金额为 1 000 元，最高限额不超过 10 万元，且不超过存单面额的 80%；又如，交通银行要求最高为质物面额的 90%。银行借款人如果手续齐备，当天就可以签订合同拿到贷款，不需要任何的手续费。存单质押贷款一般适合于短期、临时的资金需求。贷款利率按照中国人民银行规定的同期贷款利率计算。贷款期限不足 6 个月的，按 6 个月的法定贷款利率确定；期限在 6 个月以上 1 年以内的，按 1 年的法定贷款利率确定。优质客户可以下浮 10%。如借款人提前还贷，贷款利率按合同利率和实际借款天数计算。

目前，商业银行提供的贷款种类各异。除了上述列举的几种外，还有诸如个人临时贷款、个人房产装修贷款、个人旅游贷款、个人商铺贷款、个人小型设备贷款和个人外汇宝项下存款质押贷款等种类，这里就不再详述。

4. 保单质押融资

保单质押贷款，是保单所有者以保单作为质押物，按照保单现金价值的一定比例获得短期资金的一种融资方式。目前，我国存在两种情况：一是投保人把保单直接质押给保险公司，直接从保险公司取得贷款，如果借款人到期不能履行债务，当贷款本息达到退保金额时，保险公司终止其保险合同效力；另一种是投保人将保单质押给银行，由银行支付贷款给借款人，当借款人不能到期履行债务时，银行可依据合同凭保单由保险公司偿还贷款本息。

然而，并不是所有的保单都可以质押，质押保单本身必须具有现金价值。人身保险合同可分为两类：一类是医疗保险和意外伤害保险合同，此类合同属于损失补偿性合同，与财产保险合同一样，不能作为质押物；另一类是具有储蓄功能的养老保险、投资分红型保险及年金保险等人寿保险合同，此类合同只要投保人缴纳保费超过 1 年，人寿保险单就具有了一定的现金价值，保单持有人可以随时要求保险公司返还部分现金价值，这类保单可以作为质押物。

此外，保单质押贷款的期限和贷款额度有限制。保单质押贷款的期限较短，一般不超过 6 个月。最高贷款余额不超过保单现金价值的一定比例，各个保险公司对这个比例有不同的规定，一般在 70% 左右；银行要求则相对宽松，贷款额度可达到保单价值的 90%。期满后贷款一定要及时归还，一旦借款本息超过保单现金价值，保单将永久失效。目前保单贷款的利率参考法定贷款的利率，同时，保险公司和银行可根据自身的情况，具体确定自己的贷款利率。

5. 典当融资

根据我国的《典当行管理办法》，典当是指：当户将其动产、财产权利作为当物质押或者将其房地产作为当物抵押给典当行，交付一定比例费用，取得当金，并在约定期限内支付当金利息、偿还当金、赎回当物的行为。

办理出当与赎当，当户均应出具本人的有效身份证件。当户为单位的，经办人员应当出具单位证明和经办人的有效身份证件；委托典当中，被委托人应当出具典当委托书、本人和委托人的有效身份证件。出当时，当户应当如实向典当行提供当物的来源及相关证明材料。赎当时，当户应出示当票。当票是指典当行与当户之间的借贷契约，是典当行向当户支付当金的付款凭证。

当物的估价金额及当金数额应当由双方协商确定。房地产的当金数额经协商不能达成一致的，双方可以委托有资质的房地产评估机构进行评估，可以将估价金额作为确定当金数额的参考。典当期限由双方约定，最长不得超过 6 个月。

典当当金利率，按中国人民银行公布的银行机构 6 个月期法定贷款利率及典当期限折算后执行。典当当金利息不得预扣。除此之外，典当过程中还需交纳各种综合费用，典当综合费用包括各种服务及管理费用。动产质押典当的月综合费率不得超过当金的 42‰。房地产抵押典当的月综合费率不得超过当金的 27‰。财产权利质押典当的月综合费率不得超过当金的 24‰。当期不足 5日的，按 5 日收取有关费用。

典当期内或典当期限届满后 5 日内，经双方同意可以续当，续当一次的期限最长为 6 个月。续当期自典当期限或者前一次续当期限届满日起算。续当时，当户应当结清前期利息和当期费用。典当期限或者续当期限届满后，当户应当在 5 日内赎当或者续当。逾期不赎当也不续当的，为绝当。当户于典当期限或者续当期限届满至绝当前赎当的，除须偿还当金本息、综合费用外，还应当根据中国人民银行规定的银行等金融机构逾期贷款罚息水平、典当行制订的费用标准和逾期天数，补交当金利息和有关费用。

知 识巩固

（一）单选题

1. 现金最重要的特征就是（　　）。

A. 高风险　　　　　B. 强流动性　　　　C. 低收益　　　　D. 易贬值

2.（　　）不能视为现金或现金等价物。

A. 3 年期定期存款　　　　　　　B. 货币市场基金

C. 一幅名画　　　　　　　　　　D. 活期存款

3. 流动性比率是（　　）。

A. 流动性资产与总资产之比　　　B. 流动性资产与每月支出之比

C. 流动性资产与投资资产之比　　D. 流动性资产与净资产之比

4. 通常情况下，流动性比率应保持在（　　）左右。

A. 2　　　　　　　B. 3　　　　　　　C. 7　　　　　　　D. 8

5. 何小姐有存款 2 万元，股票 5 万元，基金 2 万元，自住房屋价值 40 万元，贷款 10 万元，若月固定支出为 5 000 元，则可变现资产保障月数为（　　）个月。

A. 4　　　　　　　B. 18　　　　　　C. 78　　　　　　D. 98

6. 以上题为例，净资产保障月数为（　　）。

A. 4　　　　　　　B. 18　　　　　　C. 78　　　　　　D. 98

7. 下列关于紧急备用金的说法中错误的是（　　）

A. 紧急备用金可用来应付因失业或失能，而造成收入中断时的生活支出

B. 一般家庭应当以 3～6 个月的生活费为基准，准备紧急备用金

C. 紧急备用金可以投资于股票或者房地产

D. 紧急备用金一般以活期或者短期存款的形式储备

8. 下列有关家庭资产负债表的说法中正确的是（　　）。

A. 资产负债表可以显示一段时间的家庭收支状况

B. 资产负债表可以显示一个时点的家庭收支状况

C. 资产负债表可以显示一个时点的家庭资产与负债状况

D. 资产负债表可以显示一段时间的家庭资产与负债状况

9. 客户收入支出表反映的是客户个人（　　）的收入和支出情况。

A. 某一时点　　　B. 上一年末　　　C. 某一时期　　　D. 上一年度

10. 做预算控制时，下列属于短期可控制预算的是（　　）。

A. 外出就餐费用　　　　　　　　B. 房租支出

C. 房贷利息支出　　　　　　　　D. 续期保险费支出

11. 下列有关预算差异分析的说法错误的是（   ）。

A. 总额差异的重要性大于分项差异

B. 重点应在可控制预算上

C. 依据预算的分类个别分析

D. 差异太大时表示预算无用，不用多花时间分析

12. 张先生申请了某银行信用卡，按发卡行规定，每月 1 日为账单日，25 日为还款日。如果张先生在 20×× 年 3 月 2 日消费 3 000 元，则它可以享受的免息还款期为（   ）天。

A. 23   B. 24   C. 54   D. 55

（二）多选题

1. 以下有关现金规划的描述正确的是（   ）。

A. 现金规划是为满足个人或家庭短期需求而进行的管理日常的现金及现金等价物和短期融资的活动

B. 现金规划是否科学合理将影响其他规划能否实现

C. 现金规划对个人财务管理来说是非常必需的

D. 做好现金规划是整个投资理财规划的基础

2. 以下经济目标中，属于期望目标的是（   ）。

A. 日常饮食消费   B. 购房   C. 储备教育投资   D. 买车

3. 现金规划中，对金融资产流动性的要求源于（   ）。

A. 交易动机   B. 储蓄动机   C. 预防动机   D. 投资动机

4. 资产的流动性与收益性的关系是（   ）。

A. 流动性较强的资产其收益性较低

B. 流动性较强的资产其收益性也较高

C. 收益性较高的资产其流动性较低

D. 资产的流动性与收益性呈反方向变化

5. 资产负债调整的现金流入，包括（   ）。

A. 借入款   B. 资产变现   C. 房租   D. 债权回收款

6. 成功的预算的特点包括（   ）。

A. 设计合理   B. 灵活机动   C. 贴近实际   D. 沟通清晰

7. 下列选项中哪些属于现金规划的一般工具（   ）。

A. 货币市场基金   B. 信用卡   C. 现金   D. 储蓄存款

8. 货币市场基金的特点包括（   ）。

A. 本金安全、资金流动性强   B. 分红免利息税

C. 投资成本较高   D. 收益率相对活期储蓄较高

（三）问答题

1. 如何评估个人或家庭的财务状况？
2. 现金规划的工具有哪些？
3. 现金规划中常犯的错误有哪些？
4. 现金规划包括几个步骤？

 业能力训练

1. 王女士计划用1万元去买一台计算机，并且已将资金准备好了。但朋友建议她可以先用信用卡划卡消费而不是现金购买。

请你帮助王女士做出选择，并提出合理的建议。

2. 马先生夫妻二人年收入10万元，都有五险一金和一般医疗保险，孩子6岁，正在上小学，近期不打算买房、买车。截至6月底有活期存款5万元，定期存款5万元，股票投资20万元，到年底市值22万元，家庭月开支2000元，孩子学杂费等年支出6000元。

请为马先生一家提出合理的现金规划建议。

 范案例

刘先生家庭现金规划案例

一、家庭基本情况

刘先生，现年32岁，在一家公司做市场经理。刘太太，现年30岁，在一家俱乐部做专职教练。夫妇二人除社保外，无其他保险。刘先生父母、刘太太父母，四位老人都有退休金，身体健康，暂时不需刘先生夫妇负担养老费。刘先生夫妇现在还没有孩子，但两人计划要一个小宝宝。因为年轻，两人对事业发展有更长远的考虑，希望事业上能更进一步。刘先生家庭的资产负债表及收入支出表如表2-12、表2-13所示。

表2-12　资产负债表

客户：刘先生　　　　日期：20××年12月31日　　　　单位：元

项目	金额	项目	金额
流动资产	95 000	短期负债	0

续表

项目	金额	项目	金额
现金	5 000	信用卡透支额	0
活期存款	10 000	应缴税金	0
定期存款	80 000	其他应付账款	0
投资资产	**85 000**	**长期负债**	456 000
货币市场基金	0	教育贷款	0
股票	40 000	房屋贷款余额	456 000
基金	45 000	汽车贷款	0
自用性资产	**780 000**	个人消费贷款	0
住房现值	720 000		
家具	50 000	**负债总计**	**456 000**
其他个人资产	10 000	**净资产**	**504 000**
资产总计	**960 000**	**负债与净资产之和**	**960 000**

表 2-13　收入支出表

客户：刘先生　　　　日期：20×× 年 1 月 1 日至 12 月 31 日　　　　单位：元

总收入		总支出	
项目	**金额**	**项目**	**金额**
劳动报酬收入	**199 424.48**	**经常性支出**	**59 000**
刘先生工资（税后）	153 794.48	生活费	13 800
刘太太工资（税后）	45 630	水电煤气费	1 800
奖金	0	子女教育费	0
津贴	0	零花钱	1 500
投资收入	**-13 502.4**	医药费	3 000
利息	1 497.6	旅游费	9 600
房租	0	交往应酬费	7 200
资本利得	-15 000	购买衣服	8 400
其他收入		购买家电	12 200
收回股票本金	0	购买礼物	1 500

续表

总收入		总支出	
项目	金额	项目	金额
收回债券本金	0	还贷支出	48 903.9
接受馈赠	0	理财支出	0
接受救济	0	其他支出	0
遗产继承	0	捐赠支出	0
合计	185 922.08	合计	107 903.9
		结余（盈余或赤字）	78 018.18

二、家庭财务状况分析

刘先生夫妇每月收入为：185 922.08/12=15 493.51（元），约 15 494 元；

刘先生夫妇每月支出为：107 903.9/12=8 991.99（元），约 8 992 元。

月结余：15 494−8 992=6 502（元）

刘先生每月收入：153 794.48/12=12 816.17（元）

刘太太每月收入：45 630/12=3 802.5（元）

其他收入为利息：每月约 1 497.6/12=124.8（元）

资本利得为：−15 000/12=−1 250（元）

存在问题：

1. 任意一方失业，问题都比较严重，特别是刘先生如果失业，家庭将面临严重的财务危机；

2. 现金规划中只有 10 000 元活期存款和 5 000 元现金，现金明显不足。

三、现金规划方案

紧急备用金主要是为应对家庭日常开支和意外支出的需要，避免因为失业、意外疾病事故或其他突发事件使家庭经济出现剧烈波动。但紧急备用金也不宜过多。紧急备用金过多就导致资金的闲置，资金链无法正常地运行。现金储备一般是家庭月生活费用的 1～6 倍。刘先生目前为公司市场经理，职业前景向好；刘太太作为健身教练，失业风险较大，因此建议两人储备金为家庭月均支出的 3 倍。其中，1/3 以现金形式保存，另外 2/3 以活期存款和货币市场基金的形式存在。对于个人客户来说，货币市场基金是一个天然的避风港。货币市场基金主要投资于短期货币工具，如国债、央行票据、商业票据、银行定期存单、政府短期债券、企业债券（信用等级较高）、同业存款等短期有价证券，具有"准储蓄"的特征，同时免缴利息税。通常情况下既能获得高于银行存款利息的收益，又保障了本金的安全。

现金规划方案具体操作如下：

1. 将现金规划目标调整为支出的 3 倍，即 8 992×3=26 976（元），约合每月 27 000 元。

2. 将以后每月结余中的 1/3，即 6 502×（1/3）=2 167（元）作为现金储备；将其余部分作为现金等价物储存，并始终保持现金规划目标。

3. 在未达到规划目标之前，可以节减奢侈性的支出，如美容、娱乐等开支。

4. 刘先生夫妇目前没有孩子，同时双方老人身体健康，有退休金，不需要赡养，因此家庭应急储备可以暂时少留一点，预留 10 000 元。这部分额度也以货币市场基金的形式存在。

5. 建议刘先生夫妇二人各申请一张信用额度在 10 000 元以上的信用卡，既可以方便生活，享受免息还款期待遇，又可利用信用卡预借现金功能作为临时应急资金的来源，解决燃眉之急。但应严格注意信用卡的使用注意事项，千万不要造成过多负债。

6. 可以盘活银行的定期储蓄资金和投资资金，特别是投资部分，20××年处于亏损状态，如果能将这部分盘活成盈利，则对于现金流是一个较大的支持。

现金规划制订的基调：在充分保证流动性的基础上获取尽可能高的收益。

第三章

消费规划

第一节 消费财务问题诊断

第二节 消费购买决策

第三节 住房规划

学习目标

素养目标
- 树立正确的消费观念，合理安排消费资金；
- 通过家庭财务记账的训练养成艰苦奋斗、勤俭持家的品质。

知识目标
- 了解消费的动机；
- 了解购房贷款的运作；
- 掌握住房规划的方法和基本步骤；

能力目标
- 能够以财务的角度作出租房或购房的判断；
- 能够进行住房按揭每期还贷款额的计算操作技能；
- 能够区分等额本金还款法与等额本息还款法。

消费规划
重难点讲解

思维导图

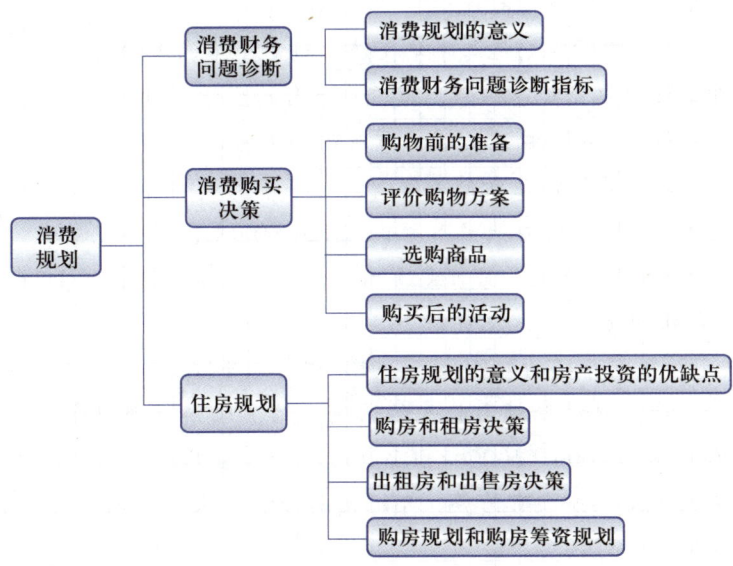

第一节　消费财务问题诊断

【导入案例】

案例 3.1　李华是一位 28 岁的软件工程师，年收入为 120 000 元，目前单身，租房居住，希望在未来 3 年内购买自己的第一套房产，为此他去咨询理财规划师，怎么为未来做好理财规划？

解释：首先，理财规划师与李华交流，确定李华的理财目标：

1. 短期目标：建立紧急基金，覆盖 6 个月的生活费用。

2. 中期目标：3 年内积累足够的首付款购买房产。

3. 长期目标：为退休生活储备资金。

其次，为李华梳理财务状况。年收入 120 000 元；月固定支出（房租、水电费、交通费等）4 000 元；月可变支出（饮食、娱乐、购物等）2 000 元，已有银行活期存款 36 000 元，无负债。

为了更好地理解李华的财务状况，可以进行以下财务比率分析并作出诊断：

1. 结余比率：月结余额占收入的比例。结余比率＝月结余额／月收入＝（10 000−6 000）/10 000×100%＝40%，超过一般家庭结余比率 30% 水平。

2. 债务收入比：如果有债务，年还债总额与年收入的比例。李华无负债，所以此比率为 0。

3. 流动性比率：流动性资产与月支出的比例。流动性比率＝36 000\6 000＝6，处于一般家庭流动性比率水平 3～6 的上限。

4. 资产负债率：总负债与总资产的比例。李华无负债，所以此比率为 0。

通过上述分析，可以看到李华的储蓄率较高，达到了 40%，超过一般家庭 30% 的水平。这有助于他快速积累紧急基金和购房首付款。流动性比率为 6，说明他的流动资产能够完全覆盖 6 个月的固定支出，这在紧急情况下非常重要。由于李华没有负债，债务收入比和资产负债率都为 0，这降低了他的财务风险。

再次，为李华制订消费规划。①制订预算：月固定支出 4 000 元，月可变支出 2 000 元，月储蓄额 4 000 元（年储蓄额 48 000 元）；②建立紧急基金。紧急基金目标金额：6 个月的支出额，即 36 000 元。③储蓄与投资。每月储蓄额 4 000 元，为李华制订投资策略：将储蓄分为高风险（股票、股票基金）和低风险（债券、定期存款）两部分。④购房计划。首付款目标：假设需要 20% 的首付款，即 120 000 元（假设房价为 600 000 元）。⑤制订消费习惯计划。减少不必要的支出，如频繁外出就餐、购买非必需品。⑥定期审查。每季度审查预算和储蓄进度，根据实际情况调整计划。⑦风险管理。购买健康保险和意外险，以减少潜在的财务风险。

每个人都可以在自己的消费能力范围内，依据个人倾向，在理性的消费价值观支配下，通过消费得到自洽，平衡自身的生活状态。消费者在消费时，除了可以满足自身的需求外，还可以追求社会价值导向。消费者拥有较高的消费能力时，如果盲目消费、过度消费，不仅会对自己造成身体和精神上的伤害，也会造成社会资源的浪费。

一、消费规划的意义

消费规划是对个人或家庭的消费资源进行合理的、科学的、系统的管理，使个人或家庭在整个生活过程中保持消费资源的财务收支平衡，最终达到终身的财务安全、自由的过程。

（一）避免支付过高的消费成本

培养合理的消费理念对于现代人而言是非常重要的。理财规划师可以为客户制订个人理财方案，对客户日常的消费和收入进行一定的梳理，制订长远规划，适当脱离过度消费的圈子，选择与健康消费的人群多接触和交流，慢慢做出消费的改变。现在很多网络平台都提供消费借贷业务，并且开通手续方便，如常用的花呗、信用卡、白条等，这就使得很多没有自控能力的人开始过度消费。过度消费不仅超出了客户的基本需求和支付能力，在一定程度上产生了对资源的浪费，破坏社会风气，甚至还会导致仇富现象的产生。消费规划还可以关注消费过程，避免不必要的消费陷阱。例如在购买商品后，注意核对购物小票或结账单上的付款金额与商品标价是否一致，避免结算价格高于标价造成的损失。购物单据是解决价格争议的重要证据，留存好购物小票、结账单和发票等购物单据也是理性消费习惯的一部分。

（二）避免因消费支出不当出现财务危机

现在家庭消费支出种类较多，面临的消费环境复杂，如果没有制订合理的消费规划，很容易导致消费负担过高，超出自己的支付能力，甚至导致出现财务危机。例如，一些"月光族"家庭，收入全部来自工资，刚好维持衣、食、住、行、娱乐等方面的生活开支，没有任何资产也没有负债。财务状况极其脆弱，一旦失业就会变"负翁"。合理的消费规划要做到：首先，如果家庭需贷款购房，建议每月还贷金额控制在家庭月收入的30%以内，以确保家庭其他开支的正常运转，不至于降低生活质量；其次，食物消费是家庭的必要开支，也是可以合理控制的一项支出，如家庭没有小孩，建议把食物消费控制在家庭月收入的20%以内，这个比例既能满足家庭的食物需求，又能节约很大一笔多余消费；再次，交通费是另一项家庭必要支出，这项开销也是可控的一项支出，建议控制在家庭月收入的5%；最后，其他置装费用、娱乐支出、杂项支出等都是机动支出，按照家庭的情况控制在 15% 以内较为合理，这样一来家庭总支出为总收入的 70%，每月还可以留下 30% 进行理财规划。

二、消费财务问题诊断指标

理财规划师在制订消费规划时应当了解客户财务状况，分析客户消费财务数据，依据财务指标帮助客户诊断消费中的财务问题，从而提出合理的消费规划方案。

（一）结余比率

在消费规划中首先关注客户收入支出状况，运用结余比率诊断客户控制开支和提高净资产水平的能力。结余比率指家庭在一定时期内（1 年）结余和收入的比值。

$$结余比率 = [（年收入 - 年支出）/ 年收入] \times 100\%$$

当一个家庭年收入小于年支出时，该家庭财务是不安全的，而当一个家庭年收入大于年支出多少时，该家庭财务是安全的呢？一般而言，该比率保持在 30% 较为适宜，大于 30% 反映出较强的结余能力，家庭理财空间较大，小于 30% 则需开源节流。

（二）住房负担比

家庭消费规划中大额消费支出对家庭财务产生较多压力，特别是住房消费过度很容易导致家庭财务危机。住房负担比是诊断家庭住房消费财务状况的核心指标，一般不应超过 25%～30%。

$$住房负担比 = （房屋年供款 / 税后年总收入）\times 100\%$$

（三）收入负债比

$$收入负债比 = （所有贷款供款 / 税后总收入）\times 100\%$$

收入负债比为房屋供款加上其他贷款的供款得到的总额占家庭税后总收入的比率，一般应控制在 40% 以内。

例 3.1　小王税后年收入 25 万元，除还贷支出外其他生活年支出 5 万元，目前有存款 5 万元，5 年前银行按揭买房总价 300 万元，其中首付 100 万元，按揭 200 万元，等额本息 30 年还款，贷款年利率 6%，2 年前银行按揭买车 20 万元，等额本息 5 年还款，贷款年利率 6%。那么请通过计算结余比率、住房负担比和收入负债比帮助小王进行消费财务问题诊断。

答：计算三个消费财务比率，并依据财务比率判断标准进行诊断。

1. 住房负担比 = 房屋年供款 / 税后年总收入，先要计算小王房屋年供款。依据小王按揭 200 万元，等额本息 30 年还款，贷款年利率 6%，可以通过年金现值计算公式：

$$PVA=PMT\times\frac{1-(1+6\%)^{-30}}{6\%}$$

计算得出 $PMT=14.53$ 万元 / 年，因此住房负担比 ＝（14.53/25）×100%＝58.12%，超过住房负担比参考值30%，还房贷压力较大。

2. 收入负债比 ＝ 所有贷款供款 / 税后总收入，先计算按揭买车供款，依据小王按揭 20 万元，等额本息 5 年还款，贷款年利率6% 数据，可以通过年金现值计算公式：

$$PVA=PMT\times\frac{1-（1+6\%）^{-5}}{6\%}$$

计算得出 $PMT=4.75$ 万元 / 年，因此收入负债比 ＝［（14.53+4.75）/25］×100%＝77.12%，超过收入负债比参考值40%，还贷压力较大。

3. 结余比率 ＝（年收入 － 年支出）/ 年收入 ＝［（25-5-14.53-4.75）/25］×100%＝2.88%，小于结余比率参考值30%，说明小王年结余较少，需减少开支。

消费财务问题总结：从住房负担比诊断结果表明，小王还房贷的压力较大；从收入负债比诊断结果表明，小王消费还贷的压力继续扩大；从结余比率诊断结果表明，小王年结余较少，其中的原因是消费负债太大。

第二节 消费购买决策

【导入案例】

案例3.2 微软公司创始人比尔·盖茨对于自己的衣着，他从不看重牌子或是价格，只要穿起来感觉舒服就好。

解释：每个人都可以在自己的消费能力范围内，依据个人消费倾向和在理性的消费价值观支配下，通过消费得到自洽，平衡自身的生活状态。消费者消费时除了可以满足自身的需求，还体现其社会价值的取向。消费者拥有较高的消费能力时，如果盲目消费、过度消费，不仅会对自己造成身体和精神的伤害，也会造成社会资源的浪费。

在消费购买决策过程中，理性的消费者产生合理的消费行为，其消费决策也是理性的。然而，理性的消费决策不是一蹴而就的，只有经过购物前的准备、评价购物方案、选购商品这些过程，最后才能进入购买行为，并且在购买之后要反馈购买感受消费者购买决策过程。如图 3-1 所示。

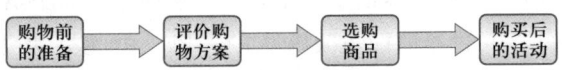

图 3-1 消费者购买决策过程

一、购物前的准备

收入像河流，财富像水库。而购物消费就是它们的出口。因此，在消费前应做好充分的准备，避免收入和财富从出口毫无节制地任意流出。做好购物前的准备，首先要明确购买动机，然后收集信息形成购物方案。

（一）明确购买动机

消费者购买动机多种多样、千变万化，各种动机错综复杂、交织一起。但一般认为，购买动机分为生存动机、享受动机、发展动机、刺激动机和惠顾动机五种。

1. 生存动机

这是消费者纯粹为了满足其生存需要而引发的购买动机。人具有饥、渴、寒、暖、行、止等各种生理本能，与此相适应，会产生各种生理的需求。例如，消费者在饥饿时思食，为御寒而择衣，患病求医、养儿育女也需要消费各种商品。这是人类在现代社会形成各种消费行为的最本源的动机。

2. 享受动机

这是基于消费者对享受物质的需求而产生的购买动机。人们在满足吃、喝、穿、住、行等基本生活需要之外，衍生了享受的需要。人们不仅要吃饱穿暖，还要吃得科学、营养，穿得美观漂亮；不仅要有栖身之所，还要住得宽敞、舒适。在现代人的生活中，享受动机越来越成为支配人们购买活动的主动力。

3. 发展动机

这是基于消费者对发展的需要而引起的购买动机。人们的发展需要包括体力和智力两个方面。体力发展需要主要有：提高身体素质，强壮体魄，免除疾病等；智力发展需要有：学习科学知识，提高智力水平，掌握劳动技能等。

4. 刺激动机

这是基于消费者对同伴或企业的信号刺激而产生的消费动机。同伴的消费信号的刺激包括有意炫耀所引起的消费攀比、标新立异引起的消费模仿、自我形象引起的消费显示，以及归属需要所引起的团队消费等。这些从消费者内部所接收的消费信号都将使消费行为获得充足的激励，以至于在消费者内部存在一种"消费竞争"的热潮。除此之外，企业也常常推出富有刺激性的"尊贵消费""新潮消费""有奖消费""体验消费"以吸引消费者参加。

5. 惠顾动机

这是基于消费者对情感和理智的经验，对某种商品、品牌或商标、厂商的特殊信任和喜爱而产生的习惯性重复购买的动机。由此类动机驱使的购买行为具有经常性和习惯性等特点。惠顾动机往往产生于商品货真价实、服务周到、商品和企业信誉良好、商店环境美观、品种齐全、购买便利等。

总之，由于消费者的性别、年龄、职业、经济条件和心理素质等方面的不同，以及购买环境、购买方式、商品类别、供求状况、服务质量等方面的不同，都会出现购买行为的差异现象。所以，明确消费者的购买动机，必须结合现实情况，同时结合消费者自身的言谈、行为特点，以及人们对商品的心理反应等方面进行具体分析，并在此基础上开始收集准备购买的商品信息。

（二）收集信息形成购物方案

消费者形成了购买某种商品的动机后，如果不熟悉这种商品的情况，往往就要先收集信息。这时，消费者会增加对有关广告、谈话等的注意，通过查阅资料、向亲友和熟人询问情况的方式，积极地搜寻信息。一般来说，获得信息有以下四种来源：

（1）个人来源，即从家庭、朋友、邻居和其他熟人处得到信息。

（2）商业性来源，即从广告、售货员介绍、商品展览与陈列、商品包装、商品说明书等得到信息。

（3）公众来源，即从报刊、电报等大众宣传媒介的客观报道和消费者团体的评论中得到信息。

（4）经验来源，即通过触摸、试验和使用商品等得到信息。从消费者的角度看，由企业控制的商业性来源信息起着通知的作用，其他非商业性来源信息起着验证和评价的作用。

消费者所要收集的信息主要有三方面内容：① 恰当的评估标准。例如某消费者欲购买一块手表，他首先要确定所要购买的手表应具有哪些特征。这些特征便是评估的标准。消费者一般先根据自己的经验判断一块理想的手表应具备哪些特征。一旦他感到自己的经验有限，他就会向朋友打听，查阅资料，或向销售人员征询。② 已经存在的各种解决问题的方法。如目前有多少种手表在市场上出售。③ 各种解决问题的方法所具备的特征。如目前市场上各种手表的款式、功能、厂牌信誉、价格等方面的情况。

消费者所面临的可解决其问题的信息是众多的，他们一般会对各种信息进行逐步筛选，直至从中找到最适宜的解决问题的方法。

消费者一般不可能收集到有关产品的全部信息，他们只能在其知晓的范围内进行选择；而对于其所知晓的信息进行比较、筛选后，会挑出其中一部分进行认真的选择；最终又会在它们中间选出两三个进行最后的选择，直至作出购买决策。在这逐步筛选的过程中，每进入一个新的阶段都需要进一步收集有关产品更详细的资料和信息。如果某一产品在这一选择过程中被首先淘汰，除其不适应消费者的需要之外，很大程度上是由于所提供的信息资料不够充分。

经过收集信息，消费者逐步缩小了对将要购买商品进行品牌选择的范围。

余下的供选择的品牌，就是消费者在下个阶段评价的对象。

二、评价购物方案

在广泛的信息收集之后，消费者将会对已经熟识的几种产品与服务和将要进行的消费进行评价，与能满足需要的各种方案进行比较和评估。以购买轿车为例，消费者评价包括安全性、经济性、性价比、舒适感、排气量、款式、颜色等属性。当然，消费者对汽车的这些评价指标并不都是同等重要的，它们在消费者心目中有不同的权重，有些消费者注重轿车的舒适性、安全性，而有些消费者注重性价比。尽管消费品自身有客观的标准和功能指标，但消费者个人的评价却是千差万别的，因为这涉及消费者的情感（情绪好恶、期望高低、感性强弱的差别）、消费者的态度（信念是否牢固，意向是否坚定，卷入是否有深度等），以及消费者的个性（即消费者个体的独特性、自我满足感、形象差异性、个人价值实现程度和生活方式的取向程度）等因素的实现程度。

例如，以品牌决策为例，小王准备购买个人计算机。通过收集信息，他会对市场上现有的各种个人计算机的若干品牌形成初步认识，这些品牌便进入了他的知晓范围。然后他会依据一定的标准，做进一步的选择，只考虑更少的一部分品牌，这部分品牌便进入了他的考虑范围。对考虑范围内的各个品牌，经过比较，会留下更少的几个备选品牌，这几个品牌便进入了他的备选范围。经过反复比较，权衡得失，小王最后买到他心仪的计算机。

三、选购商品

通过评价购物方案，消费者会剔除一些备选商品，对某一品牌的产品产生偏爱，并准备采取购买行动，选购商品。该阶段是消费者购买过程的关键阶段。消费者在该阶段真正购买商品之前，容易受两种因素的干扰：第一种因素是他人的态度；第二种因素是意外的变故（见图 3-2）。他人的态度对消费者购买决策的影响程度取决于两个方面：一是他人对自己偏爱的产品的否定程度；二是消费者对他人意见的接受程度。其他人如果在消费者准备进行购买时提出反对意见或提出了更有吸引力的建议，会有可能使消费者推迟购买或放弃购买。他人态度影响力的大小主要取决于两点：反对的强烈程度以及其在消费者心目中的地位。反对越强烈，或其在消费者心目中的地位越重要，其对消费者购买决策的影响力也就越大；反之，就越小。在消费者准备进行购买时出现的一些意外变故也可能使消费者改变或放弃购买决策，如消费者家中突然有人生重病，需要大量治疗费用；消费者突然失去工作或稳定的收入来源等。所有这些意外的变故都会使消费者改变原来的购买意念，从而影响其选购商品。

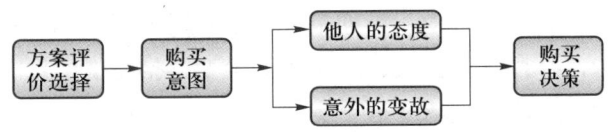

图 3-2　对购买决策的影响因素

四、购买后的活动

消费者购买了商品，并不意味着消费者购买行为的结束。消费者购买商品后，往往会通过使用体验或家庭成员与亲友的评判，对自己的购买选择进行检验和反省，从而形成购买后的感受。最主要的感受就是满意或不满意。

感到满意的消费者会向他人宣传和推荐该产品，并且自己可能进行重复购买。感到不满意的消费者行为较复杂，如果不满意的程度较低或商品的价值不大，消费者有可能不采取任何行动。但是如果不满意的程度较大或商品的价值较大，消费者一般会采取以下两种行动：一是到商场要求对商品进行退换，将不满意的情况告诉亲戚、朋友，以后再也不购买此种品牌或此家企业的商品等；二是将其不满意的情况诉诸公众，如向消费者协会投诉、向新闻媒体披露甚至告上法庭。这种情况，一般是商品的安全问题严重或商家没有妥善地处理退换工作所致。消费者购买后的感觉及行为特征如图 3-3 所示。

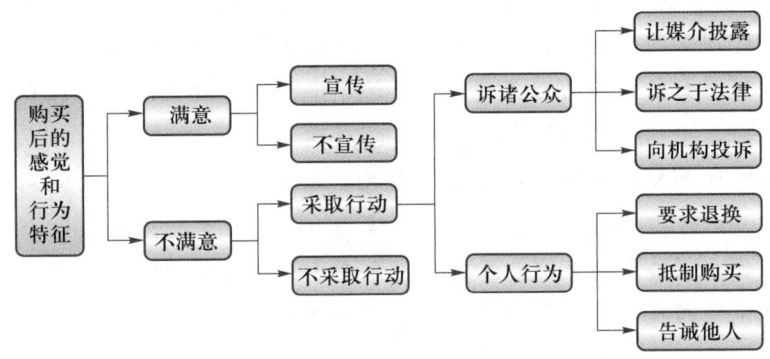

图 3-3　购买后的感觉和行为特征

在消费购买决策的过程中，消费者首先一定要做好购物前的准备工作；其次，要在消费前收集信息，做好预算；再次，要在消费过程中用环保的眼光选购商品，理性消费；最后要总结消费经验，保护自己的合法消费权益。

在物质生活水平提高后，消费者需要注重精神上的追求，应该有适度的消费，但也要节俭，要养成理性购物的好习惯。人的一生就是在不断赚钱和不断花钱，然而赚钱是辛苦的，消费是人们生活中的一种必不可少的行为，但所花的钱是否值得取决于人们自己，这就要求我们学会适度消费，合理理财。现在青年人的消费观念是追求时尚，但如果没有学会适度消费和合理理财，一味追求高层次的消费，心存享乐主义，那么生活会变得拮据。所以，只有学会适度消费，理性购物，才能使生活变得更美好。

第三节　住　房　规　划

【导入案例】

案例3.3　在某市机关工作的小李和在外企工作的小张打算结婚，两人对于如何购置新房产生了矛盾。小李说应先根据当前的经济实力买个小点的房子，等以后有能力了，再换个大些的。而小张认为应该一步到位，新房应该气派、宽敞、舒适、漂亮，所以应该贷款或借钱买个大房子。否则的话，就不买房子，先租房结婚。可男方不同意，说："租房结婚底气不足，而贷款买房是为银行和房地产商打工，天天勒紧裤腰带，月月都为月供而发愁，这种生活真的很没意思。"两人商量不通，闹了矛盾。

解释：其实，小李和小张关于房子的矛盾很普遍。因为人需要衣、食、住、行，其中"住"是关键的，住房规划是消费规划方面的重点，俗话说"金窝银窝，不如自己的狗窝"，可以说房子是人生一大事。

那么，怎样在目前众多的房地产项目中挑选到适合自己的房子呢？更重要的是，我们该如何规划住房呢？是买房、租房还是换房？根据专家的建议，住房规划要根据我们自己的经济实力、居住年限、生活方式，以及未来房价的走势甚至有时还要根据你结婚成家时对方的态度。

住房对于家庭而言具有消费与投资双重属性。一般而言，消费属性考虑更多的是住房的使用价值和消费能力，投资看重的是住房的未来投资价值和投资能力。我们应当尽量理性消费和投资，先考虑住房的消费功能，再考虑其投资功能，在消费与投资能力范围内作出合理的选择。

一、住房规划的意义和房产投资的优缺点

（一）住房规划的意义

住房规划包括买房、租房、换房、建房、卖房的规划，规划是否得宜会影响资产负债状况和现金流量的方向。

住房规划是消费规划的重点，我们该如何选择家庭居住规划呢？随着人们生活水平的提高、居住环境的改善，家庭成员对居住的空间需求和环境需求也在改变，但对居住氛围、居住场所的可依恋追求是没有变化的。因此租房还是购房，换房还是建房，以及购房的融资方案、房贷还款计划、家庭成员的数量等这些因素都是在住房规划中要考虑的问题。住房规划流程图如图3-4所示。

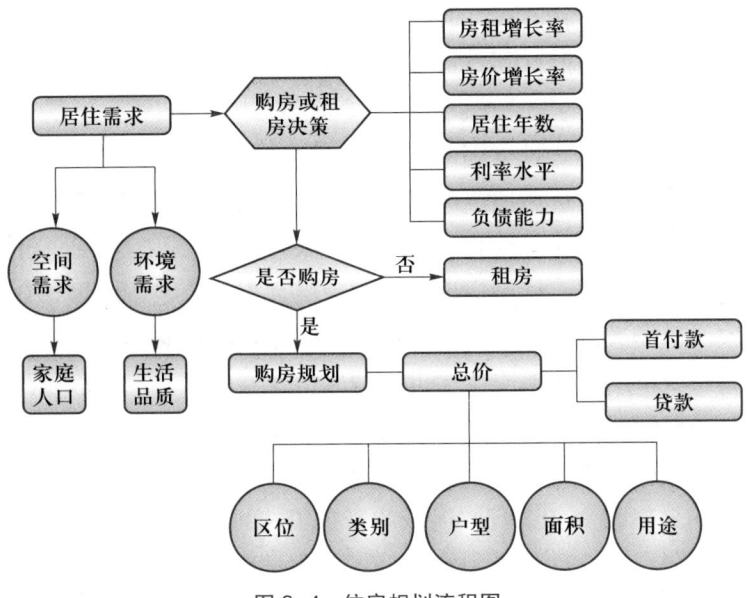

图 3-4　住房规划流程图

对任何人来讲，购买住房都是一生中的大事。老百姓可能要穷其一生的积蓄，而且可能一生中的许多年都要为还银行贷款而奋斗，所以对家庭住房规划一定要得当。因为家庭居住规划不当可能导致以下结果：一是没有居住规划的观念，难以制订合理的行动计划；二是未能量入为出，功败垂成；三是陷入低首付陷阱，购买了自己买不起的房子；四是成为房奴，一生都为还房贷而奋斗，直至变老。合理的居住规划既能满足不同时期的居住需求，又不会背上沉重的债务负担；既能保证居住的舒适度，又能满足其他生活需求；既能使家庭财务平稳，又能使生活水平稳步上升。

（二）房产投资的优缺点

对于个人投资者来说，房产投资有几种可行的投资方式。主要包括房地产直接投资、房地产租赁和房地产信托。房地产直接投资是指个人利用自己的资金或者银行贷款购买住房，用以居住或者转手获利。个人住房投资在个人资产的投资组合中占有很重要的地位。房地产租赁是指投资者往往通过分期付款的方式以较低的首付款购得住房，然后将其租赁出去以获得收益，在支付贷款利息和住房折旧之后还有一定的收益。房地产信托，从广义上讲，与房地产相关的信托行为都可以称为房地产信托。房地产信托同样存在资金信托和财产信托两种方式。从资金信托的角度出发，房地产信托是指受托人（信托投资公司）遵循信托的基本原则，将委托人委托的资金以贷款或入股的方式投向房地产业以获取收益，并将收益支付给受益人的行为。从财产信托的角度出发，房地产信托则指房地产物业的所有人作为委托人将其所有的物业委托给专门的信托机构经营管理，由信托机构将信托收益交付给受益人的行为。基于房地产投资的这些方式，房地产投资的优缺点可分析如下：

1. 优点

（1）可观的收益率。投资房地产的收益主要来源于持有期的租金收入和买卖差价。一般来说，投资房地产的平均收益率要高于银行存款和债券，并仅次于投资股票的收益率。对于像我国这样一个人口众多，并且正处于工业化、城市化转型期的国家来说，城市房地产的增值潜力更大。我国的城市化率正逐年提高，庞大的市场潜力意味着现有城市规模的扩张，这必然伴随着城市边缘地价的升值以及城市现有土地或住房价格的升值。

（2）财务杠杆效应。财务杠杆效应用通俗的话来说就是利用别人的钱为自己赚钱。试想一种简单的情况，如果一处房产其价值为100万元，年租金收益率10%，而如果你完全从银行取得贷款来投资，且贷款利息只有5%，房屋年折旧2%，粗略估计你就可以不用任何花费便每年净赚3万元，此即是财务杠杆的道理。实际上，即使你以所投资的房地产为抵押，出于贷款安全性考虑，银行也不会为你提供100%的贷款，但在通常情况下由于房地产价值的相对稳定性，银行愿意提供所购房屋价值60%～80%的贷款。在上面的例子中，如果银行提供80%的贷款，那么你得投资自有资金20万元，贷款利息负担减少了1万元，投资20万元的年收益就为租金收益10万元减去利息费用和折旧费用的总和6万元，年收益率为20%。如果全部由自有资金投资，年收益率就将下降为8%。

从资金回报率的角度来看：

自有资金回报率＝资产回报率＋（资产回报率－债务利息率）×负债权益比率

如果资产回报率高于债务利息率，那么负债权益比率（即杠杆率）越高，自有资金回报率也越高。因此，房地产价值的相对稳定使得银行愿意对房地产投资进行较高杠杆的融资，从而为房地产投资取得较高回报创造有利条件。

（3）所得税优势。能够得到所得税抵免是房地产投资的另一优势。尽管各国税法不同，从房产投资中所得到的税收好处也不同，但其基本原理大同小异。一般来说，在大多数国家，购房贷款的利息、房屋的折旧都可以抵减应税所得，这样利用银行贷款买房就比租房更合算。如果租房，只需交纳租金；如果买房，需要付息还本。在一个均衡的市场上，房屋的租金一般要弥补占用资金的利息成本和房屋本身的折旧费用，如果将折旧看成还本，那么买房与租房的实际每年支出可能相差不多。但是房租是在税后支付的，而贷款买房，还本付息的金额是在税前支付的，这就是贷款买房的避税优势。

自有资金购房，就没有利息支出，而只能得到折旧这一部分的避税优势。如果所购房屋在以后出售，那么折旧的提取就降低了账面成本，从而增加了卖出时的资本利得。在需要对资本利得纳税的国家中，以前通过提取折旧规避的税收在卖出时又需要补上，从而使得折旧这种税收规避优势不那么明显。但是延迟纳税的好处也不可忽视。

根据《中华人民共和国个人所得税法》，纳税人在购买首套住房并使用商业银行或住房公积金贷款时，可以享受住房贷款利息的专项附加扣除。这意味着纳税人在计算应纳税所得额时，可以从其收入中扣除一定比例的住房贷款利息。目前，住房贷款利息的专项附加扣除标准为每月1 000元人民币，最长扣除期限为20年。这意味着每年可以扣除12 000元人民币的住房贷款利息。

事实上，许多国家之所以对住房投资实行优惠的税收制度，是基于"有恒产者有恒心"这样一个道理。有着高比例私人所有的房地产的国家，将更稳定，并且公民会更遵纪守法。另外，立法者通常会受到拥有话语权的比较富裕的阶层的影响，从而倾向于对房产投资实行优惠政策。

（4）对抗通货膨胀。银行存款、债券的价值往往会受到通货膨胀的影响，而实物投资或者对实际财富享有所有权的投资，如房地产、股票，往往能够抵消通货膨胀造成的实际财富的损失。对我国的投资者来说，由于股票市场存在一些制度性缺陷，投资价值不强，房地产投资无疑成为一种更好的对抗通货膨胀的手段。

在通货膨胀时期，一方面，建材价格、工资的上涨使得新建住房的成本大幅上升，从而使得住房价格上涨。另一方面，通货膨胀使得各项消费成本上升，租房费用即租金也会随之上涨。通过后面的房地产估价不难看出，不管是采用哪种估价方法，房地产价格都会上涨。

另外，通货膨胀会带来有利于借款者的财富分配效应。在固定利率贷款的房地产投资中，通货膨胀在房地产价格和租金上升时，贷款本金和利息是固定的，因此投资者会发现其债务负担和付息压力实际上大大减轻，个人净资产也相应增加。

2. 劣点

（1）缺乏流动性。一般来说，房地产不是标准化产品，而且房地产交易市场并不像金融市场那么发达，因此房地产投资的流动性相对要低一些。买卖房地产很费时，并且房地产不可能在任意的时间里很容易地按市场价格或者接近市场的价格出售。此外，购买和销售的费用也很高，一般来说完成一次交易，交易各方需要承担2%～3%的税费。对于以自有资金投资的房地产，在需要流动性的时候也可向银行抵押贷款，但成本也不小，并且房地产价值评估以及银行发放贷款都需要时间。

（2）需要大笔首期投资。在房地产投资中，通常都需要有一大笔首期投资额。例如，购买一处价值100万元的住房，投资者一般得支付20%～30%的首期投资，一开始就需要20万～30万元。

（3）房地产周期与杠杆带来的不利影响。房地产市场也呈现明显的周期性特征。在房地产市场周期中的衰退期，当房地产的价格（和租金）下降时，对投资者非常有利的财务杠杆就变得对投资者非常不利了。在前面的例子中，一旦租金收益率低于7%，那么投资者的现金流将变成负数，原本有利的财务杠杆变成了债务包袱，并且此时杠杆越高越不利。

（4）高风险。房地产被许多人认为是一种本质上风险很高的投资形式。它的地理位置和固有特征一般是难以改变的。首先，当一些不利的变化发生时，房地产的市场价格和租金都会大幅下降。比如，当城市区划改变，某地区的大公司突然搬迁，或者附近新建的楼宇相继落成等。其次，在经济衰退时期，房地产价值的下跌速度与其他权益投资的下跌速度一样，有时甚至会更快，此时房地产投资可能就不如持有名义资产，比如存款或者债券划算。与此同时，在对抗通货膨胀时的优势——作为债务人的财务分配效应，此时也变成了劣势。

二、购房和租房决策

购房不像子女教育与退休那样具有不可替代性。对买不起房子的人而言，租房也是不错的选择。购房与租房的居住效用相近，差别在于购房者有产权，因而有使用期间的自主权，而租房者有时会面临房东要求搬家的窘境。

购房和租房何者更加划算，涉及拥有自己房产的心理效用与对未来房价的预期。因购房者可期待房地产增值的利益，而租房者只能期待房东不要随时调涨房租。因此同一个标的物可租可售时，不同的人可能在租购之间做出不同的选择。购房和租房应如何抉择，可以用年成本法与净现值法来计算。

（一）年成本法

购房者的使用成本是首付款的占用造成的机会成本，以及房屋贷款利息，而租房者的使用成本是房租。购房（或租房）者在进行决策时就会比较购房和租房成本的大小，选择成本小的方案。

例3.2　王先生看上了一处80平方米的房产，房产开发商可租可售。若是租的话，房租每月3 000元，押金3个月。购买的话总价80万元，首付30万元，利率6%的房屋抵押贷款。请分析王先生租房与购房的成本（假设押金与首付款的机会成本是一年的存款利率3%）。

答：租房年成本：$3\,000 \times 12 + 3\,000 \times 3 \times 3\% = 36\,270$（元）

购房年成本：$300\,000 \times 3\% + 500\,000 \times 6\% = 39\,000$（元）

看起来租房比购房年成本低2 730元，或每月低227.5元，租房比较划算。

不过还要考虑以下因素：

（1）房租是否会每年调整。购房后成本固定，而且租与购的月成本只差227.5元，只有月租的7.6%。因此只要未来房租的调整幅度超过7.6%，则购房比租房划算。

（2）房价升值潜力。若房价未来看涨，那么即使目前算起来购房的年居住成本稍高，未来出售房屋的资本利得也足以弥补居住期间的成本差异。以上例而言，租房年居住成本率＝3.6万元/80万元×100%＝4.5%，购房年居住成本率＝3.9万元/80万元×100%＝4.875%，差距只有0.375%。若计划住5年，0.375%×5＝1.875%，只要房价可能在5年内涨2%以上，购房仍然比较划算。如果房价不断探底，大家都预期房价会进一步下跌而宁可租房不愿购房，则租房居住成本高于购房的情况也有可能发生。因此租房与购房究竟何者划算，当事人对未来房价涨跌的主观判断仍是决定因素。

（3）利率的高低。利率越低，购房的年成本越低，购房就会越划算。如果预期房贷利率进一步降低，而房租保持不变，则租房与购房的居住成本的差异会逐渐降低，可以考虑通过购房满足居住需求。

（二）净现值法

净现值法是考虑在一个固定的居住期间内，将租房和购房的现金流量还原为现值，比较两者的现值，支付的净现金流越小越好。

例3.3　章女士看中一处房产。若是租的话，房租每年租金30万元。章女士确定要在该处住满5年。购的话总价800万元。假设5年后售房所得为1 000万元。以存款利率6%为机会成本的计算依据。请分析章女士是租房划算还是购房划算。

答：（1）租房的净现金流现值为－126.37万元。

由于房租每年租金30万元，章女士租房5年，以存款利率6%为机会成本的计算依据，所以按照净现值法有关计算可得出租房净现金流现值为：

$P＝$年金30万元×标准年金现值系数$（n＝5，i＝6\%）$

　　$＝30×（P/A，6\%，5）$

　　$＝30×4.212\,4$

　　$＝126.37（$万元$）$

（2）购房净现金流现值为－52.74万元。

购房净现金流现值应该等于5年后售房净所得的现值减去购房现值，而5年后售房净所得的现值为：

$P＝5$年后售房所得1 000万元×标准复利现值系数$（n＝5，i＝6\%）$

　　$＝1\,000×（P/F，6\%，5）$

　　$＝1\,000×0.747\,26$

$$= 747.26（万元）$$

购房净现金流现值＝5 年后售房净所得的现值—购房现值

$$= 747.26 - 800$$

$$= -52.74（万元）$$

购房净现金流现值远远小于租房的净现金流现值，因此购房比租房划算。

若 5 年后房价与目前房价相当，此时的购房或租房决策主要取决于当事人对 5 年后房价涨幅的主观看法。

净现值法考虑居住年数，值得参考的决策标准是，如果不打算在同一个地方住 3 年以上，最好还是以租代购。因为无论 3 年内房租再怎么调涨，仍会低于房贷利息的负担，若购房后又装修且只住 3 年，折旧成本太高，而期待房价不断飙升是相当不切实际的。此外，若每次没住多久就换房的话，房屋的交易成本，如共同维护基金、契税、律师费、保险费等合计起来也有房价的 3% 以上，再加上自用住宅会比租用的住宅舍得装修，除非房价在 3 年内大幅上涨，否则计入中介及装修等费用后的净现值流出应该比房租高。一个简单的法则是，一个地方住得越久，用净现值法计算的购房比租房划算的机会越大。

三、出租房和出售房决策

闲置房屋是出租还是出售要视房屋的新旧、地段的好坏、房地产政策等综合因素而定，也就是要综合考虑房地产的价格。影响房地产价格的因素很多，具体可归为以下四个主要方面：其一，自然因素。主要是指房地产所处的位置、地质、地势、气候条件和环境质量等因素。需要说明的是，房地产中的地段概念，不仅指其自然地理位置，而更多的是指房地产的经济地理位置、环境地理位置和文化地理位置。交通状况和所在地的基础设施建设也是影响房地产价格的重要因素。其二，经济因素。主要有供求状况、物价水平、利率水平、居民收入和消费水平。由于利率水平是资金的使用成本的反映，利率上升不仅带来开发成本的提高，也将提高房地产投资者的机会成本，因此会降低房地产的社会需求，导致房地产价格的下降。但是，房地产价格受多种因素的影响，在市场投机状况严重或利率水平过低的情况下，利率的上升并不必然导致房地产价格的下降。其三，行政因素。指影响房地产价格的制度、政策、法规等方面的因素，包括土地制度、住房制度、城市规划、税收政策与市政管理等方面。其四，社会因素。社会因素主要有社会治安状况、居民法律意识、人口因素、风俗因素、投机状况和社会偏好等方面。此外，房地产价格还受房屋质量、开发商实力、物业管理状况和采光度等因素的影响。

对于出租房还是出售房决策，投资者要全面了解以上的宏观因素和微观因素。特别应当注意的是房地产政策风险。当经济过热，政府采取紧缩的宏观经济政策时，房地产业通常会步入下降周期，房地产价格降低，房产有损失的风险。

其计算同以上购房和租房决策中的年成本法和净现值法，这里不再赘述。

财 商小课堂

买房与租房决策时的感性和理性

人类在做决策时，感性和理性哪一个更有效呢？人是从动物进化而来的，因此最先具有动物的本能——感性。例如，看见食物就会有食欲等，这些本能的反应不需要进行逻辑推理就可以做出选择，它们具有基础性作用。如何从自然界中发现规律性的东西，这就需要运用理性的归纳和演绎，例如，太阳每天都从东边升起，并不是你一出生就懂得的规律。人们在决定的时候，一般都不会只用感性，或者只用理性，常常是两者纠缠在一起。比如人们在做买房与租房决策时，会从生活环境、居住安全、经济承受能力、家庭生活偏好等方面考虑。我们首先来看买房的优势和劣势。其优势：①属于自己的房子，有归属感；②可以随心装修，打造自己想要的风格；③后续可出租也可转让，属于保值资产。其劣势：①维护成本；②每月还贷；③如后续出租，需花费时间和费用寻找租客。其次是租房的优势和劣势。其优势：①方便、灵活；②省出房贷，提高生活质量；③不必有房价涨跌所带来的担忧。其劣势：①相对缺少归属感，不敢随意变动家具设施；②可能会面临房东涨租、催租、毁约等问题。

总的来说，租房是消费行为，消费时感性的因素对消费行为会影响更大；而买房则偏重投资属性，决策时理性因素更多。在个人层面上，不管买房还是租房，避免不了感性因素影响我们决策。我们应该感性与理性结合，在考虑个人偏好的情况下要结合个人的经济能力、工作性质、生活习惯和性价比等来决定买房还是租房。

四、购房规划和购房筹资规划

购房是人生之大事，必须对此进行周密的规划，以确定个人或家庭负担得起的房屋单价、总价和区位。

（一）购房规划

1. 购房规划的基本步骤

购房规划的基本步骤如图 3-5 所示。

图 3-5　购房规划的基本步骤

首先，评估自家财产，确定购房面积。为避免"买房增加生活负担"这一风险，购房前，先对自家的财产做周密、细致的评估，根据自己的经济能力找出相应的地段和楼盘。这要比找完房子再算价钱明智得多。

其次，要根据自家财产和还款能力确定购房的总价和单价。确定购房的总价主要看购房者可负担的首付款以及可负担的房贷总额的能力，确定购房的单价主要看购房者对房屋的区位、结构等的选择。

最后，购房后的家庭收支状况，在计算家庭收入时应侧重固定可靠的来源，如工资、银行存款利息、债券利息等；家庭支出包括月供、物业管理费、正常生活开支、娱乐教育费用等。据专业理财人士测算，如果购房还贷支出只占到家庭总收入的 30% 以下，应该是安全的。需要看月还贷支出占家庭月总收入比例。大部分买房人都是贷款买房。如果家庭月收入 5 000 元，每月的房款月供应该不超出 1 500 元。但如果收入预期增长前景比较看好，也可以适当提高比例。

2. 购房规划的基本方法

（1）以储蓄及缴息能力估算负担得起的房屋总价。

① 可负担的首付款＝目前年收入 × 收入中负担首付和房贷的比率上限（或称为储蓄率上限）× 年金终值系数（n＝离购房年数，r＝投资报酬率或市场利率）＋目前净资产 × 复利终值系数（n＝离购房年数，r＝投资报酬率或市场利率）

② 可负担的房贷总额＝目前年收入 × 复利终值系数（n＝离购房年数，r＝预计的收入增长率）× 收入中负担首付和房贷的比率上限 × 年金现值系数（n＝贷款年限，i＝房贷利率）

③ 可负担的房屋总价＝可负担的首付款＋可负担的房贷总额。

例 3.4　王先生目前在一中小城市工作，家庭年收入为 10 万元，预计的收入增长率 3%。目前资产 15 万元，40% 为储蓄首付款与负担房贷的上限，打算 5 年后购房，投资报酬率 10%，贷款年限 20 年，利率以 6% 计算。王先生一家的净资产中负担首付的比率上限为 40%。届时可以负担的房价为多少？

答：首付款部分＝10 万元 ×40%× 年金终值系数 6.105 ＋ 15 万元 × 复利终值系数 1.611 ＝ 48.6 万元，贷款部分＝（10 万元 × 复利终值系数 1.159×40%）× 年金现值系数 11.4699 ＝ 53.2 万元，因此，届时可负担的房

价＝首付款部分 48.6 万元＋贷款 53.2 万元＝ 101.8 万元

（2）可负担房屋单价公式。

可负担房屋单价 = 可负担房屋总价 / 需求平方米数

应买多少平方米的房子，取决于家庭人口数及空间舒适度的要求。若 5 年以后才要买房子，则以届时需同住的家庭人口数计算所需平方米数。三室两厅是最普遍的格局。若除基本的卧室、厨卫之外，还要加上具有功能性的书房或家庭影院，则所需面积数更大。家庭成员平均每人若有 50～80 平方米的空间，就可以享受宽敞舒适的家居生活。以三口之家的王先生为例，宽敞舒适的住家标准是四室两厅，以 150 平方米规划。

可负担购房单价计算如下：101.8 万元 /150 平方米 = 6 786.67 元 / 平方米。

（3）购房环境需求——区位决定单价。房价取决于两个因素：一是区位，二是面积。区位的生活机能越强，单价越高，房子越大，总价越高。房子面积的大小主要决定于居住成员的数目，需要多少房间才够用，可伸缩的弹性较小。但不同区位的单价差距甚大，因此需考虑总负担能力，在可接受的居住平方米数下，选择住得起的地区。环境需求要考虑的重点，包括所居住社区的生活品质、离上班地点或子女就学地点远近，以及学区考虑（否则子女读书会有额外的支出）等。区位是决定房价最重要的因素，应考虑负担能力，在交通所需油料、时间成本与房价的差异所产生的利息成本之间比较选择。购房需求规划模拟试算表如表 3-1 所示。

表 3-1　购房需求规划模拟试算表

项目	代号	说明	举例
家庭人数	A	需同住人数	3 人
每人所需平方米数	B	以 50～80 平方米假设	50 平方米
届时拟购房平方米数	C	$A \times B$	150 平方米
目前年收入	D	含年终奖金	10 万元
负担首付和房贷的储蓄率上限	E	以 20%～50% 假设	40%
现有的整笔投资额	F	首付款投资准备金	15 万元
投资报酬率假设	G	以 3%～10% 假设	10%
拟多少年后购房	H	以多少年后可迁入计算	5 年
复利终值系数	I	$(F/P, i, n)$ $(i = G, n = H)$	1.611

续表

项目	代号	说明	举例
年金终值系数	J	$(F/A，I，n)$ $(n = H，i = G)$	6.11
可筹备首付款	K	$F×I＋D×E×J$	48.6 万元
预计的收入成长率	L	以 2%～5% 假设	3%
购房当年收入累积数	M	$D×(F/P，i，n)$ $(i = G，n = H)$	11.59 万元
年收入中可负担本利摊还额的上限	N	$M×E$	46 400 元
拟本利摊还年数	O	最少 5 年，最长 30 年	20 年
房贷利率	P	5%～8%	6%
年金现值系数	Q	$(P/A，I，n)$ $(i = P，n = O)$	11.47
可负担房贷总额	R	$N×Q$	53.2 万元
可负担购房总价	S	$K＋R$	101.8 万元
可负担购房单价	T	$S÷C$	6 800 元
可选择购房区位	U	依各区位行情	本市中心城区以外
房贷占总价乘数	V	$R÷S$，应小于银行规定的最高贷款比例 80%	

学习活动

讨论中低收入家庭如何买房。

银行贷款：

1. 住房公积金贷款

2. 个人住房商业性贷款

3. 个人住房组合贷款

利用政策选择低价房：

1. 安居房

_____

2. 平价房

_____

3. 经济适用房

_____

（二）购房筹资规划

对多数人来说，买房的花销太大。很少有人可以一次性付清所有的购房款项，因此，个人或家庭的居住规划中重要问题之一就是关于购房筹资的规划。

1. 关于抵押的概念和术语

抵押融资是一种传统的借钱买房的方式。然而，许多人连抵押贷款合同上的基本术语都不是很清楚。他们只知道住房抵押是一种每月要偿还相同金额的固定资产贷款，其月还款额会根据利率的变化而增加或减少，但并不十分清楚它是怎么计算出来的。绝大多数人还知道他们要连续 15～30 年每月向贷款人或机构还款，之后才可以完完全全拥有他们的房子。在这期间，一旦中断每月还款，他们就有可能失去自己的房子。这些描述基本上是正确的，但却不是抵押的准确含义。

抵押（Mortgage）被定义为一种以还贷为前提条件的、从借款人到贷款人的对资产权利的转移，该权利是对由借款人享有赎回权（Right of Redemption）的债务偿还的保证。也就是说，当个人或家庭以抵押贷款方式购得住房时，房屋的产权实际已经转移给贷款银行，个人或家庭只能在贷款债务全部还清后才能重新获得对该房产的产权。这种从贷方重新获得产权的权利叫作担保赎回权（Equity of Redemption）。因此，抵押实质上并不是一种贷款，而是一种对贷款的担保形式。

因此，除非购房者可以一次付清全部购房款项，否则一个通过抵押融资购房的个人或家庭在拥有了一座新房子以后，并不会立即拥有房屋的产权。事实上房子的产权归抵押贷款银行所有，购房者拥有的只是对房屋占有和使用以及未来赎回产权的权利。

抵押交易的双方分别被叫作抵押人（Mortgager）和抵押权人（Mortgagee）。抵押人是提供保证以获得贷款的人，也就是购房者。抵押人得到贷款，占有房产（注意：占有权只是法律上定义的完整的所有权中的一部分）。抵押权人就是借钱给抵押人，并获得房产的产权直到贷款被完全清偿为止的贷款人。

2. 住房抵押贷款的偿还

（1）偿还方式。住房抵押贷款的偿还方式一般有以下三种：

① 满期偿还，是指借款者在贷款期满时一次性偿还贷款的本金和利息。

② 分期偿还，是指借款者在贷款期内，按一定的时间间隔，分期偿还贷款的本金和利息。

③ 偿债基金，是指借款者每期向贷款者支付贷款利息，并且按期另存一笔款项，建立一个基金，在贷款期满时这一基金恰好等于贷款本金，一次性偿还给贷款者。

偿债基金十分简单，可以根据贷款额、贷款利率以及贷款期限，利用公式 $A(1+i)^n$ 计算，式中 A 为贷款本金，i 为贷款月利率，n 为贷款月数。通过建立偿债基金到期一次性偿还本金，分期偿还利息的还款方式，由于在我国各大银行提供的各种个人住房抵押贷款产品中还不常见，也不在此专门介绍。这里主要介绍贷款分期偿还计划中遇到的常见精算问题。即每期贷款偿还金额的计算，贷款偿还一段时间以后如何计算贷款余额的问题，每次平均摊还本利这种还款方式中如何划分本金和利息的问题，以及借款期间银行贷款利率发生变化后如何计算新的摊还额的问题。

（2）每期偿还金额。对于每期贷款偿还金额的计算，视偿还方式而定。由于将在下一部分"目前我国（自用）住房贷款的主要种类、操作方式及规划"中根据我国的具体情况进行详细介绍，故在此我们暂时略去。请结合"目前我国（自用）住房贷款的主要种类、操作方式及规划"中的案例进行理解。

（3）贷款余额。按贷款利率计算的分期偿还款项的现值就是贷款额。这个贷款额也可以称为时刻 0 的贷款余额，其实就是贷款的本金。在实务中，很有必要了解除 0 时点之外各个时刻上的贷款余额。如果借款人在某一个时点决定提前还款，不论是一次性提前偿还所有的剩余本息，还是缩短原定的平均摊还期，增加每次摊还的金额，都需要计算这个时点上的贷款余额。因为，这个贷款余额就是一次性提前偿还所有的剩余本息的额度（如果银行不加征提前还款的罚息的话）。另外，这个贷款余额也是今后计算增加了的平均摊还额的依据。如果在还款期利率发生变化，那么这个贷款余额也是计算今后新的平均摊还额的依据。这一点稍后还要专门提到，请结合下一部分"目前我国（自用）住房贷款的主要种类、操作方式及规划"中的案例进行理解。

分期偿还债务的各期偿还款形成了一种年金形式。有关分期偿还的许多问题，都可以通过年金的形式进行分析。

例3.5　乔某通过某房产中介公司购买了一套商品房，并分三次付清了购房款。然而，近两年过去了，原房主仍未将这套房子的产权过户到乔某名下。乔某经多方打听，才知道原来原房主做生意亏了本，早已将房屋抵押给债主。除了上告法院，乔某还能有什么办法？

答：通过抵押房产获得贷款，这种融资手段并不鲜见。消费者购买这类房产后，往往因不能过户而产生纠纷。因此，购房前应明确房屋产权有无抵押，以免蒙受不必要的经济损失。但这类房产也并非绝对不能转让。因为根据我国有关法律规定，在设定了抵押权的房屋转让时，如果抵押人取得了抵押权人的书面同意并在转让协议上签字的，该转让协议有效。

3. 目前我国（自用）住房贷款的主要种类、操作方式及规划

（1）商业性个人住房贷款。

① 商业性个人住房贷款的概念。

商业性个人住房贷款，又称按揭，是银行用其信贷资金所发放的自营性贷款。具体指具有完全民事行为能力的自然人，购买本市城镇自住住房时，以其购买的产权住房（或者银行认可的其他担保方式）为抵押，作为偿还贷款的保证而向银行申请的住房商业性贷款。

目前我国所有的银行在为客户办理住房抵押贷款时，都要求贷款人必须购买商业保险。具体而言，贷款银行要求抵押人到其认可的保险公司办理抵押物财产保险及贷款信用保险，并明确贷款银行为保险的第一受益人，同时要求：保险期不得短于贷款期限；投保金额不得低于借款的全部本息额；保险费用由抵押人承担；抵押期间保单由贷款银行保管；在借款合同执行期间，抵押人不得以任何理由中断或撤销保险，否则贷款银行有权代为投保，保费由抵押人承担。

② 商业性个人住房贷款可选择的贷款方式。目前，商业性个人住房贷款有三种贷款担保方式可供借款人选择，这三种贷款担保方式为住房抵押贷款担保、权利质押贷款担保和第三方保证贷款担保。借款人可以根据自己情况选择其中一种。

A. 住房抵押贷款担保。以住房抵押作贷款担保，贷款银行可接受的抵押物有所购买的住房、自己已经拥有（有产权）的住房。如果借款人以所购住房作抵押，按贷款银行的规定，则不需要对抵押物进行评估，对借款人来说，可以节省一笔评估费用；如果以自己已经拥有产权的住房作抵押，该抵押物则需要经过银行指定的评估机构进行评估，抵押人需要支付一笔评估费用，目前评估费用是按照政府规定的房地产评估收费标准收取的。以住房作贷款担保，借贷双方要按有关法律法规到房地产管理机关办理抵押物登记手续，抵押登记费用由借款人承担。借款人选择抵押作贷款担保方式，还需按规定到贷款银行认可的保险公司购买抵押物财产保险和贷款保证保险，并明确贷款银行为本保险的第一受益人。保险期不短于贷款期，保险金额不低于贷款的全部本息，抵押期间保险单由贷款银行保管，保险费用由借款人承担。采取抵押担保方式，借款人要支付抵押登记费用、保险费用和抵押物评估费用。如果借款人经济条件较为富足，这种方式是较理想的选择，也是银行最愿意接受的贷款担保方式。

B. 权利质押贷款担保。以权利质押作贷款担保，银行可接受的质押物是

特定的有价证券和存单，有价证券包括国库券、金融债券和银行认可的企业债券，存单只接受人民币定期储蓄存单。借款人申请质押担保贷款，质押权利凭证所载金额必须超过贷款额度，即质押权利凭证所载金额要至少大于贷款额度的10%。各种债券要通过银行鉴定，证明真实有效，方可用于质押，人民币定期储蓄存单要有开户银行的鉴定证明及免挂失证明，借款人在与银行签订贷款质押合同的同时，要将有价证券、存单等质押物交由贷款银行保管，并由贷款银行承担保管责任。如果借款人要求进行公证，双方可以到公证机关办理公证手续，公证费用由借款人承担。选择质押贷款担保方式，要求居民家庭有足额的金融资产，依靠这些金融资产完全可以满足购房消费的需要，只是购房时难于变现或因变现会带来一定损失而不想变现。因此，采取质押方式只有少数人才能做到。

C. 第三方保证贷款担保。以第三方保证作贷款担保，此种方式需要借款人提供贷款银行认可的保证人，按照贷款银行的规定，保证人必须为企业法人，为借款人提供贷款保证为不可撤销的连带责任保证。借款人选择这种担保方式，首先要了解银行认可的第三方法人保证人需具备的条件。从银行的有关贷款规定来看，借款人要提供第三方法人的营业执照复印件；第三方法人能独立核算，自负盈亏；有健全的管理机构和财务管理制度，有相当于 AA 级以上的企业信用等级；在中国建设银行开有存款户；无重大债权债务纠纷等。若第三方法人不符合这些条件或不符合其中任何一条，都不能通过贷款银行的审查。虽然资信好的非公益事业单位法人按规定也可以为本单位职工提供贷款担保，但需要贷款银行认可才行。选择第三方保证作贷款担保有一定难度，首先第三方法人是否愿意做这种承担连带责任的保证人；其次，第三方法人做承担连带责任的保证人的资格是否会被银行认可。因此，对大多数购房借款人来说，这种方式不易成功。当然，产权单位按照房改政策出售公有住房，愿为职工提供贷款担保除外，不过，这里仍存在银行对担保资格审查的问题。

③ 贷款条件。目前我国商业性个人住房贷款对象为具有完全民事行为能力的中国自然人。他必须符合以下的贷款条件：

A. 有当地常住户口或有效居留身份（身份证、户口簿、军人证件、暂住证等）。

B. 有稳定的职业和收入。

C. 信用良好，有按期偿还贷款本息的能力。

D. 有贷款人认可的资产作为抵押或质押；或借款人不能足额提供抵押（质押）时，有贷款人认可并符合规定条件，具有足够代偿能力的单位或个人作为偿还贷款本息并承担连带责任的保证人。

E. 有购买住房的合同或协议或有关批准文件。

F. 所购住房价格基本符合贷款人或其指定的房地产估价机构评估价值。

G. 不享受购房补贴的，以不低于所购住房全部价款的15%～40%的存款或现金作为购房首期付款；享受购房补贴的，以个人承担部分的15%～40%的存款或现金作为购房首期付款。

H. 贷款行规定的其他条件。

I. 以上条款借款人需同时具备，且借款人应保证所提供文件的真实性、合法性。如因借款人的原因造成贷款人的损失，借款人应负赔偿责任。

④ 贷款期限。一般从15年至30年不等，各家银行的规定有所不同。

⑤ 还款方式。

A. 一次性还本付息。根据各银行的规定，贷款期限在1年之内（含1年）的，还款方式采取一次性还本付息，即一次还清期初的贷款本金加上整个贷款期内的利息的总额。计算公式为：

到期一次还本付息额＝贷款本金×［1+年利率（%）］（如贷款期为1年）

到期一次还本付息额＝贷款本金×［1+月利率（‰）×贷款期（月）］（如贷款期不到1年）

式中，月利率＝年（名义）利率/12。

例3.6　假设王先生的商业性个人住房贷款总额为1万元，贷款利率为4.14%，贷款期为7个月，则到期一次还本付息额是多少？

答：10 000×［1+（4.14%/12）×7］=10 241.5（元）

B. 等额本金还款法。等额本金还款法是一种计算非常简便、实用性很强的还款方式。基本算法原理是在还款期内按期等额归还贷款本金，并同时还清当期未归还的本金所产生的利息。方式可以是按月还款和按季还款。由于银行结息惯例的要求，很多银行都采用按季还款的方式。其计算公式如下：

每季还款额＝贷款本金/贷款期季数+（本金—已归还本金累计额）×季利率

例3.7　假设王先生的商业性个人住房贷款总额为20万元，贷款期为10年，如采取季等额本金还款法，假设年名义利率为5.58%，请试算每个季度的还款额。

答：每季等额归还本金：200 000/（10×4）=5 000（元）

第1个季度利息：200 000×（5.58%/4）=2 790（元）

则第1个季度还款额为：5 000+2 790=7 790（元）

第2个季度利息：（200 000－5 000×1）×（5.58%/4）=2 720.25（元）

则第2个季度还款额为：5 000+2 720.25=7 720.25（元）

……

第40个季度利息：（200 000－5 000×39）×（5.58%/4）=69.75（元）

则第 40 个季度（最后一期）的还款额为 5 000+69.75=5 069.75 元

由此可见，随着本金的不断归还，后期未归还的本金的利息也就越来越少，每个季度的还款额也就逐渐减少。这种方式较适合于已经有一定的积蓄（因为一开始还款额度较高），但预期收入可能逐渐减少的借款人，如中老年职工家庭。其现有一定的积蓄，但今后随着退休临近收入将递减。该方式已被各银行相继采用。

C. 等额本息还款法。个人购房抵押贷款期限一般都在 1 年以上，除了等额本金还款法以外，最主要的还款方式是等额本息还款法，即从使用贷款的第二个月起，每月以相等的额度平均摊还贷款的本金和利息。其计算公式如下：

$$每月等额还款额 = 贷款本金 \times \frac{月利率 \times （1+月利率）^{还款期数}}{（1+月利率）^{还款期数}-1}$$

式中，还款期数 = 贷款年限 × 12。

例 3.8　假设王先生的商业性个人住房贷款总额为 20 万元，贷款期为 15 年，如采取等额本息还款法，假设年名义利率 i=5.58%，请试算他每个月的还款额。

答：月利率为 5.58%/12=0.465%，还款期数为 15 × 12=180。

$$每月等额还本付息额 =200\ 000 \times \frac{0.465\% \times (1+0.465\%)^{180}}{(1+0.465\%)^{180}-1} =1\ 642.66（元）$$

即王先生每月向银行还款 1 642.66 元，15 年后，20 万元的借款本息就全部还清。

例 3.8 可以使用 Excel 中的 *PMT* 函数计算，如图 3-6 所示。

PMT（*rate*, *nper*, *pv*, *fv*, *type*）

基于固定利率及等额分期付款方式，返回贷款的每期付款额。

B4		Q *fx*	=PMT(5.58%/12,180,20)		
	A	B	C	D	E
1	PV	20			
2	i	5.58%/12			
3	n	180			
4	PMT	￥-0.1643			

图 3-6　每月还款额的计算

⑥ 还款期内银行利率调整对还款额的影响。根据中国人民银行的规定，贷款期间如遇国家调整利率，贷款期限在 1 年以内（含 1 年）的，实行合同利率，不分段计息；对于 1 年期以上贷款，于下一年年初开始，按相应期限档次利率进行调整。调整的计算原则是按原利率计算出利率变动点的现值，即未归还的贷款余额，再以调整后的利率重新计算月还款额。

⑦　申请商业性个人住房贷款的相关费用。

A. 律师费。一般为申请贷款额的 0.3%，由律师事务所收取。

B. 保险费。保险费 = 房价总额 × 费用系数 × 贷款年限，申请人一次交清，由保险公司收取。

C. 印花税。为申请贷款额的 0.05%，由国家税务总局收取。

D. 银行开户费。人民币 10 元，由银行收取。

例 3.9　有一对夫妇想通过贷款方式买一套房子，让自己住得更好一些。可后来一打听才知道，原来贷款也要看清楚类别：一种叫商业贷款，一种叫公积金贷款。丈夫坚持用商业贷款。但是妻子认为用公积金贷款比用商业贷款少交好多钱呢。

答：贷款 10 万元，还贷 10 年，商业性贷款年利率是 4.9%，等额本息的情况下，其支付的利息是 26 692.87 元，月均还款 1 055.77 元；而公积金贷款的年利率是 3.25%，同样等额本息下，其支付的利息是 17 262.83 元，月均还款 977.19 元。即住房公积金贷款的利息比商业性贷款的利息要少 9 430.04 元。并且，随着贷款数额的增大，贷款时间的延长，差距越来越大。

（2）住房公积金贷款。

① 住房公积金贷款的定义及特点。住房公积金制度是为解决职工家庭住房问题的一种政策性融资渠道。住房公积金由国家机关、事业单位、各种类型企业、社会团体和民办非企业单位及其在职职工各按职工工资的一定比例逐月缴存，归职工个人所有。住房公积金专户存储，专项用于职工购买、建造、大修自住住房，并可以向职工个人提供住房贷款，具有义务性、互助性和保障性特点。

个人住房公积金贷款为政策性住房公积金发放的委托贷款，指缴存住房公积金的本市职工，在本市城镇购买、建造、翻建、大修自住住房时，以其所拥有的产权住房为抵押物，作为偿还贷款的保证而向银行申请的住房公积金贷款。

与个人住房商业贷款相比，住房公积金贷款有以下显著的特点：

A. 住房公积金贷款利率比商业银行住房贷款利率低。

B. 对贷款对象有特殊要求，即要求贷款人是当地公积金系统公积金缴存人。

C. 对贷款人年龄的限制不如商业银行个人住房贷款那么严格，没有年龄上限的限制。

D. 贷款额度大于商业银行个人住房贷款。后者最高可以贷到房屋总价的 80%，而根据所购住房性质不同，住房公积金贷款可以贷到房屋总价的 90% 或 95%。

E. 对单笔贷款最高额度规定也有所不同。一般来说，商业银行住房贷款对单笔贷款最高额度没有严格规定，而公积金贷款额度相对较低，首套房北京最高贷款额为 120 万元，其他全国主要一、二线城市集中在 40 万～60 万元的范围内。

F. 贷款的担保方式不同，商业银行贷款一般是在房产证抵押登记前采用开发商阶段性连带责任保证担保方式，在抵押登记后采用抵押的担保方式。公积金贷款担保方式主要是当地住房贷款担保中心所提供的连带责任担保。

G. 所需要费用不同，商业银行住房贷款一般需要律师费用、保险费用，而住房公积金住房贷款一般需要担保费和评估费。

② 住房公积金贷款的贷款对象。住房公积金贷款的贷款对象是在本地购买自住住房，同时在当地住房资金管理中心系统缴存住房公积金的住房公积金缴存人和汇缴单位的离退休职工。

③ 住房公积金贷款的贷款条件。

A. 具有当地城镇常住户口或有效居留身份（如身份证、户口簿、军人证件、暂住证等）；

B. 具有稳定的职业和收入，有偿还贷款本息的能力；

C. 具有购买住房的合同或有关证明文件；

D. 提供住房资金管理中心同意的担保方式；

E. 符合住房资金管理中心规定的其他条件。

④ 贷款期限。与个人住房商业贷款相类似，一般从 15～30 年不等，各家银行规定有所不同。

⑤ 住房公积金贷款的还款方式。与个人住房商业贷款相类似，以一次性还本付息、等额本金还款法和等额本息还款法为主，等比累进还款法、等额累进还款法、增本减息法和宽限期还款法用得较少。

例 3.10　李女士夫妇算是比较富裕的，收入也很稳定，但却在选择购房、处置现有房产的问题上犯了难。针对李女士夫妇所面临的处境，理财师给出了专业的建议，助其实现理财目标。

李女士，40 岁，公务员，年收入 3.6 万元。丈夫金先生从事玉器生意，年收入 14.4 万元。夫妇二人现有价值 30 万元住房一套，并在小城镇郊区投资了一套分期付款的别墅，已投入资金 27 万元。目前，二人拥有的流动资产为存款 60 万元，家庭的总资产为 114 万元。通信、交通等家庭日常生活支出 4.4 万元，占总支出的 82.76%；旅游支出 1 万元，占 17.24%。李女士夫妇工作稳定，各种社会保障齐全，无任何负债。

答：首先，李女士家庭投资与净资产比率比较接近适宜水平，既可保持合适的增长率，又不至于面临过多的风险，但唯一的缺点是投资收益偏低，需要改进。

其次,李女士家庭净资产比率过高,可以适当进行良性负债,这样有助于提高家庭总资产额。此外,李女士家庭过高的流动性比率显然是不合理的,它是严重制约其家庭资产增长的主要因素,需要适当对其进行调整。

通过对李女士夫妇进行测试题测试后,某银行昆明分行的理财师发现,李女士追求稳定的收益,承受风险能力适中,属于稳健型投资人。金先生愿意承担较高风险,并希望积极累积财富,属于积极型投资人。根据李女士一家现有财产状况,结合李女士与金先生的风险偏好能力,在不降低李女士一家目前生活质量的前提下,理财师小杨提出调整李女士夫妇的资产配置来帮助李女士夫妇完成心愿。

其理财目标按优先级排列如下:继续投资别墅,改善住房情况,解决后续投资资金;方便孩子上学,市区内就近购房;处置现有房产。

理财建议:(1)李女士夫妇现在面临的最大问题就是改善住房。别墅投资还需继续,怎样解决后续投资资金?

李女士家庭现有流动资产60万元,单一考虑别墅投资是足以满足的。但是李女士家庭准备同时投资郊区的别墅和市区的住宅,这将导致该笔资金不足以应付两项大额支出,需要重新组合投资。根据金先生叙述,别墅投资总共需要60万元左右,李女士家庭完全可以使用现有资金来解决后续投资资金问题。由于现阶段暂时不需要使用该资金,可以进行短期投资。

(2)市区内的新房是否该购买,购买多大的房子比较好?

李女士打算购房之地地理位置比较优越,周围配套设施齐全,有完善的医疗资源、教育资源,是城市生活比较理想的地区。李女士家庭可以考虑将此处房屋作为一个长期居住的场所,毕竟如此理想地理位置的房屋未来升值空间很大。建议购买该地区住宅,根据李女士家庭收入及资产情况,最高可以考虑购买一套价值156万元左右的房产。考虑现有资金中一半要用于购买别墅,建议李女士家庭购买100万元左右的房产,这样既能满足首付,又不至于别墅投资资金不足。按照100万元房价计算,首付需要30万元,其余70万元需要通过贷款支付。从李女士家庭的结余比率(69.47%)、年结余金额(132 000元)以及李女士未来收入的增长来看,该笔贷款不会影响家庭日常生活。并且能够在5~8年内结清,届时女儿刚好要上大学,该笔贷款结清后不会影响女儿教育所需资金。

(3)现有房子该怎么处置?

李女士家庭老房子距离市中心较远,但该地区将是一个新兴发展区域,该区域房价未来可能上升。在搬出老房子后将该房出租,租金可抵扣部分贷款月供,等到价格合适时再将其卖出,出售所得可以用于提前还款,加快还款速度，减少利息支出。若资本市场情况良好，投资收益率大于房贷利率，出售后的房款也可作为资本市场投资资金。

理财方案：先将现有60万元分成三部分，分别作为家庭紧急存款、别墅的后续投资和市区新房的首付款。家庭紧急存款预计需要25 000元（3个月家庭日常开支加上10 000元左右的特殊准备金）；首付款由于使用时间不固定，可以以7天通知存款方式处理；别墅后续投资现阶段可以考虑根据李女士家庭的风险承受度进行组合投资。办理完首付后，李女士家庭需要办理贷款。根据现行贷款政策及国家利率，以70万元为例，李女士家庭月还款额应该控制在7 500元左右，建议采用11年的等额本息还款方式进行还款，另外每年多余的积蓄可分多次进行提前还款，加快本金的减少，节省利息支出。

调整后李女士一家的资产配置则为：新房产54%，老房产16%，其他流动性资产投资15%，别墅投资14%，存款1%，各项分配更加合理。

知 识巩固

（一）单选题

1. 消费购买决策的第一步是（　　）。

A. 选购商品   B. 评价购物方案

C. 购物前的准备   D. 购买后的活动

2. 消费者购买动机中，基于对享受物质需求的是（　　）。

A. 生存动机   B. 享受动机   C. 发展动机   D. 惠顾动机

3. 消费者在收集信息时，不是他们通常考虑来源的是（　　）。

A. 个人来源   B. 商业性来源   C. 公众来源   D. 政府规定

4. 不是影响消费者购买决策的意外情况因素的是（　　）。

A. 消费者家中突然有人生重病   B. 消费者突然失去工作

C. 消费者对商品的个人喜好   D. 消费者突然获得大笔遗产

5. 住房规划是消费规划中的（　　）部分。

A. 重点   B. 次要部分   C. 非必须部分   D. 附加部分

6. 房地产投资的优势不包括（　　）。

A. 可观的收益率   B. 财务杠杆效应   C. 所得税优势   D. 高流动性

7. 以下情况不是房地产投资的劣势的是（　　）。

A. 缺乏流动性   B. 需要大笔首期投资

C. 房地产周期与杠杆带来的不利影响   D. 低风险

8. 购房规划中，以下步骤错误的是（　　）。

A. 评估自家财产   B. 确定购房的总价和单价

C. 购房后家庭收支   D. 确定购房的地点和环境

9. 影响房价最重要的因素不包括（   ）。

A. 区位   B. 大小   C. 新旧程度   D. 供求状况

10. 以下偿还方式不适用于住房抵押贷款的是（   ）。

A. 偿债基金   B. 满期偿还   C. 分期偿还   D. 无条件偿还

（二）多选题

1. 组成消费购买决策的整个过程包括（   ）。

A. 购物前的准备   B. 评价购物方案

C. 选购商品   D. 购买后的活动

2. 消费者形成了购买某种商品的动机后，会通过增加对有关广告、谈话等的注意来搜集信息。一般来说，获得信息的来源有（   ）。

A. 经验来源   B. 商业性来源   C. 公众来源   D. 个人来源

3. 消费者所要收集的信息包括的内容有（   ）。

A. 恰当的评估标准

B. 已经存在的各种解决问题的方法

C. 各种解决问题的方法所具备的特征

D. 所购商品的新旧程度

4. 消费者购买动机是消费者购买商品的目的，包括（   ）等。

A. 生存动机   B. 享受动机   C. 发展动机   D. 惠顾动机

5. 理财规划师通常会建议客户尽可能采用住房公积金贷款买房以降低购房成本，个人住房公积金贷款是指银行根据公积金管理部门的委托，以（   ）为资金来源，按规定要求向购买普通住房的个人发放的贷款。

A. 储蓄存款   B. 央行存款   C. 公积金存款   D. 派生存款

6. 房地产投资的优势有（   ）。

A. 可观的收益率   B. 财务杠杆效应

C. 所得税优势   D. 对抗通货膨胀

7. 房地产投资的劣势有（   ）。

A. 缺乏流动性   B. 需要大笔首期投资

C. 房地产周期与杠杆带来的不利影响   D. 高风险

8. 购房规划的基本步骤包括（   ）。

A. 评估自家财产   B. 确定购房的总价和单价

C. 购房后家庭收支   D. 购房的感受

9. 影响房价最重要的两个因素是（   ）。

A. 区位   B. 大小   C. 新旧   D. 来源

10. 房屋的期初费用包括（　　　）。

A. 装修费用　　　　　　　　　　　　B. 搬家费用

C. 契税　　　　　　　　　　　　　　D. 办理住房抵押贷款时的律师费

11. 住房抵押贷款的偿还方式有（　　　）。

A. 偿债基金　　　B. 满期偿还　　　C. 分期偿还　　　D. 延期偿还

12. 目前，商业性住房贷款可选择的贷款方式包括（　　　）。

A. 住房抵押贷款担保　　　　　　　　B. 权利质押贷款担保

C. 第三方保证贷款担保　　　　　　　D. 无条件贷款

13. 在比较购房与租房方案时，理财规划师可以通过年成本法进行计算，帮助客户在购房与买房之间做出正确的决定，利用年成本法计算购房成本时需要考虑的因素有（　　　）。

A. 房租是否会每年调整　　　　　　　B. 房价涨升潜力

C. 利率的高低　　　　　　　　　　　D. 政府领导人的变动

E. 开发商未来的发展前景

（二）计算题

1. 在北京市繁华地段工作的李女士，看中一处房产。若是租的话，房租每年租金 40 万元。李女士打算要在该处住满 5 年。若是购的话，总价 700 万元，假设 5 年后售房所得为 1 000 万元。以存款利率 6% 为机会成本的计算依据。请运用所学知识为李女士进行租房或购房决策。

2. 假设上题中的李女士采用商业性个人住房贷款，总额 700 万元，贷款期为 8 个月，年利率 5.2%，则到期一次还本付息额是多少？

（三）思考题

1. 如何进行购房或租房的决策？

2. 如何根据自己的承担能力选择大小适合、区位最适合的住宅？

3. 怎么才能知道自己能够负担得起的房屋总价款及相应的首付款？

4. 计算贷款余额的主要意义是什么？

5. 什么是公积金贷款？如何在商业性购房贷款和公积金购房贷款之中进行选择？

专业能力训练

假设刘先生和他的家人计划在 5 年后购买一套价值 300 万元的房子。他们希望在购房时支付 30% 的首付款，即 90 万元。他们每年的家庭收入是 30 万元，他们每年可以结余 19 万元。他们希望能够在这个房子里居住 20 年，然后卖掉它，并到那时在农村老家购买一套更小的房子。请帮助刘先生和他的家人做购房规划方案。

（1）计算刘先生和他的家人在 5 年内需要存多少万元，以支付首付款，假设年投资收益率为 8%。

（2）计算刘先生和他的家人在 20 年内每年需要存多少万元，才能还清房屋贷款 210 万元本金及相应的利息（等额本息还款方式），贷款年利率 6%。

 **范案例**

李先生购房理财规划书

一、基本情况与假设

1. 李先生目前的财务状况如表 3-2、表 3-3 所示。

表 3-2　资产负债表

客户：李先生　　　　　　日期：20××年××月××日　　　　　　单位：元

资产		负债	
项目	金额	项目	金额
银行存款（流动基金）	30 000	房贷	0
股票	100 000	车贷	0
投资基金	70 000	信用卡	0
住房公积金	20 000	其他	0
其他	0		
合计	220 000	合计	0

表 3-3　收入支出表

客户：李先生　　　　　　日期：20××年××月××日　　　　　　单位：元

总收入		总支出	
项目	金额	项目	金额
工资资金	130 000	日常开支	80 000
经营收入	0	父母赡养费、子女教育	0
投资收入	22 248	房贷	0
其他	0	信用卡	0
		其他	0

续表

总收入		总支出	
项目	金额	项目	金额
年收入总计	152 248	年支出总计	0
		结余	72 248

2. 假设：

（1）李先生是风险规避者，属于稳健性投资者；

（2）封闭式基金的回报率为 9.05%；

（3）股票型基金的回报率为 12.75%；

（4）通货膨胀率为 4.33%；

（5）收入增长率为 4%；

（6）支出增长率为 4%；

（7）房贷利率为 6.9%。

二、李先生的购房目标

李先生希望两年内购买一套位于某市市郊，价值为 120 万元左右（包含装修费用），面积为 80～90 平方米的房子作为婚房，房子装修费用 10 万元。

三、李先生的投资规划

为了达到 2 年内完成购房的理财目标，建议李先生的投资对象可以由股票和基金改为基金和一个两年期的定期存款，股票的波动性较大，不利于接下来购房目标的实现。下面是为李先生量身打造的投资种类以及投资回报率的分析。

1. 基金回报率

由假设可算出，基金的回报率为 10.9%（见表 3-4）。

表 3-4　基金的回报率

项目	回报率
封闭式基金的回报率	9.05%
股票型基金的回报率	12.75%
基金的回报率	10.90%

2. 定期存款

办理一个两年期的定期存款，利率为 4.4%。

3. 资产配置

建议李先生把家庭资产中（除 3 万元流动资产）的 10 万元的股票卖出，然后将其一半投资在基金中，使得基金的投资达到 12 万元），然后剩下的一半即 5 万元做一个两年期的定期存款。

基金投资两年后的终值：

$$120\,000 \times（F/P，10.9\%，2）=147\,585.72（元）$$

定期存款两年后的终值：

$$50\,000 \times（1+4.4\% \times 2）=54\,400（元）$$

两年工资收入的结余再投资的终值：

$$50\,000 \times（F/A，10.9\%，2）=105\,450（元）$$

流动资产为 30 000 元。

两年后将能够支付 33.743 5.72 元的首付款。

四、购房贷款分析

1. 贷款方式

为了成功完成购房计划，就会不可避免地使用贷款。目前市面上住房贷款方式有公积金贷款、商业贷款以及组合贷款。住房公积金贷款是指由各地住房公积金管理中心运用职工以及所在单位所缴纳的离退休职工发放的房屋抵押贷款。个人住房商业贷款是中国公民因购买商品房而向银行申请的一种贷款，是银行用其信贷资金所发放的自营性贷款。组合贷款是指符合个人住房商业性贷款条件的借款人同时缴存住房公积金的，在办理个人住房商业贷款的同时可以申请个人住房公积金贷款，以及借款人以所购买本市城镇自住住房作为抵押可同时向银行申请个人住房公积金贷款和个人住房商业性贷款。

根据该市公积金管理委员会的规定，公积金个人住房抵押贷款最高额度如下：

个人最高额度为人民币 50 万元；两个或两个以上申请人购买同一住房，最高额度为各个申请人的可贷额度之和，但合计不超过人民币 80 万元。

2. 比例分配

现有公积金余额为 2 万元，至第三年买房时，公积金存款余额为 20 000+2×24 000=68 000（元）。

公积金贷款公式为：

最高公积金贷款额＝［公积金账户当前余额＋当前月缴存款 ×2× 当前至法定退休（月）］×2

则最高公积金贷款额为：

$$（20\,000+1\,000\times2\times12\times28）\times2=1\,384\,000（元）$$

综上所述，李先生的最高公积金贷款额为80万元。

又由于，住房公积金月提取额不超过上年度本市职工月平均工资2倍的30%，因此，住房公积金月提取额为：

$$4\,500\times2\times0.3=2\,700（元）$$

年提取额为：

$$2\,700\times12=32\,400（元）$$

所以，李先生每年可以提取24 000元用于公积金住房贷款和装修费。

按照贷款比例计算的可贷额度：

对购买首套住房且套型建筑面积在90平方米（含90平方米）以下或按规定购买经济适用住房的家庭（包括借款人、配偶及未成年子女，下同），首付款比例不低于20%。对购买首套住房且套型建筑面积在90平方米以上的家庭，首付款比例不低于30%。因此，李先生可以首付款比例为20%，利用流动资金3万元补充缴纳首付款，还需要首付款为1 100 000×20%－30 000=190 000（元）。剩余的购房款为1 100 000－220 000=880 000（元）。而李先生的公积金最高贷款额为800 000元，因此需要向商业银行贷款80 000（元）。

贷款总额分配如表3-5所示。

表3-5　贷款总额分配　　　　　　　　　　　　单位：元

贷款总额	类型	年限	比例	贷款额	年还贷额	总还款额
880 000	公积金贷款	20年	91%	800 000	−63 651	−83 110
	商业性贷款	5年	9%	80 000	−19 459	

3. 买房后的财务状况如表3-6所示。

家庭总费用支出与房贷支出仍在收入范围之内。

五、风险评估

1. 以上规划方案是基于目前的市场情况所作的一些假设而制订出来的，这些假设会随着国家经济的变化而发生变化。比如，物价水平的不断变化、证券市场的波动、经济增长率的变化、国家的房地产调控政策等，都会对理财方案产生很大影响。

2. 生活支出除受到物价水平的因素影响之外，如果考虑未来生活品质的提高，医疗、保健支出的加大，会影响其他目标的实现。

单位：元

表 3-6 买房后的财务状况

年限	年龄	收入增长率 4% 年工作收入	支出增长率 4% 年生活支出	住房贷款	商业贷款	公积金存款 24 000 婚庆费用	公积金	净现金流量	投资报酬率 9.27% 现金流量	理财收入	期末金融资产	公积金存款利率 3.10% 公积金存款	公积金账户金额	
0	27	130 000	(80 000)					50 000	220 000	0	240 000	20 000	20 620	
1	28	135 200	(83 200)			(100 000)		(48 000)	(25 752)	22 248	214 248	24 000	46 003	
2	29	140 608	(86 528)	(190 000)		装修费用		(135 920)	(116 059)	19 861	98 189	24 000	72 173	
3	30	146 232	(89 989)	(63 651)	(19 459)	(100 000)	24 000	(102 867)	(93 765)	9 102	4 424	0	74 411	(24 000)
4	31	152 082	(93 589)	(63 651)	(19 459)		24 000	(617)	(207)	410	4 217	0	76 717	(24 000)
5	32	158 165	(97 332)	(63 651)	(19 459)		24 000	1 723	2 114	391	6 331	0	79 096	(24 000)
6	33	164 491	(101 226)	(63 651)	(19 459)		24 000	4 156	4 743	587	11 074	0	81 548	(24 000)
7	34	171 071	(105 275)	(63 651)	(19 459)		24 000	6 687	7 713	1 027	18 787	0	84 076	(24 000)
8	35	177 914	(109 486)	(63 651)			24 000	28 778	30 519	1 742	49 306	0	89 369	(24 000)
9	36	185 031	(113 865)	(63 651)			24 000	31 515	36 085	4 571	85 391	0	89 369	(24 000)
10	37	192 432	(118 420)	(63 651)			24 000	34 361	42 277	7 916	127 669	0	92 140	(24 000)
11	38	200 129	(123 146)	(63 651)			24 000	37 322	49 157	11 835	176 825	0	94 996	(24 000)
12	39	208 134	(128 083)	(63 651)			24 000	40 401	56 792	16 392	233 618	0	97 941	(24 000)
13	40	216 460	(133 206)	(63 651)			24 000	43 603	65 259	21 656	298 877	0	100 977	(24 000)
14	41	225 118	(138 534)	(63 651)			24 000	46 933	74 639	27 706	373 516	0	104 107	(24 000)
15	42	234 123	(144 075)	(63 651)			24 000	50 396	85 021	34 625	458 537	0	107 334	(24 000)
16	43	243 488	(149 838)	(63 651)			24 000	53 998	96 505	42 506	555 041	0	110 662	(24 000)
17	44	253 227	(155 832)	(63 651)			24 000	57 744	109 196	51 452	664 238	0	114 092	(24 000)
18	45	263 356	(162 065)	(63 651)			24 000	61 640	123 215	61 575	787 453	0	117 629	(24 000)
19	46	273 890	(168 548)	(63 651)			24 000	65 692	138 688	72 997	926 141	0	121 276	(24 000)
20	47	284 846	(175 290)	(63 651)			24 000	69 905	155 759	85 853	1 081 900	0	125 035	(24 000)
21	48	296 240	(182 301)	(63 651)			24 000	74 288	174 850	100 292	1 256 479	0	128 911	(24 000)
22	49	308 089	(189 594)	(63 651)			24 000	78 845	195 321	116 476	1 451 800	0	132 908	(24 000)
23	50	320 413	(197 177)	(63 651)			24 000	83 585	218 167	134 582	1 669 967	0	137 028	(24 000)

第四章

教育规划

ᵒ⁾ 第一节　教育规划概述
ᵒ⁾ 第二节　教育规划需求
　　　　　诊断与投资

学习目标

素养目标　● 具有教育规划的理财意识；

　　　　　● 通过教育规划的学习，树立为了中国现代化而奋斗的职业素养。

知识目标　● 了解子女教育金规划应坚持的原则与意义；

　　　　　● 熟悉子女教育金规划的基本步骤；

　　　　　● 掌握教育负担率的基本计算；

　　　　　● 掌握收集各个教育阶段学杂费的资料、分析和估计各阶段教育资金需求的基本方法。

能力目标　● 能够按照教育规划的步骤根据客户的具体情况确定教育费用的目标额度；

　　　　　● 能够运用 Excel 软件计算子女教育准备金与报酬率，从而进行教育规划的预算。

教育规划
重难点讲解

思维导图

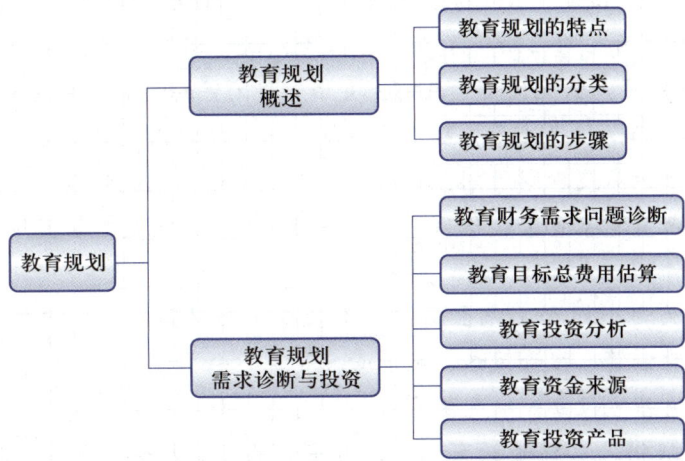

第一节 教育规划概述

【导入案例】

案例 4.1　赵小姐和丈夫王先生今年都已 30 岁，打算年内生个宝宝，两人月收入均万余元，加上每年的奖金，家庭年收入约 30 万元。家庭目前有自住房一套，价值 120 万元，房贷支出每月约 3 500 元，日常生活开支每月需 5 000 元，夫妻两人均已购买了医疗、人寿保险，保额充足，保费支出每月约 1 500 元；家庭资产状况优良。目前，夫妇俩将闲置的资金全部投入股市，面对动荡的投资市场，赵小姐的收益不甚理想。面对即将出生的宝宝，赵小姐希望做出一份合理的家庭理财规划，既要有效规避风险，也能积累家庭财富，同时能为宝宝的教育积累资金。作为一位理财规划师，请为赵小姐提供合适的理财服务。

解释：为赵小姐和王先生制订一份教育子女财务规划，需要考虑多个方面，包括教育储蓄、投资策略、风险管理等。

（1）教育基金设立。确定教育目标：首先，赵小姐和王先生需要确定他们希望为宝宝提供什么样的教育水平，这将影响教育基金的规模。根据教育目标，估算从幼儿园到大学的教育费用，包括学费、生活费、书籍费等。

（2）教育基金投资。考虑教育基金的长期性，可以选择一些风险较低、收益稳定的投资工具，如债券、定期存款、教育储蓄计划等。为了降低风险，建议将教育基金分散投资于不同类型的资产。利用定期定额投资计划，如每月固定投入一定金额，这样可以在市场波动中平均成本，降低投资风险。

（3）风险管理。由于赵小姐和王先生已经购买了医疗和人寿保险，这为家庭提供了一定的风险保障。但是，考虑教育基金的重要性，建议增加教育保险或投资连结保险，以确保在意外情况下教育基金不受影响。建立紧急备用金，以应对突发事件，避免在紧急情况下动用教育基金。

（4）教育规划的定期审查。随着时间的推移和市场环境的变化，定期审查教育基金的投资组合，确保其符合当前的教育目标和风险承受能力。

通过上述步骤，赵小姐和王先生可以为即将出生的宝宝制订一份全面、稳健的教育规划，确保教育基金的安全性和增值性。如果要做详细的教育规划，还需要补充收集更多财务与市场信息。

一、教育规划的特点

知识就是力量，知识就是财富，这是至理名言。知识也能改变一个人的命运。在现代社会中，知识无疑能为一个人的成功积聚优势。而要获得知识，主要途径就是接受教育，也就是人力资本的投资。教育规划的特点如下：

（一）子女教育支出的持续时间长，金额大

子女从小到大受教育的年限在 20 年左右，因此总金额可能比购房支出还多。特别是高等教育阶段，家庭费用会猛增一倍到几倍，按当时平稳的收入状态，可能无法应付这种阶段性的持续高支出。为避免到时收入跟不上支出，需要提前进行规划，争取在子女上大学前能准备好充足的费用，到时就可以轻轻松松地送子女上大学了。

（二）子女教育支出不可协商，没有时间弹性，也没有费用弹性

子女到了一定的年龄就要上学（如 18 岁左右上大学），不能说今年收入减少了，没钱，延迟到明年再上学。或者说钱不够，先交一部分，以后再双倍补上。并且各阶段的学费相对固定。为避免因为教育经费不足而被迫中断的情况，只有事先做好规划，为教育专门准备一笔经费。

（三）教育支出增加快，并且教育积蓄可能受通货膨胀等因素的影响而不断缩水

一般教育支出的增长率比一般物价增长率要高。而现在的现金经过多年的通货膨胀，到时会贬值，价值大减。只有让教育金的收益增长速度超过通货膨胀的速度，教育金才能谈得上保值和增值。因此，需要进行充分规划，寻找良好的途径，使现有资金保值和增值，并保持收益的稳定性，以抵御通货膨胀和学费的高速增长。

（四）子女教育费用无法准确预测，应及早、从宽规划

在子女小时候，家长很难知道子女在经济独立前需要花费多少教育金，因为这与子女的资质、注意力与学习能力有很大关系。学习自觉且资质较好的子女与漫不经心且资质一般的子女，在求学期间所花费的家教、补习和生活费用等支出差距会很大。如果子女在美术、音乐等才艺方面很有天分的话，所需要的教育金数额更高。所以应该尽早多做准备，才能在将来免于因子女的教育问题而导致家庭财务陷入困境，甚至耽误子女的前程。到时如果有多余，则可转为退休资金或作为子女的创业基金。

子女教育的重要性无须再多言，每位家长都望子成龙、望女成凤。而要实现教育目标，与购房、养老一样需要资金。但是目前，人们一般都有用于退休规划强制储蓄的个人养老金账户，也有用于购房规划强制储蓄的住房公积金账户，唯独没有专门针对子女教育的强制性储蓄账户。所有的子女教育金都必须靠家长自觉准备，这就要求家长尽早树立教育规划的意识。

二、教育规划的分类
教育规划是指为实现预期教育目标所需要的费用而进行的一系列资金管理

活动。根据教育对象不同，教育规划可分为个人教育规划和子女教育规划两种。自我完善和教育后代都是人生的重要目标。

（一）个人教育规划

个人教育是指个人接受政治、经济、文化、科学、技术、生活等方面的继续教育、培训教育和社会文化生活教育，是个人自我完善和终身学习的重要形式，是提高个人素质，提高劳动生产率，提高个人生活质量的重要途径。现在社会竞争激烈，个人需要不断充电，提高专业水平，更新知识，开阔视野，改善观念，增强工作能力，积极寻求升职或转换更高收入工作的机会。个人教育主要可以通过自学、培训和进修等方式来进行，比如通过考驾照、修英语课程、考职业资格证、读在职 MBA、考取硕士或博士等方式，增加自身资本，为以后发展奠定基础。

（二）子女教育规划

子女教育又可分为基础教育和高等教育，无论是何种教育消费，其使用的教育规划技术都十分相似。大学教育费用普遍很高，对其进行理财规划的需求也最大。个人教育规划在消费的时间、金额等方面的不确定性较大，子女教育规划通常是个人家庭理财规划的核心。因此，本书主要讨论子女教育规划。

财商小课堂

子女教育应当像投资一样来规划

投资是为了在未来可预见的时期内获得收益而投放资金的经济行为，消费是指利用社会产品来满足人们各种需要的过程。那么对父母而言，子女教育是投资行为还是消费行为呢？有些家长认为子女教育是一种消费，它跟购物、旅行、吃饭一样。例如，家长给子女报了很多的课外兴趣班，投入了不少资金，每天还要接送陪同，可孩子既没有从中找到兴趣，家长也没有想清楚为什么报班。

实际上每位家长都应该充当投资经理角色，在对教育进行投资时，要有精心的规划和精确的目标定位。从教育规划和目标设定来看，子女教育投资的主要特征：①投资额高，是家庭最重要的投资标的；②投资周期长，常为12～20年；③教育需求不确定性高；④教育品质管理和跟踪难度大；⑤投资回报率波动非常大，成功率相对较低。因此此类投资只有做父母的人才会投资，且需要规划和目标定位。投资子女教育，需要的不仅仅是资金，更需要父母的言传身教、用心陪伴，认真规划适合子女发展的每一步。

三、教育规划的步骤

在知识经济型社会的今天，掌握丰富的知识是个人成功的重要砝码，要掌握相关行业知识，除了个人的博闻强记，接受专业知识的培训或教育也是一个重要的途径。目前，许多人都意识到了这一点，加大了对人力资本的投资。然而，教育费用的迅速增加对整个社会，尤其是低收入家庭和中等收入家庭造成了相当大的压力。因此，根据家庭的经济状况提前对子女教育进行财务规划是非常必要的。

合理进行教育规划，要先确定家庭育儿计划和子女教育目标，子女教育规划流程图见图4-1。家庭子女数、生活品质和教育目标直接决定所需的子女抚育和教育金数额。应根据子女的兴趣爱好、学习能力等实际情况，确定适合子女发展的目标，如希望子女上什么类型的学校，未来将要接受的教育程度是大学还是研究生，甚至确定更高的目标，是选择在国内上学还是出国接受教育等。还要综合考虑各类学校、各国各地区学校的特点，如学校地理位置、师资力量、专业水平、学费高低等。因为同一国家不同类型的学校收费不同，而不同国家的学校收费更是存在巨大差异，甚至同一所大学因所学专业不同在学费上也有所差异。

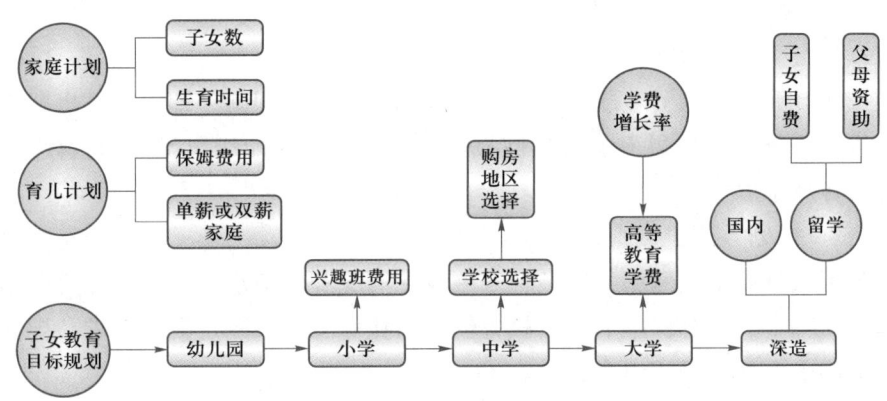

图4-1　子女教育规划流程图

确立了子女的教育目标，就要有针对性地引导子女朝这个既定方向发展。只有进行良好的财务规划，才能保障目标的实现。那么，如何制订最佳的教育规划方案呢？这要根据个人家庭财产状况、收入能力、承受风险能力，以及子女教育目标进行综合分析。在进行规划的过程中，通常需要经过以下四个步骤，见图4-2。

图4-2　教育规划的步骤

（一）估算子女教育费用

先要根据子女的当前年龄，以及当前生活和受教育地的消费水平和教育收费水平，计算出子女接受高等教育前所需的教育金总额。然后依据子女的教育目标，以及设定的通货膨胀率，分析子女未来大学教育费用的变动趋势，计算出未来子女上大学时所需的费用总额。在确定子女大学教育费用时，要充分考虑个人的家庭情况，确立教育消费计划时间和大学类型。如果家庭经济状况很好，经济收入较高，并有计划将来送子女出国接受教育，则子女教育所需的费用将大幅增加。

（二）设定教育投资规划目标

教育投资规划目标的设定主要包括计算子女教育金缺口、设定投资期间和设定期望报酬率三个方面的内容。

1. 计算子女教育金缺口

将现有资产与子女教育所需总费用比较，就可以计算出教育资金的缺口。

2. 设定投资期间

也就是准备教育金的期间。它取决于两个因素：一是开始进行教育投资的时间；二是未来需要支付教育费用的时间。这两个时点之间的时间段即为投资期间。投资期间越长，储蓄的压力就越小。

3. 设定期望报酬率

按照计算出来的资金缺口，以及可以利用的投资期间，即可计算出期望达到的投资报酬率。如果不能达到该报酬率，到时将不能积累足够的教育资金，教育目标就难以实现。

（三）规划教育投资组合

为了获得期望报酬率，应结合家庭收支情况和风险承受能力，综合运用教育储蓄、基金、教育保险和子女教育创业信托等工具来满足资金需求，规划出最合适的子女教育投资组合方案。

制订教育规划应注意风险承受能力和收益问题，在子女的不同年龄段应选择不同的投资产品。子女年龄尚小或尚未出生时，其教育支出还不多；从家长在这一阶段的年龄、收入及支出等状况来看，其风险承受能力较强；且距子女上大学的时间还很长，因为通货膨胀使财富缩水的效果会特别明显。所以，这个阶段可充分利用时间优势，制订积极、灵活的理财规划。可以长期投资为主，以中短期投资为辅，较多地选择风险和收益都较高的积极类投资产品，保守类产品所占投资比重应较低，如以股票型、混合型基金配合一定的储蓄性保险产品。随着子女的成长，则应相应地调整理财规划中积极类产品与保守类产品的比例，提高资金的安全性和流动性，如减少股票的投资比重，加入平衡性和保本保息的银行类理财产品或债券型基金。

（四）执行与定期检查

子女教育基金计划制订后就要严格执行，坚持专款专用。生活中往往会出现由于买车、买房、医疗等支出过大而动用了孩子教育金的情况，这样不但使孩子的教育金受到影响，而且其他的目标也不一定能实现。严格按计划执行，还需定期检查落实情况，并根据实际情况适当调整。最好每年作一次评估，计算当年的教育金筹备额和收益率回报，将结果和预期进行比较，以达到预期目标为准。如果未达到预期目标，则应适当提高来年的投资额或相应的收益率，以确保目标如期实现。

第二节　教育规划需求诊断与投资

【导入案例】

案例 4.2　蔡先生打算为儿子小明准备大学教育基金，现在离小明上大学还有 12 年，目前上大学的总花费（学费加食宿费等）约为 10 万元，假设每年涨幅为 5%，投资年报酬率为 8%。每年至少需要投资多少才可供小明就读大学无忧？

解释：首先，计算 12 年后所需大学共费用：$FV=PV\times(1+i)^n=100\ 000\times(1+5\%)^{12}=179\ 585.63$（元）；使用 Excel 中的 *FV* 函数计算如图 4-3 所示。

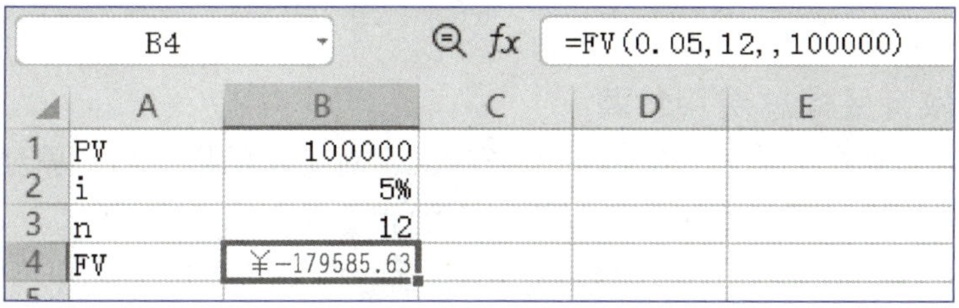

B4　　=FV(0.05,12,,100000)

	A	B	C	D	E
1	PV	100000			
2	i	5%			
3	n	12			
4	FV	¥-179585.63			

图 4-3　*FV* 函数计算应用

其次，计算每年需要投入的教育资金：$PMT=FV/\{[(1+i)^n-1]/i\}=179\ 585.63/\{[(1+8\%)^{12}-1]/8\%\}=9\ 463.27$（元）；使用 Excel 中的 *PMT* 函数计算如图 4-4 所示。

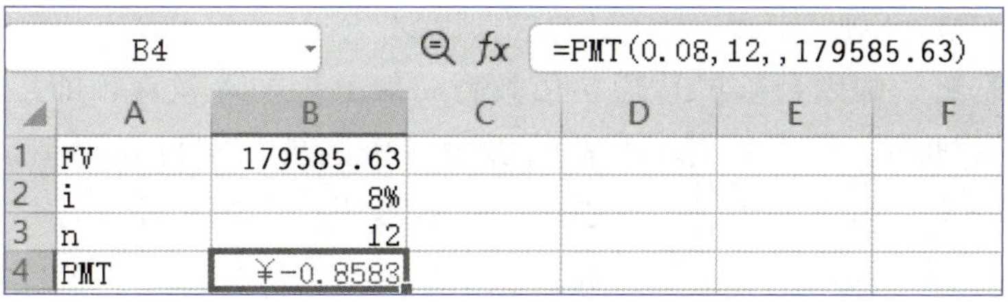

B4　　=PMT(0.08,12,,179585.63)

	A	B	C	D	E	F
1	FV	179585.63				
2	i	8%				
3	n	12				
4	PMT	¥-0.8583				

图 4-4　*PMT* 函数计算应用

一、教育财务需求问题诊断

随着我们对子女教育的要求越来越高，家庭教育费用增长率也在逐年上涨，如果不及时规划，庞大的教育金花费足以拖垮一个辛苦工作的家庭。若是还有想让子女出国留学的打算，则花费更多，如果不提早规划，满足孩子教育花费的目标根本不可能实现。

我们通常用"教育负担比"来计算教育开支对家庭财务的影响。教育负担比是把孩子上学时的教育费用和家庭税后总收入做比较。通常情况下，如果教育费用占家庭税后总收入超30%，就应当提前规划，做好财务准备。

教育负担比 =（届时子女教育费用 / 届时家庭税后收入）× 100%

例 4.1　小钱今年刚刚考入国内某大学。小钱上大学前，父母计算了小钱读大学一年的费用，主要包括：全年学费 10 000 元，日常开销每月 3 000 元，10 个月共计 30 000 元。预计小钱父母每年税后总收入 10 万元。

答：小钱家庭教育负担比是：[（10 000+30 000）/ 100 000]× 100%= 40%

小钱上大学所需费用占家庭税后总收入的40%，超过教育负担比的标准值30%，小钱家庭虽可以承受，但会影响家庭其他财务安排。

我们计算教育负担比指标时需注意，学费增长率和通货膨胀率可能会高于家庭收入增长率，所以目前计算的教育负担比数额可能偏低。另外，子女高等教育金的支付阶段往往和父母准备退休金的黄金时期高度重叠，要避免全力投入子女教育金而忽略退休规划。

二、教育目标总费用估算

理财规划师在了解客户家庭的财务状况及对子女的期望后，就要开始计算家庭子女入学时所需的费用，也就是子女的教育成本。

（一）根据家长确定的期望教育程度，估算出预期的每年教育费用

简单来说，教育费用由普通学历教育支出与选择性教育支出组成。幼儿园、小学、初中、高中和大学是绝大部分孩子都必须经历的普通学历教育过程，因此这部分的费用是必不可少的。而学前教育支出、才艺班支出、辅导班和补习班支出、为了孩子上更好的学校而付出的择校费支出等，均为选择性教育支出；选择性教育支出部分因个体不同而存在较大差异。理财规划师需要与客户充分沟通，以便制订科学详尽的教育规划。

具体来看，国内目前的普通学历教育一般分为初等教育（即小学教育）、中等教育（即初、高中教育）与高等教育。中国现在实行九年制义务教育，也就是说小学、初中九年是免学费的，只收取学杂费用；需要注意的是，部分家庭希望孩子就读私立学校，而私立学校的教育经费会比公立学校的高出很多。选择性教育支出通常包括学前教育、课外补习、兴趣班、家教费用

等。兴趣班包括音乐、美术、舞蹈、游泳、计算机等课程，这笔课外费用不容小觑。这些课程一般每周一到两次，每次的费用如果按照平均 100 元计算，一年下来一个才艺班的支出要近万元，而像芭蕾、钢琴等热门才艺，教育费用支出更高。在才艺培训方面，年支出 1 万元以上的家庭非常多。除了才艺课，家长为了让子女对课堂知识学习得更加透彻，通常会让孩子参加至少一到两门学科的课外辅导班，每科辅导班每年需要 3 000~5 000 元。一般地，选择性教育支出的水平与地区经济发展水平相关，一线城市的费用相较其他城市更高。

（二）设定一个通货膨胀率，计算未来入学时所需的教育总费用

随着经济的发展，教育的费用越来越高，按照国内外的经验，教育费用的增长速度仍将略高于国民平均收入增长或通货膨胀率。因而父母在规划子女教育金时，应充分考虑通货膨胀因素。在计算教育资金需求时应预先计算多一点的费用，以避免到时资金不足的情况出现。

例 4.2 李先生的孩子今年 5 岁，一年后将开始上小学。初步计算目前各阶段的年支出与就学年数，那么在以下两种情况下，孙先生培养孩子到大学毕业，目前需要准备多少资金，子女教育费用现值的估算如表 4-1 所示。

1. 不考虑通货膨胀下教育成本上升，用教育金进行投资等因素。

2. 假定教育资金的增长率为 5%，教育资金的投资回报率为 8%。

表 4-1　子女教育费用现值的估算（不考虑通胀、投资回报）

学习阶段	年学杂费 / 元	就学年数 / 年	教育费用 / 元
小学	15 000	6	90 000
初中	20 000	3	60 000
高中	20 000	3	60 000
大学	25 000	4	100 000
合计			310 000

答：

1. 不考虑通货膨胀下教育成本的上升，用教育金进行投资等因素：子女教育资金的现值 =9+6+6+10=31（万元）；

2. 假定教育资金的增长率为 5%，教育资金的投资回报率为 8%：

则实际报酬率 =（1+8%）/（1+5%）−1=2.86%；

按照财务计算器计算，得到 NPV=24.5（万元），计算过程见表 4-2。

表 4-2　子女教育费用现值的估算（考虑通胀、投资回报）

学习阶段	就读时每年学杂费 / 元	就学年数 / 年	教育费用的年金现值 / 元	教育目标距理财规划时的年数 / 年	教育费用年金现值折现到规划时的现值 / 元
小学	15 000	6	81 636	1	79 366
初中	20 000	3	56 725	4	50 674
高中	20 000	3	56 725	7	46 564
大学	25 000	4	93 239	11	68 373
合计					244 977

小学阶段教育费用计算过程如下：首先计算小学教育费用的年金现值：PMT 为 15 000，N 为 6，I 为 2.86%，PVA 计算得到：81 636；其次计算小学教育费用年金现值折现到规划时的现值：N 为 1，I 为 2.86%，FV 为 81 636，PV 计算得到：79 366。

初中阶段教育费用计算过程如下：首先计算初中教育费用的年金现值：PMT 为 20 000，N 为 3，I 为 2.86%，PVA 计算得到：56 725；其次计算初中教育费用年金现值折现到规划时的现值：N 为 4，I 为 2.86%，FV 为 56 725，PV 计算得到：50 674。

高中阶段教育费用计算过程如下：首先计算高中教育费用的年金现值：PMT 为 20 000，N 为 3，I 为 2.86%，PVA 计算得到：56 725；其次计算高中教育费用年金现值折现到规划时的现值：N 为 7，I 为 2.86%，FV 为 56 725，PV 计算得到：46 564。

大学阶段教育费用计算过程如下：首先计算大学教育费用的年金现值：PMT 为 25 000，N 为 4，I 为 2.86%，PVA 计算得到：93 239；其次计算大学教育费用年金现值折现到规划时的现值：N 为 11，I 为 2.86%，FV 为 93 239，PV 计算得到：68 373。

综上可得，由于投资回报率高于教育资金的增长率，所以不需要准备 31 万元，准备 24.5 万元就可以保证足够的子女教育资金。

三、教育投资分析

在对子女教育全过程所需资金进行估算的基础上，依照子女目前的年龄，如何计算未来需要支付的子女教育金的现值、每年应该准备的教育准备金和应该投资于有多高报酬率的产品才能实现教育目标呢？以下通过一个例子来说明。

例 4.3　客户王先生的儿子今年 6 岁。王先生预计儿子上大学之前的教育费用不多，他对子女的教育规划目标是：在儿子 18 岁上大学时能积累足够多的大学本科和硕士教育费用。王先生目前已经有了 3 万元的教育启动资金，不足的部分打算通过定期定投基金的方式解决。假设年投资回报率为 4%，教育费用的年增长率为 3%，目前大学四年的教育费用总共 6 万元，硕士的教育费用为 35 000 元，请为王先生制订一份大学教育理财规划方案。

答：教育理财规划分为大学本科教育规划和大学硕士教育规划

1. 大学本科教育规划

（1）计算 12 年后的大学本科教育费用：$60\,000 \times (1+3\%)^{12} = 85\,500$（元）；

（2）计算现在至上大学前的教育准备金：

A. 现在一次投入教育准备金的 12 年后终值为：$30\,000 \times (1+4\%)^{12} = 48\,031$（元）；

B. 12 年后的教育准备金缺口为：$85\,500 - 48\,031 = 37\,469$（元）；

C. 通过 12 年内定期定投的方式弥补教育准备金缺口：$FVA = 37\,469 = PMT \times [(1+4\%)^{12} - 1]/4\%$，求得 $PMT = 2\,493.64$（元／年）；

（3）12 年内教育投资资产配置规划：假设银行存款年回报率 2%、银行存款投资比率 30%，保险理财产品投资比率 70%，教育投资平均年回报率要达到 4%，那么保险理财产品年回报率须达到：$2\% \times 30\% + x \times 70\% = 4\%$，求解得到 $x = 4.86\%$。

2. 大学硕士教育规划

（1）计算 16 年后的大学硕士教育费用：$35\,000 \times (1+3\%)^{16} = 56\,200$ 元；

（2）计算现在及上硕士前的教育准备金：

A. 16 年后的教育准备金缺口为：56 200 元；

B. 通过 16 年内定期定投的方式弥补教育准备金缺口：$FVA = 56\,200 = PMT \times [(1+4\%)^{16} - 1]/4\%$，求得 $PMT = 2\,600$（元／年）；

（3）16 年内教育投资资产配置规划：假设银行存款年回报率 2%、银行存款投资比率 30%，保险理财产品投资比率 70%，教育投资平均年回报率要达到 4%，那么保险理财产品年回报率须达到：$2\% \times 30\% + y \times 70\% = 4\%$，求解得到 $y = 4.86\%$。

四、教育资金来源

完成子女教育全过程所需资金的来源有政府教育资助、奖助学金、子女工读收入、教育贷款、留学贷款以及自身收入和资产等。

（一）政府教育资助

政府每年都会在财政预算中拨出一部分资金对符合特定条件的人提供教育资助。这类教育资助通常有着严格的资助限制，有一定的资助条件和资助期限。所以，要对子女的政府教育资助相关信息进行充分的收集。由于政府拨款有限，拨款数量具有很大的不确定性，即使是符合条件的申请人，也不一定获得资助。因此应减少对该筹资渠道的依赖，特别是在距离子女上大学时间长于5年，而家长本身有稳定收入时，应首先考虑以其自有资金满足子女教育费用。

（二）奖助学金

政府教育资助有时以奖助学金方式进行，但这类奖助学金并不占很大比例，各类民间机构和组织，如企业、公司、基金、宗教慈善团体、服务机构、学术组织等，都通过学校设立种类繁多的奖学金、助学金。无论是哪种奖助学金，都是有条件的，一般要求申请人在学业、社会活动或体育技能方面有所专长。虽然奖学金和助学金也是教育资金的来源之一，但子女能否获得助学金特别是奖学金，具有很大的不确定性，需要对子女相关信息有充分了解，在做教育规划时要从稳健性原则出发。

（三）子女工读收入

子女上学期间通过假期和课余打工获得的劳动收入也是教育金来源之一。但工读收入取得的时间、金额都不容易确定，所以在做教育投资规划时不应将工读收入计算在内。

（四）教育贷款

教育金的来源除了通过自身拥有的资产收入和政府或民间机构的资助外，许多国家的政府，包括中国政府都为支付教育费用困难的学生提供了各种专门的低息贷款。教育贷款主要包括国家教育助学贷款和高校为无力支付学费的学生提供的学生贷款。教育贷款是教育金重要的筹资渠道，但通过教育贷款来支付学费，加重了子女在职业生涯初期的经济负担。

（五）留学贷款

除了教育贷款方式外，对于想让子女出国接受教育的家庭来说，还可以向银行申请留学贷款。留学贷款是指银行向出国留学人员或其直系亲属或其配偶发放的，用于支付出国留学人员学费、基本生活费等必需费用的个人贷款。但是，留学贷款相比国内住房信贷、汽车信贷条件要苛刻得多，手续也比较复杂。

1. 借款人须具备的条件

（1）借款人应具有完全民事行为能力，在贷款到期日时的实际年龄不得超过55周岁。

（2）借款人无违法乱纪行为，身体健康，具备诚实守信的品德。

（3）借款人为出国留学人员本人的，在出国留学前应具有贷款人所在地的常住户口或其他有效居住身份。

（4）借款人为出国留学人员的直系亲属或配偶的，应具有贷款人可控制区域内的常住户口或其他有效居住身份，有固定的住所、稳定的职业和收入来源，具备按期还本付息的能力。

（5）借款人应持有拟留学人员的国外留学学校出具的入学通知书或其他有效入学证明；已办妥拟留学人员留学学校所在国入境签证的护照。

（6）借款人须提供贷款人认可的财产抵押、质押或第三方保证。抵押财产目前仅限于可设定抵押权利的房产；质押品目前仅限于国债、存单、企业债券等有价证券；保证人应为具有代偿能力的法人或自然人，并愿意承担连带还款责任。

（7）贷款人规定的其他条件。

2．留学贷款的额度和年限

目前银行中开办留学贷款业务的主要有中国银行、中国工商银行、中国建设银行、民生银行等。留学贷款的额度不超过国外留学学校录取通知书或其他有效入学证明上载明的报名费、一年内学费、生活费及其他必需费用的等值人民币总和，最高不超过 50 万元人民币，期限一般为 1～6 年，最长期限不超过6 年。

3．留学贷款担保抵押方式

（1）房产抵押。贷款最高额不超过经贷款人认可的抵押物价值的60%。

（2）质押（国债、本行存单抵押）。贷款最高额不超过质押物价值的80%。

（3）信用担保。以第三方提供连带责任保证的、保证人为银行认可的法人，可全额发放；若是银行认可的自然人，最高贷款额不超过 20 万元人民币。

（六）自身收入和资产

家庭自身收入和资产是子女教育金的最主要来源。对教育金的筹备，家长们应坚持三个原则：提前规划、尽早绸缪；专项积累、专款专用；善于投资、保值增值。及早建立起教育基金计划，对收入和资产进行一定的筹划，选择正确的投资工具，就可轻松规划教育金。

五、教育投资产品

子女的教育投资规划涉及对投资产品的选择，以达到最稳妥的教育投资效果。因此，教育投资应以稳健为主，教育规划更应重视长期的零风险或低风险的投资产品。目前，主要的教育投资产品有教育储蓄、教育保险、子女教育金信托以及以上投资产品的组合优化等。

（一）教育储蓄

为了鼓励城乡居民以储蓄存款方式为其子女接受非九年义务教育积累教育资金，中国人民银行颁布的《教育储蓄管理办法》规定：除邮政储蓄机构外，办理储蓄存款业务的各金融机构均可以开办教育储蓄。教育储蓄拥有储户待定、存期灵活、总额控制、利率优惠、利息免税的特点。

教育储蓄最大的优势在于采用零存整取定期储蓄的方法却可享受整存整取利息，同时可以免除个人利息所得税。对于条件具备者，教育储蓄是一种不错的投资产品。按照中国工商银行 20×× 年的存款利率，1 年、3 年、6（5）年的零存整取利率（％）分别为 1.35、1.55、1.55；1 年、3 年、6（5）年的整存整取利率（％）分别为 1.75、2.75、2.75，差距分别是 29.6%、77.4%、77.4%。整体利率都要高出不少，教育储蓄存款的优惠利益分析如表 4-3 所示。

表 4-3　教育储蓄存款的优惠利益分析

期限	零存整取利率 /%	零存整取税后利率 /%	整存整取利率 /%	税后利率优惠 /%
1 年期	1.35	1.29	1.75	35.66%
3 年期	1.55	1.47	2.75	87.07%
6 年（5 年）期	1.55	1.47	2.75	87.07%

虽然教育储蓄有存期灵活和税率优惠制度，但也存在很大的局限性。

首先因其储户待定的特点，存款对象有比较严格的限制。享受免征利息税优惠政策的对象必须是正在接受非义务教育的在校学生，其在就读全日制高中（中专）、大学本科（大专）、硕士和博士研究生时，每个学习阶段可分别享受一次 2 万元教育储蓄的优惠。每位学生最多只能享受四次教育储蓄存款优惠。

其次，手续烦琐。存款需采用实名制，须凭储户本人户口簿或居民身份证到储蓄机构以储户本人的姓名开立存款账户；教育储蓄到期前，储户必须持存折、户口簿或身份证到所在学校开具证明；教育储蓄到期时，储户必须持存折、户口簿或身份证和证明支取本息。

再次，这项储蓄存款业务只有 1 年期、3 年期和 6 年期三种存期模式，存款到期未取，逾期部分按支取日挂牌公告的活期存款利率计付利息，并按有关规定征收存款利息所得税。因为能够到期就使用存款、享受利息，所以这项业务比较适合那些家里有 1 年、3 年或 6 年后可以升入高中的孩子的储户，即在校小学 4 年级（含）以上学生。

最后，由于物价上涨带来货币贬值，总额 2 万元的最高存款的限额太低，不足以承担 1 年、3 年或 6 年后学校可能收取的费用，更远远不足以支付当前大学收取的费用。由于本金最高不能超过 2 万元的限额，要发挥零存整取而享受整存整取利率的优势，1 年期每月存款不能高于 1 666 元；3 年期每月存款不能高于 555 元；6 年期每月存款不能高于 277 元。而月度固定存款方式太过麻烦，如果存 3 年期将跑 36 趟银行，如果存 6 年期更是要跑 72 趟银行了。

合理使用教育储蓄的优惠政策，运用零存整取的方式储蓄，可同时达到增息节税和帮助子女储备教育金的目的。

（二）教育保险

相对于教育储蓄，教育保险在投保限期、投保金额上的可操作性上要灵活得多。子女教育保险就像一个子女的成长设计师和规划师，能够帮助家长为子女建立一份长期的教育保障计划，让小学、中学、大学每个阶段都有足够的经济实力支撑，保证孩子顺利成长。

子女教育保险是用保险的办法协助父母为其子女积累教育费用，保证子女教育"专款专用"的险种，起到一种强制储蓄的作用，避免银行储蓄时因家庭一时需要资金周转，随时取现而耽误子女教育的进程。教育保险是分多次给付的，回报期较长，一般都是在孩子上初中、高中或大学的特定时间里才能提取教育金。教育保险投资年限通常最高为18年（高中和初中更短），由于投资年限短，越迟购买，保费越高，从投入产出比来看越早投资越划算。从表4-4中可以明显看出同一险种保险金额一样时，投保年龄越早，收益越大。

表 4-4   某年金保险价值测算表

投保年龄	12 岁领取（初中教育金）	15 岁领取（高中教育金）	18 岁领取（大学教育金）	25 岁领取（创业基金）	60 岁后每年领取（养老基金）
0～9 岁	10%	15%	25%	50%	男 13%；女 12%
10～12 岁		15%	25%	50%	男 13%；女 12%
13～15 岁			25%	50%	男 13%；女 12%

教育保险有分红型和非分红型两种。一般情况下，具有分红功能的教育保险，如果保额相同，较非分红型教育保险的保费要稍高一些；保险公司在制订非分红型险种时，大多数产品的固定利率在 2.5%～3%，而分红型的少儿险固定收益会稍低于非分红型的少儿险，但额外拥有分红的权利，可享有保险公司的投资收益，目前中国市场正处于一个宏观调控的加息周期，总体收益可能大于非分红型收益。目前市场上主流教育保险为分红型，通过参与分红，可一定程度上缓解通货膨胀的压力。

教育保险与教育储蓄一样享有豁免利息税的优惠，而且不设保金上限。除了提供教育金，有的险种还将创业金、婚嫁金甚至养老金中的一种或几种纳入了保障范围。

教育保险具有储蓄投资的功能，虽然收益较低，即使加上分红也很难跟股票、基金等相比，但更强调保障功能，具有豁免保费的功能，可为保户（投保人和被保险人）提供意外伤害、高度残疾以及疾病身故等方面的保障。豁免保费是教育金保险的一大优势，也是多数少儿教育金保险的一大卖点。一旦投保的家长遭受不幸，身故或者全残，保险公司将豁免所有未交保费，子女还可以继续得到保障和资助。

例4.4　章先生两年前为刚出生的儿子投保了5万元保额的教育年金保险，并附加了5万元保额的附加儿童重疾险，原本打算分期缴纳保费至18岁，每年缴保费5 026.5元，18岁至21岁期间，每年可领15 000元的大学教育金，25岁保险期满还可领回40 000元。但章先生不幸意外身故，生前为其子教育的投入约1万元。请问章先生买的保险是否有效。

答：由于教育年金保险具有保费豁免功能，在投保人章先生不幸身故后，将豁免以后的各期保险费，保险合同依然有效，仍可保证为其子从18岁到25岁提供共计10万元的资金用于教育，还可以为其25岁前患重大疾病提供50 000元的医疗费。但是并非所有教育保险都具有豁免功能，所以选择教育金保险的投资产品时，要注意其是否有豁免条款。

当然，教育保险也有其特定的缺陷，那就是其流动性较差，而且一旦投保，就需按照约定定期支付保费给保险公司。因此如果保户投保期间需要较大的开支时，经济压力会比较大，而如果保户选择早期退保，则可能导致本金损失。不过教育保险作为储蓄险的一种，所缴的保费可以累积保单价值，急需用钱时，可以向保险公司在保单的现金价值的基础上进行保单贷款，此贷款期限以6个月为限，并按照约定利息计息，如在贷款期间发生保险事故，保险责任金需将贷款余额扣除。这样通过保单贷款，保险既可以达到强制储蓄的目的，又可以应对不时之需。

目前，市场上的少儿教育金保险很多，通常孩子一出生就可以投保，但保障的时间、保险金的给付等方面的差别却非常大。家长在选择教育金保险时需要做到"量体裁衣"，根据自己的收入情况和对子女的预期选择险种，要注意从实际的教育费用需求出发，进行功能和价格两方面的分析，选择了功能之后，对比同类产品的价格，从而选择性价比最优的产品。通常购买基本需求之外的保障必然会多交保费，增加不必要的经济负担。如果从孩子小学起就缴纳高学费，可以选择跨度大的保险，如涵盖从初中到大学教育金的保险；如果没有读研或其他深造计划，可重点考虑支付高中和大学教育经费的教育险，而不是那种大学毕业之后领取生存金的保险；如果家庭经济条件较充裕，或读高中前孩子教育费用支出较少，则可重点投保大学毕业后领取保险金的教育保险。另外，选择教育金保险时还需考察附加保障及额外收益。家长要有一定的前瞻性，提前一步考虑其他方面的保障，选择可附加意外险、重大疾病险、住院医疗保险等更具竞争力的保险产品或保险计划。

至于教育保险的支出，需根据家庭的承受能力进行设计。孩子教育支出在家庭支出中应保持一定比例。

（三）子女教育金信托

信托是一种财产交付管理的机制，受严格的法律保障。所谓信托，是指委托人基于对受托人的信任，将其财产权委托给受托人，由受托人按委托人的意愿以自己的名义，为受益人的利益或者特定目的，进行管理或者处分的行为。子女教育金信托是指家长通过信托机构进行投资理财规划（例如投资境内外基金等），待资产累积到一定程度时，在子女的未来教育某一条件成立时（例如子女某阶段学业毕业），将信托的资产转移给子女（可分阶段实行），让子女未来的教育和生活更有保障。子女教育金信托的架构图如图4-5所示。

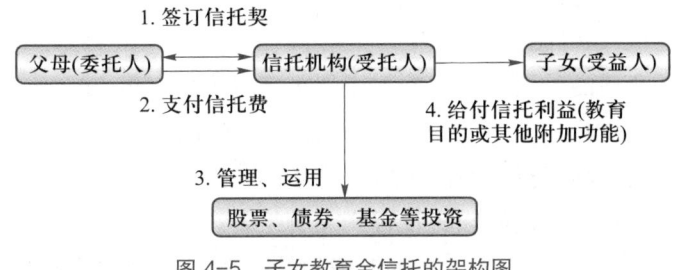

图4-5 子女教育金信托的架构图

1. 子女教育金信托具有的五大优点

（1）信托财产的隔离机制使得信托财产在依法设立后即可免于委托人、受托人的债务纠纷，成为一种安全的财产管理制度；

（2）能够节省赠与税，轻松完成财产转移；

（3）赠与后仍享有对财产的掌控权；

（4）信托财产由专业机构投资管理，专款专用，可避免子女挥霍财产；

（5）专业机构投资管理的收益高（目前约5%），稳定性好，委托人还可随时了解财产状况。

信托业在国外十分发达，就金融资产规模而言，信托与银行、保险分庭抗礼，三分天下。对待子女的教育成长之路，在国内人们在这方面的意识则比较淡薄，主要在于国内信托业诞生较晚，经营不够规范。相对而言，信托业是我国金融四大业中最薄弱的一环，发展比较滞后。随着近年来投资市场逐渐理性，信托理财以其收益高、稳定性好的优势越来越受投资者的青睐。目前信托类投资的门槛较高，个人直接投资信托产品，由于受200份的限制，资金门槛不会低于20万元，但银行信托类产品的门槛只需要5万元。

2. 子女教育金信托比较适合的对象

（1）有一定经济基础，但家庭结构差异较大（如老夫少妻型）的家庭。一且丈夫去世，留下较年轻的妻子，将难以照顾下一代。这种情况下，提前签订教育金信托甚至创业信托，就可以做好子女的财产或经济来源管理，避免子女不当挥霍，或者避免不肖亲友觊觎保险金或遗产的麻烦。

（2）夫妻离婚时，针对离婚后未成年子女的教育问题，可以用离婚前夫妻共有财产聘请专业的信托公司，以子女为受益人，建立一份子女教育金信托或子女教育创业金信托，保障父母离婚后子女的教育和生活的费用。

（3）对于计划送子女去海外留学的家长，海外信托是监护子女的最佳工具。为了让子女得到更好的教育，提高将来就业、创业的能力，很多有条件的家长选择将子女送到发达国家去留学，并且留学越来越趋向低龄化。但是许多留学生出国留学时心智尚不成熟，缺乏很好的自控能力，因此选择海外子女教育创业金信托是合适、可靠的方式。

（四）投资产品的组合优化

如何选择合适的投资产品，确保子女未来教育得以顺利完成？对于望子成龙、望女成凤的中国家长而言，这确实是值得好好思量的问题。就目前而言，单一的教育投资产品很难同时满足家长期望的收益率和保障功能或其他的附加功能，这就需要选择合适的教育投资产品的组合。

教育投资最重要的一点是合理考虑风险、收益以及投资期限，在子女不同的年龄段应选择不同的投资。在投资前，先要计算子女达到自己预期目标的教育金的缺口，设定投资期限和期望收益率，然后需根据家庭的风险承受能力，选择较合适的投资产品的组合。一般而言，子女还在婴幼儿时期，因离大学时还有很长时间，应该考虑通货膨胀造成明显的财富缩水的情况，可选择积极、中长期的投资产品，如教育保险、基金等，既有保障，又有高收益；若子女已经初中毕业，则应该选择注重当期收益的投资产品，例如高配息的债券型基金、教育储蓄等；子女欲出国留学的，则子女教育创业金信托是很好的产品。

知 识巩固

（一）单选题

根据资料回答 1～13 题。

资料：李女士想请理财规划师为她制订教育规划方案。她与丈夫都是普通职工，儿子今年两岁。因为对未来有良好的预期，不排除儿子长大后出国留学的可能。夫妻两人现有储蓄并不多，但也没什么负债。他们并不知道可以用于教育规划的投资工具有哪些，具体要求是怎样的，所以请理财规划师给予介绍或者回答其提出的问题。

1. 理财规划师在为李女士做规划之前，要对她的财务信息和非财务信息有所了解。在做子女教育规划时，可以不必考虑的因素是（　　）。

   A. 李女士儿子现在的理想　　　　　B. 李女士家庭收支水平

   C. 李女士家庭的成员结构　　　　　D. 李女士对子女的期望

2. 理财规划师为李女士的儿子制订专项教育规划时，会考虑做部分投资，但股票和公司债券在教育规划中所占比例不能过大，原因不包括（　　）。

   A. 依赖投资企业　　　　　　　　　B. 依赖于经济环境

   C. 收益高　　　　　　　　　　　　D. 受利率影响

3. 教育储蓄的优点不包括（　　）。

   A. 风险小　　　　B. 收益稳定　　　　C. 享受税收优惠　　　D. 数额大

4. 李女士表示对教育储蓄感兴趣。教育储蓄在非义务教育的各阶段最高存款额为（　　）万元。

   A. 2　　　　　　　　B. 3　　　　　　　　C. 4　　　　　　　　D. 5

5. 与教育储蓄相比，教育保险的缺点是（　　）。

   A. 范围广　　　　　　　　　　　　B. 可分红

   C. 变现能力弱　　　　　　　　　　D. 特定情况下保费可豁免

6. 能够达成防止李女士的儿子养成不良嗜好等其他相关目的的教育规划工具是（　　）。

   A. 教育储蓄　　　　　　　　　　　B. 定息债券

   C. 投资基金　　　　　　　　　　　D. 子女教育金信托

7. 以下教育规划工具中，能实现风险隔离的是（　　）。

   A. 教育储蓄　　　　　　　　　　　B. 定息债券

   C. 投资基金　　　　　　　　　　　D. 子女教育金信托

8. 教育储蓄是国家特定的储蓄项目，具有免利息税、零存整取并以（　　）方式计息。

   A. 零存整取　　　　B. 存本取息　　　　C. 整存零取　　　　D. 整存整取

9. 教育保险相当于将短时间急需的大笔资金分散开，逐年储蓄，投资年限通常最高为（　　）年。

   A. 18　　　　　　　B. 20　　　　　　　C. 22　　　　　　　D. 26

10. 下面关于教育保险说法错误的是（　　）。

    A. 保险金额越高，每年需要交付的保费也就越多

    B. 有的保险产品的回报率是参照当时银行存款利率设定的

    C. 银行一旦升息，参照当时银行存款利率设定的险种回报率将低于现行银行存款利率

    D. 是一种最有效率的资金增值手段

11. 李女士在确定子女教育理财目标时，充分考虑了子女要根据大学时的家庭情况及教育金准备情况来选择是就读普通大学还是艺术院校，是在国内上学，还是在国外留学，出国留学是去公立大学还是私立大学等。这符合以下（   ）原则。

A. 理财目标的设定要切合实际，适度宽松

B. 提前规划、适量积累

C. 充分利用定期定额计划来实现子女教育基金的储蓄

D. 投资时注意以稳健投资为主，不要太冒风险

12. 如果李女士的儿子以后出国需要办理留学贷款，下列可以作为留学贷款抵押物的是（   ）。

A. 可设定抵押权利的汽车　　　　　B. 可设定抵押权利的房产

C. 可设定抵押权利的首饰　　　　　D. 可设定抵押权利的土地

13. 留学房产抵押贷款最高额不超过经贷款人认可的抵押物价值的（   ）。

A. 50%　　　　　B. 60%　　　　　C. 70%　　　　　D. 80%

（二）多选题

1. 理财目标的设定要切合实际，适度宽松，这是子女教育规划的基本原则之一，以下符合这一原则的有（   ）。

A. 无论如何子女一定要取得至少本科学历

B. 结合家庭实际经济情况

C. 考虑孩子的本身特点

D. 不管怎样，一定要让子女出国接受教育

E. 家长下岗，孩子报考大学时侧重军校、师范类

2. 教育支出最主要的资金来源是客户自身的收入和资产。除此以外，教育资金来源还有（   ）。

A. 政府教育资助　　B. 奖学金　　　　C. 工读收入

D. 教育贷款　　　　E. 留学贷款

3. 理财规划师在策划方案时应减少对政府拨款的依赖，原因有（   ）。

A. 政府拨款有限

B. 拨款数量具有很大的不确定性

C. 政府拨款取得较难

D. 客户自有资源有可能满足子女大学教育费用

E. 成本高

4. 目前，（   ）可以用来强制储蓄，以保证到时获得足够的教育金。

A. 自动划转定期定额投资　　　　　B. 教育保险

C. 公司债券　　　　　　　　　　D. 国债

E. 大额存单

5. 理财规划师确定客户子女教育目标时应该考虑的因素有（　　）。

A. 学校的特点　　　　　　　　　B. 学费的高低

C. 学校所在城市的生活水平　　　D. 子女的兴趣爱好

E. 子女的学习能力

6. 教育储蓄是一种主要的长期教育规划，具有很多优点，但是也有很大的局限性。其局限性主要体现在（　　）。

A. 能办理教育储蓄的投资者范围比较小

B. 教育储蓄收益不稳定

C. 教育储蓄回报较低

D. 教育储蓄也有较大的风险

E. 教育储蓄的规模非常小

7. 设立子女教育金信托的优点有（　　）。

A. 鼓励子女努力奋斗　　　　　　B. 防止子女养成不良嗜好

C. 从小培养理财观念　　　　　　D. 规避家庭财务危机

E. 专业理财管理

专业能力训练

1. 张先生儿子现年10岁，他计划5年后送儿子出国从高中念到硕士，假设学费年上涨率为3%，国外求学费用折合每年10万元人民币，共准备9年。在投资报酬率为8%的要求下，请计算张先生应准备多少钱成立子女教育金信托，可以完成他送儿子出国念书的目标。

2. 钱华夫妇请你为他们的女儿做高等教育金规划。以大学4年8万元学杂住宿费计算，假设每年费用上涨率为3%，其女儿12年后上大学。假设根据钱华夫妇风险承受特性选取的基金投资报酬率为6%，请规划他们现在需要进行的每月专项储蓄。

3. 许先生的孩子还有5年上大学，现在大学每年的各种费用大概为15 000元。假定不考虑通货膨胀，投资报酬率为8%，学费的上涨率为每年1%，请回答下列问题：

（1）许先生孩子第一年上大学时，他至少要准备的费用为多少元？

（2）如果许先生决定在孩子上大学当年就准备好大学4年的费用，不考虑4年间的投资所得，他准备的费用应为多少元？

（3）如果考虑 4 年间的投资所得，许先生在孩子上大学当年共计准备的费用应为多少元？

（4）如果许先生决定从现在开始通过定期定额每年年末投资来筹集孩子 4 年大学教育所需要的费用，在上述投资回报率假设下，许先生每年需要投入多少元？

 **范案例**

王先生子女教育规划案例

一、家庭基本情况

王先生，29 岁，政府机关的公务员，妻子刘女士 26 岁，在某杂志社担任美术编辑。两人合计税后工资 12 000 元，2023 年夫妻俩喜得贵子，儿子现在暂由双方父母照顾。宝宝虽然聪明可爱，但王先生的理财烦恼也接踵而至。

（1）夫妻俩希望至少在经济上能支持子女出国留学的目标，如果不出国的话，这笔钱也能在将来留给孩子作为创业基金或者结婚费用。

（2）夫妻俩不想让父母太过劳累，希望能聘请家政人员协助照顾儿子。

（3）夫妻俩希望能培养孩子一项特长，并使孩子打下坚实的英语基础。

夫妻俩打算使用 20 万元积蓄专门为孩子制订一份教育规划。

二、规划假设前提

子女教育规划有一定的周期性。在孩子 3 周岁前，虽然不需要支出幼儿园的入托费，但是这个阶段抚育金的比例一般较大，保姆、奶粉、童装、玩具这些支出一样都少不了。而随后幼儿园、小学、初高中教育金支出呈现递减趋势，抚育金渐渐平稳。当子女进入大学阶段甚至出国留学的这个时期，教育金和抚育金都会出现大幅度增加，家庭的财务压力一般也到了最大的一个时期。

表 4-5 中结合实际情况，对子女成长过程中的教育金与抚育金支出、相关重要参数进行假设。

表 4-5　模拟子女成长过程中教育金与抚育金支出

年龄	教育阶段	教育金 / 元·（学年）$^{-1}$	抚育金 / 元·月$^{-1}$	说明
0～2 岁			2000[①]	
3～6 岁	幼儿园	24 000	1 500	
7～12 岁	小学	20 000	1 500	中 × 村三小
13～15 岁	初中	10 000	1 500	× 大附中

续表

年龄	教育阶段	教育金 / 元·（学年）⁻¹	抚育金 / 元·月⁻¹	说明
16~18 岁	高中	10 000	1 500	× 大附中
18~22 岁	大学	80 000	5 000	出国留学[2]

说明：① 暂不考虑保姆费用。

② 出国留学支出每年 2 万美元（暂按照美元对人民币的汇率为 7.0 计算）。

为更好体现子女教育规划的严谨性与可实施性，设定的学费增长率不低于通货膨胀和收入增长率，模拟相关重要参数假设如表 4-6 所示。

表 4-6　模拟教育金相关重要参数假设

学费增长率	每年 4%	通货膨胀率	每年 4%
收入增长率	每年 3%	无风险收益	每年 3%

三、家庭财务状况和财务诊断

如表 4-7 所示，预计王先生家庭子女教育支出的长期比例维持在 46.3%，在子女 19 岁出国之前家庭教育支出比例基本上低于 30%，此期间王先生家庭如果没有房屋贷款类似的负债，家庭收支结构较为合理。当子女 19 岁出国后，家庭经济压力陡增，因此需制订相应规划以弥补出国留学的教育金筹备。

表 4-7　理财规划前的现金流量表

年龄	年份	说明	教育金 / 万元	抚育金 / 万元	教育支出 / 万元	家庭收入 / 万元	教育支出占比 /%
0	2023	婴幼儿期	0	−2.40	−2.40	14.40	16.7
1	2024		0	−2.50	−2.50	14.83	16.8
2	2025		0	−2.60	−2.60	15.28	17.0
3	2026	幼儿园	−2.70	−2.02	−4.72	15.74	30.0
4	2027		−2.81	−2.11	−4.91	16.21	30.3
5	2028		−2.92	−2.19	−5.11	16.69	30.6
6	2029		−3.04	−2.28	−5.31	17.19	30.9
7	2030	小学	−2.53	−2.37	−4.90	17.71	27.7
8	2031		−2.63	−2.46	−5.10	18.24	27.9
9	2032		−2.74	−2.56	−5.30	18.79	28.2
10	2033		−2.85	−2.66	−5.51	19.35	28.5
11	2034		−2.96	−2.77	−5.73	19.93	28.8
12	2035		−3.08	−2.88	−5.96	20.53	29.0

续表

年龄	年份	说明	教育金/万元	抚育金/万元	教育支出/万元	家庭收入/万元	教育支出占比/%
13	2036	初中	−1.67	−3.00	−4.66	21.15	22.0
14	2037		−1.73	−3.12	−4.85	21.78	22.3
15	2038		−1.80	−3.24	−5.04	22.43	22.5
16	2039	高中	−1.87	−3.37	−5.24	23.11	22.7
17	2040		−1.95	−3.51	−5.45	23.80	22.9
18	2041		−2.03	−3.65	−5.67	24.52	23.1
19	2042	大学	−16.85	−12.64	−29.50	25.25	116.8
20	2043		−17.53	−13.15	−30.68	26.01	117.9
21	2044		−18.23	−13.67	−31.90	26.79	119.1
22	2045		−18.96	−14.22	−33.18	27.59	120.2
合计			−110.88	−105.37	−216.22	467.32	46.3

四、理财目标

王先生对子女在计划留学前教育支出的压力可以承受，因此计划使用薪资收入的储蓄部分应对支出，为弥补留学时的高额教育金缺口，投资规划设计应针对子女19岁时的目标缺口，再依据王先生对子女教育规划的其他目标顺序调整。

五、教育规划方案

（一）留学资金筹备目标投资组合策略

相关内容如表4-8至表4-10所示。

表4-8　留学资金筹备目标投资组合

产品名称	美满人生年金保险	华夏平稳增长混合型证券投资基金
发行机构	中国人寿保险股份有限公司	华夏基金管理有限公司
产品简述	客户自保单生效时就开始领取年金直至投保人年满74周岁	实施主动资产配置、精选证券投资、金融衍生工具投资等多种积极策略，追求基金资产的持续、稳健增值
适用原因	1. 为王先生增加保额 2. 即缴即领年金，现金流稳定	1. 长期稳定储蓄积累 2. 获取平均市场收益

续表

投资策略	王先生为被保险人，子女作为受益人五年期年缴 3 万元	每月定额定投 1 500 元
	按照保险合同，王先生每年可领取固定年金，另外可领取多种方式红利，使用年金红利和自由储蓄办理基金定额定投业务	

表 4-9　美满人生年金保险利益演示　　　单位：元

王先生年龄	孩子年龄	缴纳保费	年金	红利
29	1	−30 000	1 890	
30	2	−30 000	1 890	900
31	3	−30 000	1 890	1 800
32	4	−30 000	1 890	2 700
33	5	−30 000	1 890	3 600
34	6		1 890	4 500
35	7		1 890	4 500
⋮	⋮	⋮	⋮	⋮
47	19		1 890	4 500
48	20		1 890	4 500
49	21		1 890	4 500
50	22		1 890	4 500
⋮	⋮	⋮	⋮	⋮
74	46		1 890	4 500
75	47		189 000	9 000

表 4-10　华夏平稳增长基金定投利益演示　　　单位：元

期限（年）	5%	10%	15%	20%
1	18 418.3	18 848.4	19 290.5	19 745.2
2	37 778.9	39 670.4	41 682.1	43 822.3
3	58 130.0	62 672.7	67 673.3	73 181.7
4	79 522.3	88 083.7	97 842.6	108 982.4
5	102 009.1	116 155.6	132 861.8	152 637.3

续表

期限（年）	5%	10%	15%	20%
⋮	⋮	⋮	⋮	⋮
15	400 933.4	621 705.5	1 002 760.1	1 673 549.9
16	439 864.2	705 654.6	1 183 248.9	2 060 457.0
17	480 786.8	798 394.2	1 392 752.1	2 532 248.1
18	523 803.0	900 844.8	1 635 933.8	3 107 545.9

如果长期收益率区间为10%～15%，考虑年金保险18年后的现金价值，18年后留学目标可以如期完成。

参考世界各主要股票市场长期平均收益情况（见表4-11）。

表4-11　世界主要股票市场长期平均收益情况

股票市场名称	平均收益率
纳斯达克综合指数	11.0%
香港恒生指数	13.3%
道琼斯工业平均指数	10.1%
德国法兰克福DAX指数	11.6%
标准普尔500指数	9.3%
印度孟买SENSEX指数	18.7%
上证指数	16.0%

（二）聘请保姆、培养特长的资金投入准备

相关内容如表4-12所示。

表4-12　聘请保姆、培养特长的资金投入准备

产品名称	东方红3号	本利丰第9期	中海稳健收益债券型基金
发行机构	东方证券股份有限公司	中国农业银行	中海基金管理有限公司
产品简述	追求为投资者创造绝对收益、自有资金参与、亏损部分补偿	投资资本市场套利机会，在股指期货正式推出后可进行股指期货套利投资	纯债券基金、可参与新股申购、交易成本低廉、流动性强
适用原因	希望取得超额收益	安全性较高	收益稳定、流动性好
预期收益	7.12%～20%	5.5%～13%	5%～9%

续表

投资策略	10 万元	5 万元	5 万元
	综合收益率区间为 6.2%～10%		

（三）综合投资组合策略

相关内容如表 4-13 所示。

表 4-13　综合投资组合

理财目标	投资产品	投资比例	投资收益
留学资金筹备	美满人生年金保险	每年 3 万元缴 5 年	终身年金红利
	华夏稳增基金	每月 1 500 元	10%～15%
聘请保姆、培养特长	东方红 3 号	10 万元	6.12%～10%
	本利丰第 9 期	5 万元	
	中海稳健债券	5 万元	

六、理财规划总结

从表 4-14 可看出规划后子女教育支出比例变得较为平稳，子女成长过程中并不会在某一时段造成家庭负担沉重，在满足王先生三个目标后，家庭子女养育支出的比例均值由 46.3% 下降至 39.04%，理财目标最终实现的可能性很大。此后需要修正家庭风险保障，对家庭有可能发生的意外风险做进一步补充，以确保理财规划最终完成。

表 4-14　理财规划后的现金流量表　　单位：元

孩子年龄	必要说明	教育支出	子女生活支出	投资支出	年金收入	投资收益	薪金收入	家庭收入	子女养育支出占比
0	聘请保姆	-2.4	-2.00	-23	0.19	1.22	14.4	15.81	27.83%
1		-2.5	2.08	-3	0.28	1.22	14.83	16.33	28.04%
2		2.6	-2.16	-3	0.37	1.22	15.28	16.87	28.22%
3	幼儿园	-4.72	-1.12	-3	0.46	1.22	15.74	17.42	33.52%
4		-4.91	-1.17	-3	0.54	1.22	16.21	17.97	33.83%
5		-5.11	-1.22		0.64	1.22	16.69	18.55	34.12%
6		-5.31	-1.27		0.64	1.22	17.19	19.05	34.54%
7	小学	-4.9	-1.32		0.64	1.22	17.71	19.57	31.78%
8		-5.1	-1.37		0.64	1.22	18.24	20.10	32.18%
9		-5.3	-1.42		0.64	1.22	18.79	20.65	32.54%

157

续表

孩子年龄	必要说明	教育支出	子女生活支出	投资支出	年金收入	投资收益	薪金收入	家庭收入	子女养育支出占比
10		−5.51	−1.48		0.64	1.22	19.35	21.21	32.96%
11	小学	−5.73	−1.54		0.64	1.22	19.93	21.79	33.36%
12		−5.96	−1.60		0.64	1.22	20.53	22.39	33.77%
13		−4.66	−1.67		0.64	1.22	21.15	23.01	27.51%
14	初中	−4.85	−1.73		0.64	1.22	21.78	23.64	27.83%
15		−5.04	−1.80		0.64	1.22	22.43	24.29	28.16%
16		−5.24	−1.87		0.64	1.22	23.11	24.97	28.47%
17	高中	−5.45	−1.95		0.64	1.22	23.8	25.66	28.84%
18		−5.67	−2.03		0.64	1.22	24.52	26.38	39.19%
19			−29.5		0.64	32.19	25.25	58.08	50.79%
20	大学出国留学		−30.68		0.64	32.19	26.01	58.84	52.14%
21			−31.9		0.64	32.19	26.79	59.62	53.51%
22			−33.18		0.64	32.19	27.59	60.42	54.92%
合计		−247.01						632.71	30.04%

第五章
保险规划

›› 第一节　保险规划的意义和步骤
›› 第二节　保险需求诊断

学习目标

素养目标
- 树立风险和保险规划服务的意识；
- 通过学习保险规划，树立安全第一的风险观；
- 培养不忘理财初心、践行保障使命的职业担当。

知识目标
- 了解风险、保险及保险规划的含义；
- 了解中国常见保险产品的特征；
- 掌握制订保险规划的步骤。

能力目标
- 能够计算家庭保险需求量；
- 能够对家庭的保险规划做出诊断与评价。

保险规划
重难点讲解

思维导图

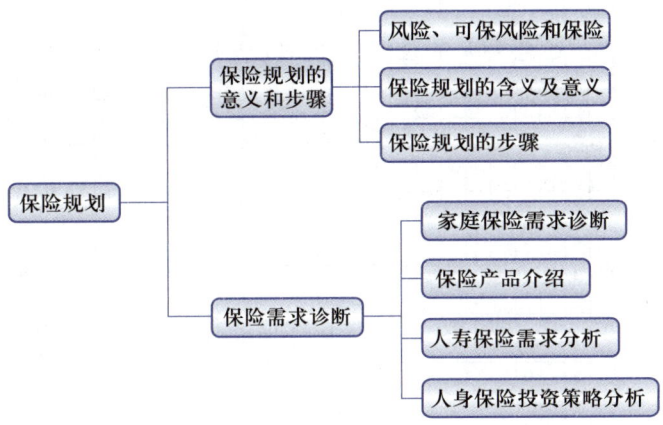

第一节　保险规划的意义和步骤

【导入案例】

案例 5.1　范小姐，31 岁，是某公司的管理人员，年收入 20 万元左右。比她大 1 岁的丈夫是某公司的技术人员，收入同样不低；5 岁的儿子已经开始学习钢琴、游泳。

据范小姐说，每月夫妻花在儿子身上的钱就要 5 000 元；家里还请了个保姆帮忙，每月向其支付 3 000 元；习惯健身的夫妻两人每月的健身费也是必要开支；水、电、煤、伙食、衣服等日常开销倒不是很大，基本控制在 2 000 元左右；每年全家会外出旅游三四次。范小姐请求理财规划师帮助分析家庭存在风险。

解释：范小姐家庭目前存在的主要潜在风险为：范小姐夫妻的重大疾病风险、死亡风险、意外伤害风险，子女的意外伤害风险，保姆的意外伤害风险。

一、风险、可保风险和保险

（一）风险

风险大致有两种定义：一种定义强调了风险表现为不确定性；而另一种定义则强调风险表现为损失的不确定性。若风险表现为不确定性，说明风险产生的结果可能带来损失、收益或者无损失也无收益，属于广义风险。金融风险属于此类。而风险表现为损失的不确定性，说明风险只能表现出损失，没有从风险中获利的可能性，属于狭义风险。风险和收益成正比，所以一般积极进取型的投资者偏向于高风险是为了获得更高的利润，而稳健型的投资者则侧重于对安全性的考虑。通俗地讲，风险就是发生不幸事件的概率。换句话说，风险是指一个事件产生人们所不希望的后果的可能性。

1. 风险的特征

（1）不确定性。风险的不确定性主要体现在风险是否产生不确定，发生时间不确定，损失程度不确定。

（2）客观性。风险不以人的意志为转移，是独立于人的意志之外的客观存在。例如，自然界的地震、台风、洪水，社会领域的战争、瘟疫、冲突、意外事故等，都是不以人的意志为转移的客观存在。因此，人们只能在一定的时间和空间内改变风险存在和发生的条件，降低风险发生的频率和损失程度，但风险是不可能彻底被消除的。正是风险的客观存在，决定了保险活动或保险制度存在的必要性。

（3）普遍性。人类的历史就是与各种风险相伴的历史。在当今社会，风险渗入社会、企业、个人生活的方方面面，个人面临着生、老、病、死、意外伤害等风险，企业面临着自然风险、市场风险、技术风险、政治风险等，甚至国家和政府机关也面临着各种风险。正是由于这些普遍存在的对人类社会的生产和生活构成威胁的风险，才有了保险存在的必要和发展的可能。

（4）可测定性。个别风险的发生是偶然的、不可预知的，但通过对大量风险事故的观察可以发现，风险往往呈现明显的规律性。运用统计方法处理大量相互独立的偶发风险事故，可比较准确地发现风险的规律性。根据以往的大量资料，利用概率论和数理统计的方法可测算风险事故发生的概率及其损失程度，并且可构造出损失分布的模型，从而为风险估测奠定基础。

（5）发展性。在人类社会进步和发展的同时，风险的产生范围也在不断扩大。尤其是当代高新科学技术的发展与应用，使风险的发展性更为突出。例如，向太空发射卫星，把风险拓展到了外层空间；原子能的利用、核电站的建立，则带来了核污染及核爆炸的巨大风险。因而，风险会因时间、空间因素的不断变化而变化。

2. 风险的构成要素

（1）风险因素。风险因素是指促成某一特定风险事故发生，或增加其发生的可能性，或扩大损失程度的原因和条件。构成风险因素的条件越多，发生损失的可能性就越大，损失就会越严重。影响损失产生的可能性和程度的风险因素有两类：有形风险因素（比如财产所在的地域、建筑结构和用途等）和无形风险因素（比如道德风险因素和行为风险因素等）。

（2）风险事故。风险事故又称风险事件，是指风险成为现实，造成人身伤亡或财产损害的偶发事件，它是造成损害的直接原因。只有风险事故的发生才能导致损失。风险事故意味着风险的可能性转化成了现实性。

（3）风险损失。风险损失是指非故意的、非预期的、非计划的经济价值的减少。在保险实务中，一般将损失分为两种形态，即直接损失和间接损失。直接损失是指风险事故导致的财产本身损失和人身伤害，这类损失又称为实质损失；间接损失则是指由直接损失引起的其他损失，包括额外费用损失、收入损失和责任损失。在风险管理中，通常将损失分为四类：实质损失、额外费用损失、收入损失和责任损失。

3. 风险构成要素间关系

风险是由风险因素、风险事故和风险损失三者构成的统一体。

（1）风险因素是指引起或增加风险事故发生的机会或扩宽损失幅度的条件，是风险事故发生的潜在原因。

（2）风险事故是造成生命财产损失的偶发事件，是造成损失的直接或外在原因，是损失的媒介。

（3）风险损失是指非故意的、非预期的和非计划的经济价值的减少。

上述三者关系为：风险是由风险因素、风险事故和风险损失三者构成的统一体，风险因素引起或增加风险事故，风险事故发生可能造成风险损失。风险各要素的逻辑关系如图5-1所示。

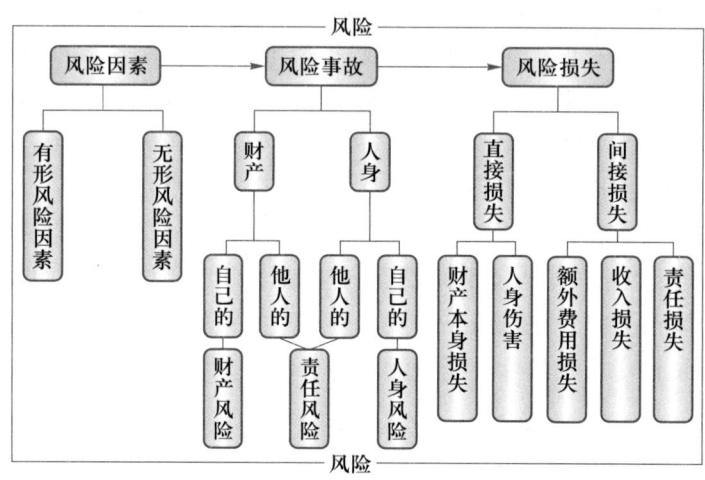

图5-1　风险各要素的逻辑关系

4. 风险的种类

（1）按照风险的性质划分：

① 纯粹风险。只有损失可能而没有获利机会的风险。

② 投机风险。既有损失可能也有获利机会的风险。

（2）按照产生风险的环境划分：

① 静态风险。自然力的不规则变动或人们的过失行为导致的风险。

② 动态风险。社会、经济、科技或政治变动产生的风险。

（3）按照风险发生的原因划分：

① 自然风险。自然因素和物力因素所造成的风险。

② 社会风险。个人或团体在社会上的行为导致的风险。

③ 政治风险（国家风险）。在国际经济活动中，由于国家的主权行为引致损失的可能性。

④ 经济风险。经济活动过程中，因市场因素影响或者管理经营不善导致经济损失的风险。

⑤ 技术风险。伴随着科学技术的发展、生产方式的改变而产生的威胁人们生产与生活的风险。

财商小课堂

懒蚂蚁的故事

某进化生物研究小组曾经做过一个实验。他们对三个分别由 30 只蚂蚁组成的蚁群进行追踪，以观察它们的分工情况。结果发现，大多数蚂蚁都很勤快，清理蚁穴、搬运食物、照顾幼蚁，几乎没有停歇。然而，有少数蚂蚁却无所事事，终日在蚁群周围东张西望，从不工作。生物学家把这少数蚂蚁叫作"懒蚂蚁"，并在它们身上做了标记。有趣的是，当研究小组断绝掉蚁群的食物来源时，那些勤快的蚂蚁立马乱成了一团。而"懒蚂蚁"则不慌不忙，带领蚁群向新的食物源转移。原来"懒蚂蚁"不是懒，而是把大部分时间都花在了侦察上。它们看起来游手好闲，但没有停止观察，一旦有紧急情况发生，立即采取应急办法进行处理。这就是著名的"懒蚂蚁效应"。

这个故事对我们财富风险管理有什么启示呢？人们在生活中不是一帆风顺的，风险无处不在，我们应时时警惕风险的来临，未雨绸缪，做好防范风险的准备。保险就充当类似"望风"的"懒蚂蚁"角色，当风险来临时可以及时转移风险造成的财务损失。

（二）可保风险

可保风险是保险公司可接受承保的风险。可保风险必须具备下列条件：

（1）可保风险是纯粹风险。

（2）风险的发生必须具有偶然性。

（3）风险的发生是意外的。所谓意外，是指非人们的故意行为所致的结果。故意行为容易引起道德风险，为法律所禁止，与社会道德相矛盾。因此，故意行为引起的风险及必然发生的风险，都不可能通过保险来转移。如赌博、自然损耗、机器磨损等都为不可保风险，赌博为法律所禁止，自然损耗、机器磨损为必然，因此不可能为保险人承保。非意外风险属于不保风险。

（4）风险必须是大量标的均有遭受损失的可能性。

（5）风险的损失必须是可以用货币计量的。

以上五个可保风险条件是相互联系、相互制约的。

（三）保险

1. 保险与商业保险的含义

保险是以契约形式确立双方经济关系，通过缴纳保险费建立起来的保险基金，对保险合同规定范围内的灾害事故所造成的损失，进行经济补偿或给付的一种经济形式。

商业保险是指投保人根据合同约定，向保险人支付保险费，保险人对于合同约定的可能发生的事故因其发生所造成的财产损失承担赔偿保险金责任，或者当被保险人死亡、伤残、疾病或者达到合同约定的年龄、期限时承担给付保险金责任的商业保险行为。

2. 保险的基本职能

（1）风险损失分摊。保险是指通过投保人缴纳保险费，建立保险基金，以有效地运作基金，来实现对遭受风险损失的被保险人或受益人提供经济保障。保险是将在一定时期可能发生的风险损失的总额，在有共同风险的投保人之间平均化，由所有投保人平均分担，从而把个别单位或个人难以承受的风险损失，变成多数人能够承担的风险损失。这实际上就是把风险损失均摊给所有保险人。

（2）补偿风险损失。保险基金的基本用途，就是根据投保人和保险人的约定，在特定风险发生后对被保险人所遭受的风险损失进行经济补偿。

因此，可以把保险的功能概述为以收取保险费的方法，建立保险基金来分摊风险损失，以此实现经济补偿的目的。分摊损失和经济补偿是保险机制不可分割的两个方面。

3. 保险的派生职能

（1）投资职能。由于保险的补偿与给付的发生具有一定的时差性，这就为保险人进行投资活动提供了可能性。同时保险人为了使保险基金经营稳定，必须保证保险基金保值、增值，这就派生了保险投资的职能。从国外的经验来看，投资是保险公司受益的重要来源。

（2）防灾防损职能。保险是用以承担风险的。作为保险经营者，为了稳定经营，有必要对风险进行分析、预测、评估，明确哪些风险能作为承保风险，哪些风险可进行时空上的分散，哪些风险不可作为承保风险。而人为的因素与风险转化为现实损失的发生率具有相关性，通过人为的事前预防，可以减少损失的产生。因此，保险又派生了防灾防损的职能。

二、保险规划的含义及意义

（一）保险规划

保险规划是非常重要的理财环节。保险规划主要包括设定理财目标（未来需要多少钱）、分析客户目前的资产状况以及每年收入扣除支出后能余下的数量（当前财富加上未来储蓄），而将后者和前者联系起来的途径便是理财规划。理财规划的目的是更好地实现这种联系，即如何合理地将当前财富和未来储蓄分配在各种投资工具上，以便更好地达到所设定的理财目标。

保险规划是指为了规避、管理个人面临的人身风险、财产风险和责任风险，通过办理和购买不同品种、金额、期限的保险来实现对风险的规避和管理的规划。

（二）保险规划的意义

图 5-2 是一般家庭收入分配情况：40%～50% 用于衣食住行等家庭基本生活费用支出，15%～20% 用于税费；除此之外，还会用一部分收入作为个人投资，包括住房、股票、基金、珠宝等；另外，最重要的是收入的 5%～7% 用于家庭保障计划。一个好的保险规划具有以下优点：

（1）建立家庭保障计划。如果你是一家之主，在你的关怀和照顾之下，你的伴侣和孩子都生活得很舒适。现在你的家人都在你的保护之下生活得很好，因为你就是他们的保险。但一个人无论多有本事，有两种事情是不能控制的：一种是疾病，另外一种是意外或伤残。假使有一天你突然不能照顾他（她）们，对你家人来讲，你妻子（丈夫）不仅仅失去了一个丈夫（妻子），你的孩子不仅仅失去了一个父亲（母亲），同样重要的是他（她）们都失去了一种持续稳定的收入，失去了保障。但如果你建立家庭保障计划，就会保障你的家人在出现意外情况时生活也不受影响。你妻子（丈夫）仍然可以每个月拿到保险金维持基本生活，一直到孩子成年自立为止。

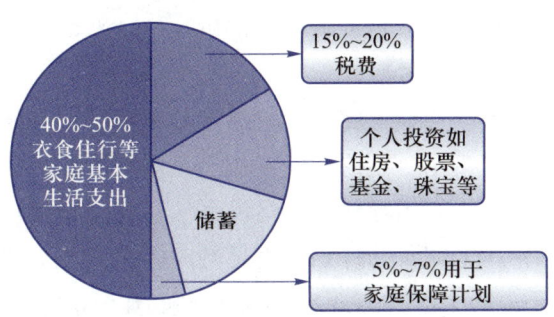

图 5-2 家庭收入分配图

（2）建立教育基金。当今社会知识很重要，如果将来孩子有能力读大学，但因为经济的原因不能完成学业，以致影响了前途，是很可惜的。一个完善的教育基金计划应该保障孩子在接受高等教育时，有一笔钱助其完成学业（见图 5-3）。有资料显示，20×× 年某省大学的学费、住宿费、生活费等加起来，一名学生一年需要 2 万元左右的费用。现在应该做好准备，以保证将来可以有足够的教育基金。如果将来有意外发生，导致这笔教育基金没有准备好，就会使得孩子的前途受到一定的影响。

（3）建立退休金。人生的旅程会有多长，人们都无法预测，不过未来的收入会随着个人的经验和知识一起增加，但到退休之后，收入可能大幅减少，甚至为零（见图 5-4）。其实人们辛辛苦苦工作这么多年，都希望退休之后可以安享晚年。而退休之后的收入主要来自三方面：第一是自己的退休金和储蓄；第二是子女给予的养老金；第三是社会养老保险。现行的社会养老保险不够维持生活水准，并且子女照顾自己的家庭已经很不容易，更何况还要供养老人？所以，退休时有一笔自己可以支配的资金来安享晚年是很重要的。现在年轻，有工作能力，没有钱不要紧，但如果将来年纪大了又没有钱，生活就会很困难。一个好的保险规划，基本上可以把年轻时候的钱一点一点存起来，到年纪大的时候拿来用。

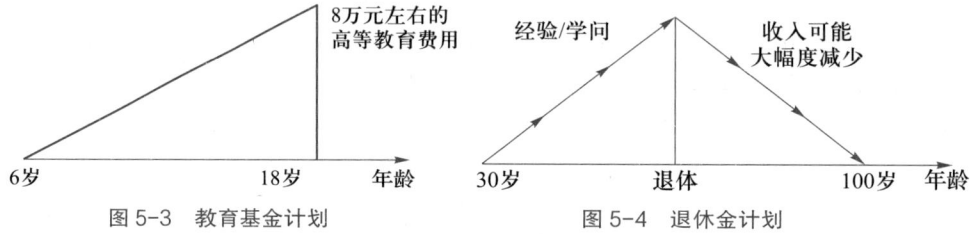

图 5-3　教育基金计划　　　　　　图 5-4　退休金计划

（4）建立应急的现金。人生会有起有落。在顺境的时候，人可能有好的收入、遇到好的投资机会，但如果平常没有积蓄的话，可能就会错过机会。在逆境的时候，可能因为大病、失业等，也需要一笔钱去应付困难，否则处境会更加狼狈。一份好的保险规划，基本上可以提供一笔应急资金，使人能够把握好机会或者应对困境（见图 5-5）。

（5）有计划地储蓄。一般人储蓄的习惯都差不多，一开始很有决心，但过一段时间后，就因为想买车、装修房子，或者是旅行等原因，就消耗掉很大一部分积蓄。然后重新从头开始存钱，始终没办法达到目标。保险规划需要先确定一个目标，然后用一个完善的计划和充足的时间去完成。中途如果发生意外的话，也可以保证这个计划一步一步地完成（见图 5-6）。甚至更加不幸，如身故，这笔钱就会作为赔偿金，马上送到指定的受益人手里。换句话说，这个保险规划是可以 100% 成功的。

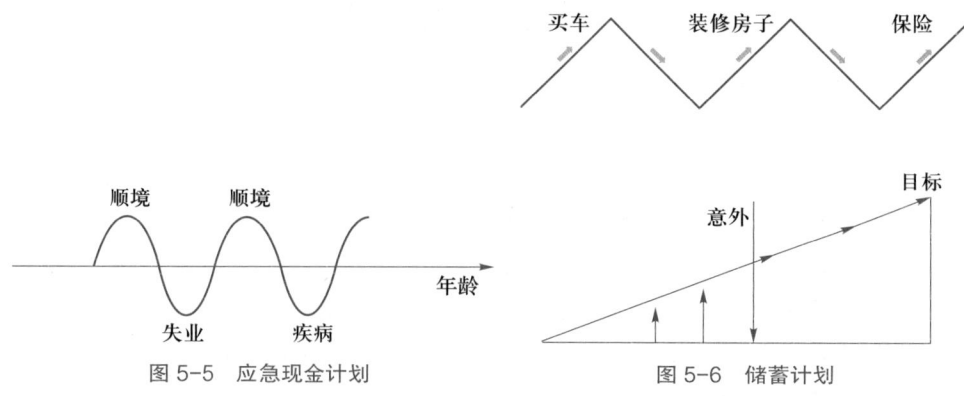

图 5-5　应急现金计划　　　　　　图 5-6　储蓄计划

三、保险规划的步骤

（一）风险识别

识别和分析家庭风险是整个风险管理程序的基础。所以首先要采取有效的方法和途径识别家庭的各种潜在风险，并进行经验判断和归纳整理，对风险的性质予以鉴定。

这个阶段通常包括感知风险和分析风险两个环节。

危害个人和家庭生存与安全的风险各种各样，有必要对其进行适当的分类，以便不重不漏地识别和分析。有待识别的风险，不仅仅是那些比较明显的风险因素，还有那些潜在的风险因素。识别风险，一方面可以通过感性认识和历史经验来判断；另一方面是通过对各种客观的资料（如医疗记录、家庭结构、工资收入表、分期付款表等）和风险事故记录进行分析、归纳和整理，必要时进行专家访问，从而发现各种风险及其损失情况，寻找其规律。风险识别阶段通常包括：一是全面了解个人和家庭的日常状况；二是分析人、物和活动中存在的风险因素，判断发生风险损失的可能性；三是分析所面临的风险可能造成的损失及其形态，如人身伤亡、财产损失、收入中断和民事责任等。此外，需要鉴定风险的性质，以便采取合理有效的处理措施。

为了识别家庭风险，需要了解有关家庭财产、责任和家庭目标等方面的信息，例如，收入金额及取得方式，年龄、健康状况及相关因素，所拥有和适用的财产、负债情况，社会保险情况，目前已有的商业保险保障等，收集这些相关信息时，可以使用针对个人或家庭设计的标准的风险调查表，使调查工作更加具有系统性和规范性。当然，在实际中，可以发现多种形式的风险调查表或风险清单，每一种表的具体内容和侧重点各不相同。因此，在识别家庭风险时，可以用某一种风险调查表作为识别风险的参照工具，并针对其局限性采取其他方式加以弥补。

在通过各种方法感知家庭面临的风险之后，接下来需要进一步分析引起损失的风险事故以及发生损失的后果。例如，家庭成员可能因意外导致残疾，因疾病导致死亡或者因失业而失去收入；家庭财产可能因火灾、洪灾等发生损失。在各种风险事故中，有的后果可能比较轻微，有的后果可能比较严重，这些都是在分析风险的时候需要详细研究的。

风险识别是一项持续性和系统性的工作。由于人的认识能力总是有限的，而且各种条件处在不断变化之中，个人和家庭所面临的风险也会经常变化（见表5-1）。所以总会出现某一种风险消失而另一种新的风险又出现，此风险减小而彼风险却增大的情况，还有一些风险性质改变等情况。这就要求人们持续不断地去识别，密切注意原有风险的变化，随时发现新风险。因此，风险识别必须经常化。例如，周小姐 2×19 年时的工作是销售，经常出差，2×20 年的时候转做内勤，每天都在办公室，则她面临的风险肯定会发生变化，这时候就要重新进行风险识别。

表 5-1　重要的个人或家庭风险识别

项目	生命周期	风险	可能的损失
生命健康	整个阶段	残疾	额外花费，家庭负担
	阶段 1～阶段 5	残疾	收入（暂时或永久）
	阶段 1～阶段 5	死亡	收入
	阶段 1～阶段 4、阶段 6	死亡	额外花费，家庭负担
	阶段 3 子女养育	残疾	额外花费
财产	租赁住房	损失或损坏	另找住处的花费，包括旅馆费用
	自有住房	损失或损坏	修理或更新，暂时住处耗费
	车	偷盗，损失，损坏	修理或更新，临时租赁耗费
	其他财产	偷盗，损失，损坏	修理或更新，等待时期的额外耗费
责任	不当行为	对第二、第三方责任	他方损失，法律成本
	财产	对第三方责任	第三方损失，法律成本
阶段 1——单身；阶段 2——无子女夫妻；阶段 3——有子女夫妻；阶段 4——老年夫妻；阶段 5——年老单身；阶段 6——夫妻退休			

（二）风险估测

通过风险识别，发现了个人或家庭面临的风险，弄清了存在的风险因素，确认了风险的性质，并获得了有关信息数据，接下来就要通过对这些资料和数据的分析，归纳出关于损失发生概率及其程度的有关信息，为选择风险处理方法、进行正确的风险管理决策提供依据，这就是风险估测（见表 5-2）。风险估测以风险发生的概率和损失程度（或强度）为主要测算指标，并据以确定风险的大小或高低。这一般需要运用概率论和数理统计方法，必要时借助电子计算机来完成。损失概率也就是损失发生的可能性，是指风险损失在一定时间范围内实际发生损失或预期发生损失的数量与所有可能发生损失的数量比值。下面是这样一组概率数据：

受伤：危险概率是 1/3；

难产（行将生育的妇女）：危险概率是 1/6；

车祸：危险概率是 1/12；

在家中受伤：危险概率是 1/80；

受到致命武器的攻击：危险概率是 1/260；

死于心脏病：危险概率是 1/340；

家中成员死于突发事件：危险概率是 1/7 000。

损失程度是指标的物发生一次风险事故时的平均损失额度，它是发生损失金额按其概率进行加权而得出的平均数，或称是损失金额的数学期望。

当然，并没有绝对的标准来衡量风险的严重程度，这取决于家庭所拥有的资源。比如，1 万元的住院医疗费用对某些家庭来说是可以承受的，而对于另外一些家庭则是沉重的负担。用以衡量风险大小的基本规则是，如果某一种风险严重地影响了一个家庭的生活水平，那么它是不可以承受的，即使其概率可能很低。例如，家庭主要收入者丧失劳动能力或者死亡，这对这个家庭的打击是相当大的，毫无疑问会使家庭的生活水平出现明显的下降，这往往是一个家庭难以承受的。而如果是洗碗的时候摔坏一个碗或是打碎一个杯子，这样的损失即使经常发生，也不是什么大问题。对于那些难以承受的风险，要通过某些方法进行规避或者设法控制。

表 5-2　风　险　估　测

项目	发生概率	
	高	低
损失大小　大	不可承受	不可承受
损失大小　小	可以承受	不重要

（三）风险评价

在风险识别和风险估测的基础上，通过对风险性质的定性、定量分析和比较处理风险所付出的费用，来确定风险是否需要应对及应对程度，以此判定为应对风险所支出的费用是否有效益。可以结合家庭的一些具体风险来做一个衡量和评价。

1. 财产风险

对财产风险的衡量包括财产直接损失及因财产损毁而引起的间接经济损失。对这一风险衡量的指标包括实际现金价值、重置成本、相关费用等。

2. 责任风险

对责任风险的衡量取决于意外事故的严重程度及法院判决的损失赔偿金，最大可能的责任损失可以个人累积财富为限。

3. 人身风险

对人身风险的衡量通常包括三种情况，即生理死亡（工作期间生命的提前死亡）、生存死亡（工作期间永久全残）及退休死亡（达到退休年龄后出现的死亡）。这可以用工作期间的收入或者遗属所需的费用等作为计算基础。

（四）选择风险管理技术进行风险处理

这是在风险识别、估测和评价的基础上，根据风险性质、损失概率、损失程度及自身的经济承受能力选择适当的风险处理方法的过程。它是风险管理中最重要的环节。在对个人或家庭所面临的风险进行识别和衡量，弄清了风险的性质和大小（或等级）之后，必须运用合理而有效的方法对风险加以处理。这一阶段的核心是风险处理手段的选择。

如前所述，风险处理的手段大体上可以分为两大类，即控制型手段和财务型手段，具体来讲主要有避免、损失预防与抑制、自留、保险和非保险转移。例如，不去参加蹦极、攀岩等危险运动以防止自己受伤或出现意外，这就是一种风险避免；可以通过安全驾驶来减少失误、过失引起的诉讼和赔偿或者通过安装烟雾探测器等装置来保护财产，这就是损失预防与抑制的一种；可以不做"月光"而是每个月将工资的一部分储蓄起来以对付感冒发热之类的小病小灾，这就是一种风险自留的方式；还可以尽早购买一份养老保险，以解决自己将来养老的问题，这就是保险转移的一种方式。

需要明确的是，风险应对手段的选择是一种综合性的科学决策。进行决策时，既要针对风险的实际状况，又要根据个人或家庭的资源状况，还要注意各种风险处理手段的可行性与效用。风险处理手段的选择，一般说来，不是一种风险选用一种手段，而常常是将几种手段组合起来。只要合理组合，风险处理就会做到成本低、效益高，即以最小的成本获得最大的安全保障。

例 5.1　刘先生今年 32 岁，未婚，在一家私企工作，每年税后收入约 15 万元，最近刚买了一辆 15 万元的小轿车。既然有车，那么交通事故就不可避免是一个要考虑的风险。

对于面临的交通风险，刘先生至少可以有下列方法可供选择：

一是风险自留，为了能够自己承担此种风险，他决定每个月存 1 000 元以防万一；

二是买保险，除交强险之外再购买一份机动车第三者责任险；

三是风险避免，不开车。

答：对这三种方法进行比较之后不难发现，第一种方法的成本虽然很低，但是一旦出现比较严重的交通事故，刘先生可能很难承受得住。假设在买车第6个月的时候刘先生不小心撞伤了一个过路行人，需要支付5万元医药费，而这个时候他自留风险的财务安排才存了6 000元，远远不够支付医药费的，所以还需要父母、亲戚、朋友的帮助。如果选择第二种方法即购买保险，那么刘先生需要承担的5万元医药费中有一部分，甚至也可能是全部，可以由保险人支付的保险金来弥补，这样就能够大大减轻刘先生的负担。第三种方法的缺陷也是显而易见的，已经失去了买车的意义。综上所述，对于负担能力有限的家庭而言，保险不失为一种很好的选择。

在进行家庭风险管理时，可供选择的方法、手段也有很多种，同样要结合前面所讲的家庭风险管理的目标以及各个家庭的现实情况来进行选择和组合。对于家庭而言，由于家庭的自保能力相对企业而言是十分有限的，所以在采用了一些控制型的手段对相关风险进行处理之后，选择一份合适的保险也是必要的。因为保险最基本的功能就是保障，它能够使家庭以支付少量的保险费为代价换取高额的保险保障。

（五）风险管理效果评价

由于风险本身具有变化发展性，而且随着生命周期的变化，家庭所面临的风险和风险承受能力会发生变化，同时人们对风险的认识方法和处理技术还处于不断完善的过程中，因此需要对风险的识别、估测、评价及管理方法进行定期检查、修正，以保证风险管理方法适应变化了的新情况。当然，我们并不是每次都需要花费很多时间重新制订一份风险管理计划，但是在生命周期发生变化的时候，比如说结婚、生子、离婚、孩子自立、退休、丧偶等事件出现的时候，需要重新考虑风险管理计划。

学习活动

讨论：

在本单元导入案例5.1中，针对范小姐家庭的情况，次年应该有怎样的保险规划呢？

第二节　保险需求诊断

【导入案例】

案例5.2　刘先生30周岁，平时工作繁忙，为了兼顾理财与保障，他购买了福满财盈终身寿险（万能型），基本保额1万元，保险期间，终身，一次性交纳保费5万元。刘先生35周岁时退保，可领取的现金价值按中档回报率计算（复利年收益率4.5%）为62 309元，如果按低档回报率计算的话，那只有 54 327 元（年收益率 1.67%）。

刘先生如果为自己购买了人寿健康重疾保障计划，9 万元保额，保险期限至 70 周岁，缴费 20 年，每年 840 元。刘先生 35 周岁时，共缴保费 4 200 元，5 年内节省保费约 45 800 元（每年节约 9 160 元），如果将省下的这笔钱投向固定年收益 8% 的理财产品，那么 5 年本利和为 53 738 元。

解释：通过对比可以看出，理财型保险的收益功能并不占太大优势，同时由于万能险只能保证 1.67% 的最低收益，那么不确定性带来的风险其实并不小。

一、家庭保险需求诊断

客户了解保险规划的意义后，还需要了解家庭保险需求量和保险类型。理财规划师需要对客户家庭已有的保单做一个评估，根据保险原则和客户具体财务及理财目标，做一个整体的财务检查。

1. 家庭保险需求量诊断。

常用的意外、医疗、重疾、寿险在内的保障型保险原则有"双十原则"，也就是年交保费不超过年收入的 10%，总的保额要达到年收入的 10 倍。不过对于高收入家庭来说，加保能力远不止年收入的 10%，对于低收入家庭来说，可以适当减少到年收入的 5% 左右，所以不同的客户要区分对待。例如，客户年收入是 10 万元，按照"双十原则"，保额设置年收入的 10 倍，即 100 万元；年保费应该控制在年收入的 10%，即 1 万元。

而对于教育金、养老金等储蓄类保险，应依据客户理财目标计算合理的保险需求量。

2. 家庭保障类型是否全面的诊断。

如果客户购买的保单为裸险（只承担身故保障）和半险（承担身故和重疾保障），保障不够全面的话，可能结果是即使出险也没赔到合适的钱，从而导致转移风险的目的没有达到。对于一个家庭来说，如果仅仅只买了一份年金保险来规划养老，一旦罹患了重疾，养老金救不了急，保险就显得苍白无力了。在人生的不同阶段，应当充分考虑保险在保障子女教育、医疗、意外、养老、资产传承等方面的作用。

3. 家庭保障在家庭成员间合理分布的诊断。

按照保险"631 法则"，家庭成员之间保费支出的比例应按照 60%、30%、10% 来进行合理安排，即按照家庭的主要收入来源者、次要收入来源者以及孩子三者进行合理配比。如果买的保额足够多，险种也很全面，但是却买错了人，这也是不科学的规划。保险并不是将"最好"的留给孩子，而应该把"最需要的"留给家长，给家庭撑起保护伞。

二、保险产品介绍

（一）人身保险

人身保险是以人的寿命和身体为保险标的的保险。当被保险人因意外伤害、疾病、衰老等原因，以致死亡、伤残、丧失劳动能力或者生存到保险期满等，保险人向被保险人或其受益人给付约定的保险金。最初的人身保险只承保被保险人的死亡，后来逐步扩展到生存、意外伤害、疾病等与人的寿命和身体有关的多项事件。人身保险的保险标的价值无法用货币衡量，但保险金额可根据投保人的经济生活需要和缴纳能力约定。人身保险的投保人对保险标的也应当具有保险利益。按保障的对象和保障的范围不同，人身保险可分为：

1. 人寿保险

人寿保险简称寿险，是以被保险人的寿命为保险标的，以被保险人生存或死亡为给付保险金条件的保险。人寿保险是人身保险的主要构成部分。

（1）生存保险。生存保险是以被保险人期满生存为给付保险金条件的保险。如果被保险人在保险期限内死亡，保险责任即告终止，保险人不给付保险金。如各种生存保险和各种年金保险。

（2）死亡保险。死亡保险是以被保险人在保险期限内死亡为给付保险金条件的保险。依据保险期限不同，死亡保险可分为定期死亡保险和终身死亡保险。投保定期死亡保险后，如果被保险人在保险期限内死亡，保险人给付保险金；如果保险期满被保险人仍然生存，保险责任则终止，保险人不给付保险金。投保终身死亡保险后保险人则最终要给付约定的保险金，这种不定期的死亡保险以被保险人死亡之时为给付保险金和终止保险责任时间。

（3）生死两全保险。生死两全保险又称生死混合保险。投保该险后，被保险人不论在保险期限内死亡，还是生存到保险期满，保险人都给付保险金。如简易人身保险等。

2. 意外伤害保险

意外伤害保险是以被保险人在约定的保险期限内，因遭受外来的、明显的、剧烈的意外伤害而致残疾或死亡为保险金给付条件的保险。意外伤害保险分为普通意外伤害保险和特种意外伤害保险两类。前者如学生团体平安保险，后者如旅客意外伤害保险等。

3. 健康保险

健康保险是以被保险人因疾病所致的医疗费用及收入损失发生为保险金给付条件的保险。在商业保险中，保险人较少单独经营健康保险，多将健康责任作为附加险，与寿险和意外伤害险合并办理。

（二）财产保险

此处所讲财产保险是针对有形财产的狭义的财产保险，加上责任保险、信用与保证保险，则构成广义的财产保险。目前，与个人家庭相关的财产保险大致有以下两种：

1. 火灾保险

火灾保险是以各种动产和不动产为保险标的，承保标的因火灾等风险造成损失的一种保险。目前国内保险公司开展的火灾保险常见的是家庭财产保险。

家庭财产保险是以家庭或公民个人所有的财产为保险标的的保险。按承保方式，分为普通家庭财产保险和家庭财产两全保险；按保险责任分为家庭财产基本保险和附加盗窃保险。

2. 运输工具保险

运输工具保险是以各类运输工具，如汽车、火车、轮船、飞机等为保险标的的保险。普通家庭的保险主要为家用汽车保险。

（三）责任保险

责任保险是指以被保险人对第三者依法应负的赔偿责任为保险标的的保险。被保险人因疏忽或过失等行为，造成他人的人身伤亡或财产损失，根据法律和合同的规定应承担经济赔偿责任，在规定的保险责任范围内，由保险人代为赔偿。责任保险对贯彻执行民事损害赔偿责任的法律规定，对保护受害者的利益，维护正常的社会经济秩序都具有积极意义。责任保险主要包括：

1. 雇主责任保险

雇主责任保险承保被保险人的雇员在受雇期间从事工作时因遭受意外事故导致伤害或死亡，依照雇佣合同应由雇主（被保险人）承担的经济赔偿责任。这种保险多以法定形式实施。

2. 职业责任保险

职业责任保险承担各种职业技术人员（医生、药剂师、设计师、会计师、律师等）因工作上的疏忽或过失造成合同对方或他人的人身伤害或财产损失依法应负的经济赔偿责任。

三、人寿保险需求分析

在购买人寿保险之前要考虑的因素有很多，包括投保人的年龄、家庭成员生命的不同阶段、收入来源、储蓄等，更重要的是要在购买人寿险时确定保额的数量，结算人寿险保额的方法有两种：生命价值法与经济需求法。

（一）生命价值法

生命不同的阶段需要不同的保障。如果投保人是家庭的主要经济来源，那么投保人一旦身故或罹患疾病，家人所要面对的经济危机有：经济来源、将来的生活费、丧葬费、子女教育金、医药费等，因此投保人的保障额度应该要负担家中的一切开销。

　　生命价值法是以一个人的生命价值为依据，来考虑应购买多少金额的保险。此法可以分成 3 步：① 估计被保险人以后的年均收入；② 确定退休年龄；③ 从年收入中扣除各种税收、保费、生活费等支出，剩余的钱假设贡献给他人——这些钱就是被保险人的生命价值。

　　例 5.2　张山 43 岁，预计再工作 25 年后退休，目前年净收入 12 万元，个人年消费支出 5 万元，预计年通货膨胀 3%，收入增长 4%，贴现利率为 5%。按生命价值法，张山需要的保险保障为多少？

　　答：

$$PV_1（25，0.962\%，-12，0，0）= 265.538（万元）$$
$$PV_2（25，1.942\%，-5，0，0）= 98.288（万元）$$

则需要的保险保障为：265.538-98.288 = 167.25（万元）

式中，$0.962\% =（1+5\%）/（1+4\%）-1$

　　　　$1.942\% =（1+5\%）/（1+3\%）-1$

PV_1、PV_2 的计算过程如下：

$PV_1 = 12 \times（1+4\%）/（1+5\%）+12 \times（1+4\%）^2/（1+5\%）^2+\cdots+12 \times$
　　　$（1+4\%）^{25}/（1+5\%）^{25}$

　　　$=12/[（1+5\%）/（1+4\%）]+12/[（1+5\%）^2/（1+4\%）^2]+\cdots+12/$
　　　$[（1+5\%）^{25}/（1+4\%）^{25}]$

令 $i=（5\%-4\%）/（1+4\%）=0.962\%$

则 $PV_1 = 12/（1+i）+12/（1+i）^2+\cdots+12/（1+i）^{25}$

　　　$=12/（1+0.962\%）+12/（1+0.962\%）^2+\cdots+12/（1+0.962\%）^{25}$

　　　$=12 \times[1-（1+0.962\%）^{-25}]/0.962\%$

　　　$=265.538（万元）$

同理 $PV_2 = 5 \times（1+3\%）/（1+5\%）+5 \times（1+3\%）^2/（1+5\%）^2+\cdots+$
　　　　$5 \times（1+3\%）^{25}/（1+5\%）^{25}$

　　　　$=5/[（1+5\%）/（1+3\%）]+5/[（1+5\%）^2/（1+3\%）^2]+\cdots+$
　　　　$5/[（1+5\%）^{25}/（1+3\%）^{25}]$

令 $r=（5\%-3\%）/（1+3\%）=1.942\%$

则 $PV_1 = 5/（1+r）+5/（1+r）^2+\cdots+5/（1+r）^{25}$

　　　$=5/（1+1.942\%）+5/（1+1.942\%）^2+\cdots+5/（1+1.942\%）^{25}$

　　　$=12 \times[1-（1+1.942\%）^{-25}]/1.942\%$

　　　$=98.288（万元）$

需要注意的是，采用生命价值法结算人寿保险额时对于收入特别高或收入特别低的人结算结果会偏离保险实际需求。

（二）经济需求法

人身保险是以所缴付之保费占年收入的比例、人寿保险金额、意外保险金额、住院医疗保险这4项指标，来作为安排、规划时的依据的。可以以"理财金三角"（见图5-7）和"人身保险铁三角"（见图5-8）为参考。

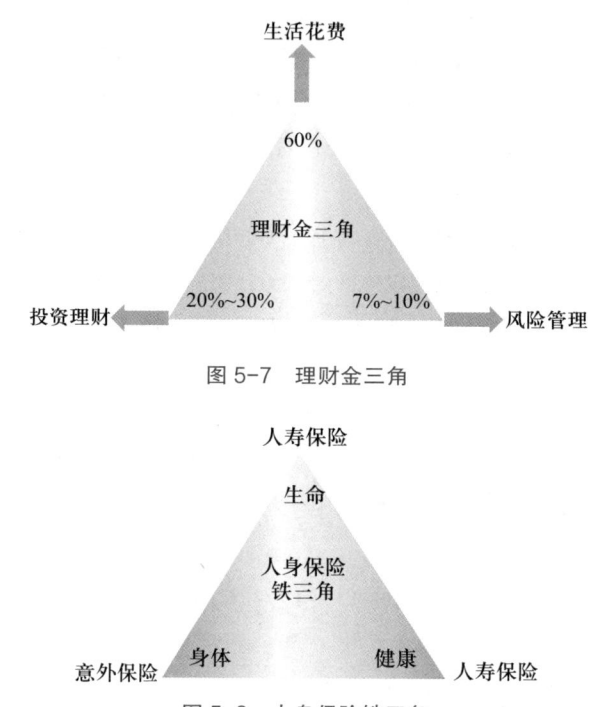

图 5-7　理财金三角

图 5-8　人身保险铁三角

经济需求法的出发点则是，当事故发生时，可确保至亲的生活准备金总额。计算方式是，将在生至亲所需生活费、教育费、供养金、对外负债、丧葬费等，扣除既有资产，所得缺额作为保额。

人寿保险金额的安排。将自己家庭的各项人生责任统计出来，统计出来的金额就是自己目前需要投保的人寿保险金额。

投保人每年的保费支出适宜性计算：

五年的"净生活费"（评估标准：衣食住行、娱乐休闲、水电等，不包括子女费用）：每月_____元 ×12个月 ×5年 =_____元

子女生活教育费用（评估标准：子女从现在到长大成人，一共需要多少费用）：子女_____人，分别_____元，_____元，_____元，一共_____元

房屋贷款（评估标准：尚未偿还的贷款本金）：_____元

五年的亲属抚养金（评估标准：当你的收入来源中断，而且没有其他人代替你抚养时）：每月_____元 ×12个月 ×5年 =_____元

生意资金：_____元（个别规划）

各项税金：_____元（个别规划）

其他费用（评估标准：其他方面的未偿贷款或者负债、其他必须缴付的费用）：车贷_____元，信用卡_____元，保费_____元，其他_____元，共_____元

人寿保险额：_____元

需要注意的是，采用经济需求法结算人寿险保额时一般采用5—10年净生活费进行结算。

例5.3　李先生35岁，年收入7.2万元。其妻35岁，年收入4.8万元。家庭年收入12万元。子女两个，分别是女孩7岁、男孩5岁。每个月生活费约0.5万元。家庭基本保险需求：

（1）五年的生活费：0.5万元×12个月×5年=30万元

（2）子女生活教育费：2人（7岁、5岁），共70万元

（3）房屋贷款：0万元

（4）亲属扶养金：0万元

（5）生意资金：0万元

（6）各项税金：0万元

（7）其他：0万元

此家庭的基本保险需求为：100万元。

答：家庭基本保险需求分析：

（1）目前家庭的基本保险需求为：100万元。

丈夫：年收入7.2万元，占家庭年收入12万元的60%，即7.2/12=60%

家庭基本保险需求100万元×60%=丈夫的基本保险需求，即其所需投保的人寿保险金额为60万元。

妻子：年收入4.8万元，占家庭年收入12万元的40%，即4.8/12=40%

家庭基本保险需求100万元×40%=妻子的基本保险需求，即其所需投保的人寿保险金额为40万元。

（2）所缴付的保费占家庭年收入之比例。家庭的年收入为12万元，保费支付占家庭年收入的7%～10%，所以，此家庭在保险规划时，预计缴付的保险费用最好控制在0.84万～1.2万元。

（3）丈夫与妻子的意外保险安排。意外保险为寿险的2倍左右。丈夫的人寿保险金额为60万元，意外险的投保金额安排即为120万元，妻子的人寿保险金额为40万元，意外险的投保金额安排即为80万元。日后，倘若人寿保险金额调整，意外险的投保金额亦可同时随之调整。

（4）丈夫与妻子的住院医疗保险安排。依据目前中国各大医院的收费标

准，安排每日病房费 300 元的住院医疗保险，比较符合在现阶段社会保险下医疗保障的需求，以达到规避住院期间所造成的财务损失及提高医疗品质的目的。

（5）丈夫与妻子其他险种的安排。重大疾病保险、意外失能保险、意外住院日额给付等险种，如预算许可，被保险人亦有意愿将其规划进保险内。这些当然可以规划和安排，以增加保障与此保单的周延性。

（6）两个孩子的保险安排，如表 5-3 所示。

表 5-3 两个孩子的保险安排　　　　　　　　　单位：万元

保险内容明细	女孩	男孩
终身寿险（缴费 20 年）	20	20
意外保险	10	10
医疗保险	10	10

从保险的角度来看，一般而言，子女在还未成年时仍属于被扶养者，不需分摊家庭的经济收入。但是，如果因为疾病或意外而产生的病痛，其所产生的医疗或其他费用，同样会损害到家庭的财务，所以，必须增加些许的预算在子女的保险安排上，意外险、医疗险等都是必须规划的险种。

例 5.4　张三，35 岁。家庭月收入 1 万元：张三 8 000 元，妻子 2 000 元。家庭每月负担双方父母共计 400 元。有一个 5 岁的儿子。20×2 年以 20 年按揭贷款买了房子（总价 60 万元，首付 20%，利率 5%）；去年入住装修、购置家电等共花费 17 万元；20×3 年购买家用轿车一辆，新车价为 14 万元；向亲友举债尚有 4 万元未还，年利率 6%，与亲友约定债务两年内还清。夫妇身体健康，家庭未来工资按 5% 年增长。希望儿子未来能接受高等教育，预期未来每年大学教育费用 3 万元。

答：张三的家庭处于稳定期，事业初成，孩子即将上学。但需要偿还房贷、亲友借款，筹集退休金、子女教育金和老人赡养费，家庭资产负债率较高，造成家庭负担较重。另外，家庭的流动资产比例较低。由于家庭主要收入依赖张三，他若有意外，其家庭仅靠目前存款及其妻的收入只能维持两个月，因此家庭财务风险很大。

为了增强风险防范能力，该家庭迫切需要购买保险。为测算出合理的保额，做出以下假设：①妻子 32 岁，假设她 20 年后退休，退休后生存 25 年；②假设双方老人还需供养 20 年；③设定贴现率为 5%；④假设张三不幸意外身故，家庭月支出有两年的调整期，两年后生活消费为目前的 70%；⑤假设夫妇二人退休后每月领取 800 元退休金，二人都参加了医疗保险。

在此基础上，用经济需求法测算出张三家庭需要的保险额。保险规划建议为：

（1）建议张三购买20年定期寿险，保额50万元，每年缴费2 500元，每月负担208元；而妻子要购买20万元定期寿险，每年缴费600元，每月负担50元。

（2）同时购买10万元的两全联合保险。这样，万一张三发生意外，上述两个险种将会有60万元的身故保障金供其家人继续生存；张三若平安生存，到退休时有10万元的退休保障。该项保险年缴费5 000元，每月417元。

（3）张三同时购买意外死亡伤害险60万元，每年缴费600元，每月负担50元。

（4）建议购买家庭财产保险，保额为19万元，按照0.2%的费率，年保费380元，每月负担约32元。

（5）房屋抵押贷款保险因在购房时银行已要求一次性缴费，在这里不予考虑。这样算下来，张三的家庭年缴保费9 080元，分摊到每月则为757元，低于每月收入的1/10，支出比例较为合理。另外，按照目前生活水准，每月除去保费，尚有1 900元结余。

四、人身保险投资策略分析

面对市场上的多种保险产品，投资者应该如何制订适当的保险投资策略，选择合适的保险产品，实现家庭的理财规划目标呢？投资者可以从家庭生命周期的角度出发，剖析不同生命周期阶段的保险投资策略，包括每个阶段的特点、保险产品的投资重点、保险投资比率。

（一）家庭生命周期阶段的特点

（1）青年单身期：这个阶段的个体通常年轻、健康、收入可能不稳定，但生活费用相对较低。这个阶段的个体可能更关注职业发展和个人成长。

（2）家庭形成期：新婚夫妇开始建立共同的家庭，可能会有购房、购车等大额支出，同时开始考虑生育问题。

（3）家庭成长期：随着孩子的出生，家庭责任增加，教育和医疗开支成为主要考虑因素。

（4）家庭成熟期：孩子逐渐长大，家庭经济状况稳定，开始考虑退休规划。

（5）退休养老期：退休后，收入减少，但医疗和生活费用可能增加，需要确保有足够的资金来维持生活。

（二）人身保险产品的投资重点

（1）青年单身期：重点在于购买意外伤害保险和健康保险，以应对可能的健康问题。

（2）家庭形成期：除了继续关注健康保险，还可以考虑定期寿险，以保障配偶在出现意外情况下的经济安全。

（3）家庭成长期：除了意外伤害保险和定期寿险，重点增加教育保险和重大疾病保险，确保孩子教育和家庭成员健康得到保障。

（4）家庭成熟期：重点转向退休规划，考虑购买养老保险和投资型保险产品。

（5）退休养老期：确保有足够的医疗保险和长期护理保险，以应对老年可能的健康问题。

（三）保险投资比率

保险投资比率是指家庭在进行保险规划时，保费支出占家庭年收入的适当比重。这个比率可以根据家庭所处的生命周期阶段、收入状况、已有的社会保障和个人风险偏好等因素进行调整。以下是根据不同家庭生命周期阶段推荐的保险投资比率：

（1）青年单身期：这个阶段的个体通常没有太多的家庭责任，因此保险投资比率可以相对较低。建议保险投资比率为年收入的5%～10%。这个比例可以在不影响日常生活的同时，为个人提供基本的意外和健康保障。

（2）家庭形成期：随着家庭的形成，责任增加，保险投资比率应当适当提高。建议的保险投资比率为年收入的10%～15%，以确保在不幸的情况下，配偶能够获得一定的经济支持和保障。

（3）家庭成长期：孩子的到来使得家庭责任进一步增加，教育和健康成为关注焦点。建议的保险投资比率为年收入的15%–20%，以覆盖孩子教育和家庭成员的健康保障。

（4）家庭成熟期：这个阶段家庭经济状况相对稳定，但开始考虑退休规划。建议的保险投资比率为年收入的20%～25%，以确保退休后的生活质量。

（5）退休养老期：退休后，收入减少，医疗费用可能增加。建议的保险投资比率为年收入的25%～30%，以确保有足够的资金来维持生活并应对可能的健康问题。

案例5.5　张先生，40岁，已婚，有两个分别5岁和10岁的孩子。家庭年收入30万元，年支出15万元，有自住房一套，价值220万元，银行贷款余额80万元。请根据张先生家庭的情况帮助做保险投资分析。

答：张先生家庭生命周期阶段属于家庭成长期，按照保险投资策略分析，张先生应该购买一份重大疾病保险，保额为60万元，年缴保费1.2万元；同时为两个孩子购买教育保险，年缴保费共计3.8万元；另外，张先生还需要为全家购买定期寿险，年缴保费 1 万元。投资比率：张先生的年收入为 30 万元，保险投资占年收入的 20%，即 6 万元。

知 识巩固

（一）单选题

1. 按风险的性质分类，风险可分为（　　　）。

A. 人身风险与财产风险　　　　　　B. 纯粹风险与投机风险

C. 经济风险与技术风险　　　　　　D. 自然风险与社会风险

2. 保险的本质是（　　　）。

A. 交换关系　　　B. 生产关系　　　C. 分配关系　　　D. 转移关系

3. 对于损失概率低、损失程度大的风险应该采用（　　　）的风险管理方法。

A. 保险　　　　　B. 自留风险　　　C. 避免风险　　　D. 减少风险

4. 保险的基本功能有（　　　）和补偿损失功能。

A. 分散危险　　　B. 积蓄基金　　　C. 监督危险　　　D. 吸收储蓄

5. 旅客在乘坐飞机、汽车等交通工具时通常会在车票、机票之外再购买一份交通意外险，这种行为属于（　　　）。

A. 风险分散　　　B. 风险转移　　　C. 风险回避　　　D. 风险控制

6. 人寿保险是以（　　　）为保险标的的保险。

A. 身体　　　　　B. 死亡　　　　　C. 生命　　　　　D. 生命或身体

7. 保险是一种合同行为，定义此保险概念的角度是（　　　）。

A. 经济角度　　　B. 社会角度　　　C. 法律角度　　　D. 风险角度

8. 保险的功能是以减少（　　　）为主。

A. 损失频率　　　　　　　　　　　B. 不确定性

C. 损失程度　　　　　　　　　　　D. 事件发生的概率

9. 在不定值保险合同中（　　　）。

A. 不列明保险金额　　　　　　　　B. 约定好保险价值

C. 只规定保险赔偿的最高限额　　　D. 只规定保险赔偿的最低限额

10.（　　　）不是保险的特征。

A. 科学性　　　　B. 返还性　　　　C. 互助性　　　　D. 商品性

（二）多选题

1. 在选择人寿保险时，应该考虑（　　　）。

A. 保险公司的品牌知名度　　　　　B. 保额的多少

C. 保险期限的长短　　　　　　　　D. 保险费用的高低

E. 保险产品的投资回报

2. 以下保险产品适用于家庭财产保障的有（　　　）。

A. 财产保险　　　　B. 人寿保险　　　　C. 健康保险　　　　D. 责任保险

3. 在制订退休规划时，以下保险产品可以考虑（　　　）。

A. 养老保险　　　　B. 投资型保险　　　　C. 储蓄型保险　　　　D. 人寿保险

4. 在选择医疗保险时，应该关注（　　　）。

A. 保险费用的承担方式　　　　　　　B. 保险金额的高低

C. 医疗保险的范围　　　　　　　　　D. 保险公司的服务质量

5.（　　　）会影响到保险费用的高低。

A. 保险期限的长短　　　　　　　　　B. 保险金额的多少

C. 投保人的年龄和健康状况　　　　　D. 保险公司所承担的风险程度

6.（　　　）属于投资型保险产品。

A. 养老保险　　　　B. 投资连结保险　　　C. 意外伤害保险　　　D. 定期寿险

7. 保险规划的主要目标有（　　　）。

A. 提供紧急资金　　　　　　　　　　B. 保障家庭成员的生活品质

C. 避免遗产税　　　　　　　　　　　D. 投资理财

8. 保险规划应考虑（　　　）。

A. 收入水平　　　　B. 家庭成员数量　　　C. 负债　　　　D. 风险容忍度

9. 在选择保险产品时，应关注（　　　）。

A. 保险公司的声誉　　　　　　　　　B. 保费和赔付

C. 受益人的指定　　　　　　　　　　D. 保险期限

10. 在进行保险规划时，应（　　　）合理分配保险金额。

A. 根据家庭成员的需求　　　　　　　B. 考虑家庭财务状况

C. 遵循遗产规划　　　　　　　　　　D. 平均分配

（三）简答题

1. 简述新型寿险品种的种类和特征。

2. 人身保险的风险具有哪些特征？

3. 请结合我国寿险市场的发展分析新型寿险品种的前景。

 业能力训练

一、案例分析

孙先生，35岁，在一家上市公司担任高层职务，工作比较辛苦，但是收

入较高，年薪大概为 300 万元。其妻李女士，28 岁，是一个全职太太。宝宝乐乐已经 3 岁，在私立幼儿园上学。孙先生家庭每年的净收入为 200 万元，生活富足感比较高。另外，孙先生所在的公司经营比较规范，按照社会保障的要求缴纳了各种社会保险的费用；而李女士是全职太太，没有任何社会保险。乐乐是广州市户口，按照该市的规定参加了社会保险、少儿互助医疗保险以及幼儿园购买的意外伤害保险。

请为这个家庭进行风险识别和评估。

二、保险需求调查

（一）客户基本情况

说明：您的基本资料和理财目标是以您提供的书面资料加上财务顾问与您沟通了解的信息综合调整获得。如有任何与实际重大不符的情况，请您及时指正。客户的基本资料如表 5-4 所示。

表 5-4　客户的基本资料

客户情况			
客户姓名		联系电话	
性　别		生　日	
任职公司		电子邮件	
职　称		通信地址	
退休日期		健康状况	
配偶情况			
配偶姓名		移动电话	
生　日		受教育程度	
任职公司		职　称	
退休日期		健康状况	
子女情况			
子女姓名		性　别	
生　日		受教育程度	

（二）财务状况

客户财务状况如表 5-5 至表 5-7 所示。

表 5-5　当前资产负债表

资产		负债	
现金及现金等价物		公积金贷款	
固定收益投资		商业住房贷款	
股票		个人借款	
基金		信用卡借款	
保单现金价值		其他	
房地产 1			
资产合计		负债合计	
资产净值			

表 5-6　年度收入支出表

收入		支出	
本人年收入		基本生活开销	
配偶年收入		教育费用	
利息收入		保险支出	
租金收入		偿还贷款（房贷）	
其他收入		其他（旅游，养车）	
收入合计（约）		支出合计（约）	
年度节余			

表 5-7　家庭保障安排情况

成员	寿险	医疗意外	大病	起止时间	年缴保费
本人					
配偶					
子女					

（三）人寿保险需求分析与理财建议

1. 您现在主要的投资理财方式是（　　　）。

A. 银行　　　　　B. 债券　　　　　C. 保险

D. 股票　　　　　E. 其他

2. 您目前理财最在意的是资产的（　　　）。

A. 安全　　　　　　B. 受益

3. 您拥有（　　　）保险公司的人寿保险保障。

A. 中国人寿　　　　B. 太平洋人寿　　　C. 平安人寿

D. 其他　　　　　　E. 没有

4. 您投保人寿保险的主要目的是（　　　）。

A. 保障　　　　　　B. 盈利　　　　　　C. 责任　　　　　D. 其他

5. 您目前最需要的保障是（　　　）。

A. 养老　　　　　　B. 医疗　　　　　　C. 子女教育　　　　D. 意外

E. 资产增值　　　　F. 其他

6. 您有没有参加过保险理财讲座？（　　　）

A. 有　　　　　　　B. 没有

7. 您觉得有必要了解一些保险知识吗？（　　　）

A. 非常受用　　　　B. 有点用　　　　　C. 没用

Ⅰ. 风险承受能力

（1）您的年龄是（　　　）。

A. ≤ 25 岁　　　　　B. 26～35 岁　　　　C. 36～55 岁

D. 56～75 岁　　　　E. ≥ 76 岁

（2）您目前的就业状况是（　　　）。

A. 公务员　　　　　B. 上班族　　　　　C. 佣金收入者

D. 自营事业者　　　E. 失业者

（3）您目前的家庭负担状况是（　　　）。

A. 未婚　　　　　　B. 双薪无子女　　　C. 双薪有子女

D. 单薪有子女　　　E. 单薪养三代

（4）您的置产状况是（　　　）。

A. 投资不动产　　　　　　　　　　B. 自用住宅无贷款

C. 房贷 ≤ 50%　　　　　　　　　　D. 房贷 > 50%

E. 无自宅

（5）您的投资经验为（　　　）。

A. 10 年以上　　　　B. 6～10 年　　　　C. 2～5 年

D. 2 年以内　　　　　E. 无经验

（6）您的投资知识为（　　　）。

A. 有专业经验　　　B. 财经专业毕业　　C. 自修有心得

D. 懂一些　　　　　E. 一片空白

Ⅱ.风险承受态度

（1）目前有一项为期一年的投资，您可以承受的一年后的亏损为（　　　）。

A. 0~5%　　　　B. 6%~10%　　　　C. 11%~15%

D. 16%~25%　　E. >25%

（2）您在进行投资时首先考虑的因素是（　　　）。

A. 短期差价　　B. 长期利得　　　C. 年现金收益

D. 抗通胀保值　　E. 保本保息

（3）您过去的投资绩效情况为（　　　）。

A. 只赚不赔　　B. 赚多赔少　　　C. 损益两平

D. 赚少赔多　　E. 只赔不赚

（4）如果您的投资发生了亏损，您的表现会是（　　　）。

A. 当作学习经验　　B. 照常过日子　　C. 情绪影响小

D. 情绪影响大　　E. 夜不成寐

（5）您目前最主要的投资是（　　　）。

A. 期货　　　　B. 股票　　　　　C. 房地产

D. 债券　　　　E. 存款

（6）从风险的角度考虑，您未来将要避免的投资工具是（　　　）。

A. 无　　　　　B. 期货　　　　　C. 股票

D. 房地产　　　E. 债券

问卷得分的评判（见表5-8）：

表5-8　风险承受能力与风险承受态度

风险承受能力第（1）题		风险承受态度第（1）题	
年龄（岁）	本题得分	百分比（%）	本题得分
A	50	A	5
B	35	B	15
C	20	C	25
D	5	D	40
E	0	E	50

风险承受能力第（2）~（6）题选A、B、C、D、E的分值分别为10、8、6、4、2分；风险承受态度第（2）~（6）题选A、B、C、D、E的分值分别为10、8、6、4、2分。

通过调查投资者的风险承受能力和风险承受态度，可以综合判断投资者的风险属性，将风险评估得分与资产配置类别——对应（见表5-9）。

表 5-9　风险评估得分对应的资产配置类别

		风险承受能力总分				
		0~20	21~40	41~60	61~80	81~100
风险承受态度总分	0~20	低	低	低	中	中
	21~40	低	低	中	中	中
	41~60	低	中	中	中	高
	61~80	中	中	中	高	高
	81~100	中	中	高	高	高

示 范案例

（一）家庭基本情况

王先生夫妻两人都有稳定的收入，事业小有所成，有车有房。王先生，38岁，每月收入5 000元；妻子35岁，每月4 500元。两岁的儿子才上幼儿园，目前的家庭开销每月为4 000元左右；孩子教育费用每月1 000元，每月还房贷3 200元。经济上压力不算太大，算下来，每月可以节余1 300元（理财收益除外）。

虽然收入还不错，但由于工作繁忙，这个家庭平常对理财并不内行。余钱方面，有10万元现金资产全部都老老实实放在银行存定期，没有炒股也没有买过基金或债券，家庭负债60万元，还贷期限30年，年利率5%左右。

保险方面，几乎没投什么商业保险，只有妻子拥有社会养老保险。作为家庭顶梁柱的王先生什么保障都没有，一旦收入减少或丧失，该家庭将面临巨大的财务风险，因此加强保险保障是该家庭的首要任务。

（二）规划假设前提

为便于说明分析方法和计算过程，假设：年均通货膨胀率为4%；学费增长率为4%。

（三）家庭财务状况和财务诊断

年度收支状况如表5-10所示。

表 5-10　年度收支状况　　　　　　　　　　　单位：元

收入		支出	
本人年收入	60 000	基本生活开销	48 000
配偶收入	54 000	子女教育费	12 000
利息收入	15 000	房贷支出	38 400

续表

收入		支出	
合　　计	129 000	合　　计	984 000
		每年结余	130 600

利息收入的计算：定期存款为 100 000×1.5%=15 000（元）定期存款假设都以一年期计算为 15 000 元。

家庭收入来源过于单一，除了工资收入，家庭几乎没有其他的理财收入的来源。将工资收入作为全部的收支来源是比较危险的，一旦工作发生任何的变故，将对家庭产生相当大的影响，而且没有考虑在子女教育方面做规划。建议家庭开辟新的理财收入来源，增加金融投资。

从表 5-11 可以看出，该家庭的资产构成是相当单一的，除自用房产及汽车外，其他所有的资产配置统统为银行存款。在这样一个低利率的时代，这样的资产配置显然不合理。建议做一下金融资产的组合配置，在分散风险的同时可以获得比较高的金融理财收益。

表 5-11　家庭资产负债状况

单位：元

家庭资产		家庭负债	
现金和活存	100 000	房屋贷款	600 000
房产（自用）	1 400 000		
汽　　车	100 000		
合　　计	1 600 000	合　　计	600 000
		家庭资产净值	1 000 000

1. 财务比率分析

（1）流动性比率 = 流动性资产 / 每月支出 =100 000/8 200=12.2

作为家庭紧急备用金的流动资产一般能够维持家庭 3～6 个月的必要支出是一个比较合适的比例。这个家庭的速动比率达到了 12.2，显然这个比率过高，牺牲了资产的投资收益。建议对流动资产重新进行资产配置，以期获得较高的投资收益。

（2）每月结余比 = 每月结余 / 每月收入 =1 300/9 500=13.68%

一般家庭的每月节余比控制在 40% 以上可以认为是比较合理的。这个家庭的结余比占到 13.68%，看来还是比较低的。但考虑孩子正在成长期，学费等各项开支将逐步增加，这个比例将相应降低，而王先生家庭在开支方面是属于比较节约型的家庭，所以要适当考虑增加家庭的收入来源，通过多元化的资产配置来获得更多的理财收入，使这个比例保持较高的水平。

（3）年度结余比＝年度结余／年度收入＝30 600/129 000=23.72%

这个比例处于平均水平上，可以考虑通过合理化资产配置来获得更多的理财收入。

通过上述分析可以看出，王先生家庭的财务状况尚过得去。但资产配置和收入来源过于单一，可以考虑通过多元化资产配置来增加理财收入，提高资产的收益率。

2. 家庭财务状况中存在的不合理之处

（1）家庭收入来源过于单一。王先生家庭的全部收入来源都依赖于夫妻双方的工资收入，而很少有其他的收入来源，这种做法存在很大的危险性。一旦夫妻一方的工作发生任何变故，将对家庭产生相当大的影响，所以建议开辟新的收入来源。

（2）资产配置不合理。由于夫妻双方职业和年龄的原因，家庭的所有积蓄统统表现为存款，资产配置方式过于单一，在这个负利率的时代会造成资产收益的损失。所以建议王先生家庭进行适当的多元化资产配置，分散风险的同时获得较高的投资收益。

（3）保险产品的配置不合理。夫妻俩只有妻子购买了社会养老保险，而未给作为家庭顶梁柱的夫妻双方自己投过任何的商业保险。这种做法显然不是太合理。作为家庭的顶梁柱，应考虑给自身进行一些保障型的保险安排，从而使家庭更为稳固。

（四）理财目标

针对这样一个收支平稳的家庭，并根据家庭梦想，以及根据家庭财务状况中存在的不合理现象和家庭现实的成员状况、经济状况，可以帮助这个家庭拟订一个15年的家庭理财目标，并将家庭理财目标先后分为短期目标、中期目标和长期目标（见表5-12）。

表 5-12　家庭理财目标

短期目标		
双方医疗保障	2年内	约为1万元
中期目标		
孩子上学	4年后	约为2万元
长期目标		
孩子上大学	15年内	19万元
养　　老	15年后	27万元

（五）保险规划方案

保险作为一种风险规避和生活保障工具，对于这样一个双方都有稳定职业的家庭来讲也是非常重要和必要的。王先生夫妻双方未做任何的商业保险投保，反映了这个家庭保险意识不强。在家庭中夫妻双方的收入水平相差不多，都是家的经济支柱，且从前边的家庭收支分析和家庭资产分析中可以看到，家庭几乎所有的收入来源是夫妻两人的工资收入，家庭的风险与两人密切相连。如果没有了经济来源，每月的房屋贷款、基本生活开销、子女的教育费用将成为很大的负担。所以，制订一份高保障的全面保险规划对一个家庭来说是非常迫切和必要的，也是防范家庭风险的有力措施。

1. 人身保险规划

王先生和王太太的保险额度如表5-13所示。

表5-13　家庭人身保险规划　　　　　　单位：元

王先生的保险额度		
定期寿险额度	意外保障	健康保障
415 200	112 400	200 000
王太太保险额度		
定期寿险额度	意外保障	健康保障
415 200	112 400	200 000

为最大限度地保证儿子的教育问题，计算保险额度时是根据保证15年后子女教育不受收入中断影响来设计的。王先生的保额计算为：15倍的年收入60 000×15=90（万元）。其妻的保额计算为：15倍的年收入54 000×15=81（万元）。残疾保障从可操作性来讲等同于寿险的保险保障。考虑到夫妻双方都已进入中年，不能保证不生疾病，因此为双方设置了较高的重大疾病保障金额。

2. 家庭财产保险

由于在这个家庭中，房产在总的资产中占据了绝对高的比例，还有高额的房贷，所以有必要对房产、汽车进行一下投保，并附加水管爆裂保险、家用电器用电安全保险，以防备火灾、水管爆裂等意外。

3. 保险类别及具体产品确认

王先生家庭保险支出如表5-14所示。

表5-14　保　险　支　出　　　　　　单位：元

序号	保险种类	费用	缴费期限	保额及补贴标准
1	先生新简身险	2 000	年缴	166 000
2	妻子新简身险	2 000	年缴	166 000
3	先生安心卡	180	年缴	113 600

续表

序号	保险种类	费用	缴费期限	保额及补贴标准
4	妻子安心卡	180	年缴	113 600
5	先生康宁终身	4 368	年缴	144 000
6	妻子康宁终身	3 696	年缴	144 000
7	家庭财产保险	1 000	年缴	投保保额 400 000 元住房保险及附加险
	总费用	13 424		

该家庭总保费占收入的比例为 13 424/129 000=10.41%。一般家庭的保险费支出应控制在家庭年收入的 10% 左右，完全可以购买以上推荐的保险品种。

在以上的保险规划中，人寿保险是最基础部分，是风险管理的最佳工具，同时是产品较复杂的部分（与人的年龄、身体、健康程度、职业类别等有密切关系），所以，对保险产品特别做如下阐述：

王先生家庭的收支比例处于健康状态，而且目前正是家庭资产保值、增值的黄金阶段。如果夫妇身体健康，家庭资产必能稳步增长。而影响家庭资产增长的最大风险就是健康风险，所以健康保障是首要需求。健康需求应包括足够的身价保障、重大疾病保障等。

（六）保险规划的实施与监控

一旦确定了保险对象、具体险种及大致的保险金额，就要通过合适的渠道向合适的保险公司购买保险，即实施保险计划。此外，还有几点需注意：

（1）由于个人的年龄、收入、家庭生命周期、面临的风险等并不是一成不变的，所以每隔一段时间或在发生重大的家庭事件（如结婚生子）时，应重新评估保险需求和保险规划的适用性。

（2）人身保险的家庭总需求和净需求的计算结果可能受通货膨胀率、贴现率、收入增长率等假设的影响，应该注意分析计算结果的合理性和可靠性，以及某些假设变化发生时可能造成的影响方式和影响程度。

（3）家庭保险需求除了上面分析的个人寿险需求、养老保险需求、健康保险需求和财产与责任保险需求之外，还可能包括其他一些保险需求，如残疾收入保险、长期护理保险等，要注意防止对某些风险保险过度，同时防止遗漏某些保险需求或保障不足。经过定性分析和定量分析得到的保险需求，必须与家庭的收入能力相匹配，要确保总保费支出在家庭收入可承受范围之内；否则就必须适当调整财务目标或险种组合，直到匹配为止。

（4）采用不同的分析方法可能得出不同的结果，因此，应该认真分析不同方法产生差异的原因，进而得出较合理的结果。

Chapter

06

第六章
投资规划

») 第一节　投资规划的意义和步骤
») 第二节　投资目标和投资环境
») 第三节　资产配置

学习目标

素养目标
- 树立稳健的投资意识；
- 通过学习投资规划，树立系统思维、守正创新的投资观。

知识目标
- 理解投资规划的意义；
- 熟悉整个投资规划的流程；
- 了解客户常见的投资心理；
- 掌握资产配置方法。

能力目标
- 能够对客户的投资进行诊断评价；
- 能够指导客户正确进行理财投资和资产配置。

投资规划
重难点讲解

思维导图

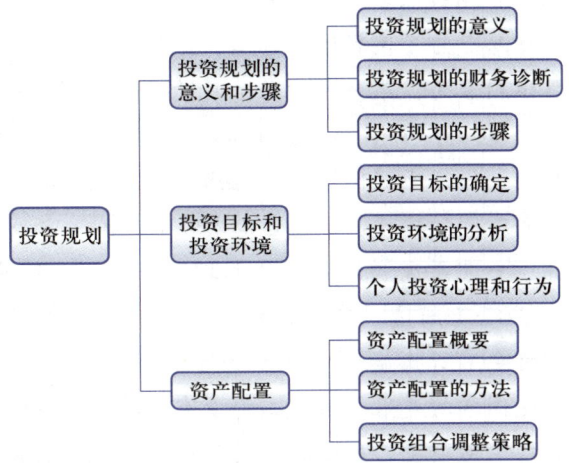

第一节　投资规划的意义和步骤

【导入案例】

案例 6.1　陈先生 6 年前毕业后进入一家民营建筑公司工作，当时的平均月收入在 3 000 元。随着工龄的增加，现在每月已经有了近 8 000 元的收入。工资不算高，但他平时花钱很多，所以陈先生工作以后制订了一个计划，那就是争取五年内买车买房。为了实现这个计划，他执行了严格的投资理财计划。

投资计划的具体内容为：第一年把每个月的闲钱拿到银行零存整取；第二年把存款拿去买一年期固定收益型理财产品；从第三年开始把积蓄平分成三份，一份用于炒股，一份用于买国债，一份用于买理财产品。

陈先生通过几年时间的摸索，觉得理财其实是一种生活方式。工薪族一定不要认为小钱没用，一定要坚持运用适宜的理财手段把自己的小钱变成大钱，无论是股票、基金，还是国债、定期存款，只要别让闲钱在活期账户上睡懒觉，每年或多或少都会有所收益。

陈先生现在很受同学的羡慕。虽然工资没有一些同学高，但是通过理财规划，达到了比较高的生活质量。用他自己的话来说，就是打持久战，让他六年内实现了有车有房。

解释：投资是一项复杂的专业行为，不管高收入者还是低收入者都需要专门研究和学习。大家都需要研究创造财富的经验与教训，也要研究守住财富的密码和防范风险的策略。投资要求的不只是敢于承担风险的勇气，更需要有资产配置、标的选择、估值方法、买入条件、持有原因、卖出时机、投资原则、资产观、风险观、企业分析方法等知识；需要对如何分析公司、如何看待市场，以及买入什么、何时买入、买入多少、何时卖出等在理念和操作层面有一套系统的规则，而且要经得起逻辑和实践的检验。

个人理财其实就是一个投资和生活的安排过程。个人理财首先要保证自己正常的生活需要，其次是对剩余财产进行合理安排，合理划分生活开支与可投资资产。既要为获利而投资，又要对风险进行管理和控制。通常把家庭资产按比例划分为四个作用不同的账户：要花的钱、安全的钱、保障的钱和投资的钱，并按一定比例分配，通过合理的资产配置来分散风险，达到资产配置的平衡。

一、投资规划的意义

（一）投资与投机

投资是为取得未来各种形式的报酬而在现在支出一定价值的经济活动，即投资的价值或牺牲的消费是现在的，而获得的价值或增加的消费是将来的。投资必须经过一定的时间间隔，时间越长，未来的投资报酬的风险越大。

广义的投资是指以获利为目的的资本使用，既包括购买股票和债券，也包括运用资金以建筑厂房，购置设备、原材料等从事扩大生产流通事业；狭义的投资指投资人购买各种证券，包括政府公债、公司股票、公司债券、金融债券等。

这里所指的投资特指证券投资，即投资者（法人或自然人）购买股票、债券、基金等有价证券以及这些有价证券的衍生品，以获取红利、利息及资本利得的投资行为和投资过程，是直接投资的重要形式。

投机则是通过观察研究，将拥有的资产投入能够赚钱的机会（比如囤积居奇赚取价差），以期望得到利益，这种行动一般是短期的。在投机的过程中一般也不会产生额外的价值。投资的明显特征是期望通过市场价格波动来获利，这在商品、证券交易中都普遍存在。投机是市场经济的常态，是理性的理财规划师寻求利润最大化的行为过程。因此，投资与投机两者的界限很难划清。

（二）投资规划

作为个人理财的内容之一，投资规划不仅是一个不可或缺的重要内容，同时也是实现其他规划的必要手段。简单地说，投资规划就是有计划、有目的、有规则的投资。具体而言，它是指理财规划师为客户的一生或某一特定阶段或某一特定事项的现金流进行配置以获取与风险相匹配的最优收益的过程。

二、投资规划的财务诊断

家庭的已有投资资产是否配置合理，投资收益是否达到预期目标，一般可以从家庭净资产配置比例、生息资产配置比例和投资收益率三方面进行检查。

（一）家庭净资产配置比例

采用投资资产比率进行检查。

$$投资资产比率 = 生息资产 / 净资产$$

其中生息资产包括定期银行存款、债券、基金、股票、房产等投资性资产。该指标主要用于衡量家庭资产中有多少可以拿来应对流动性、成长性与保值性的需求。年轻人应尽早利用生息资产来累积第一桶金，通常该指标应保持在20%以上；而对于成熟家庭，通常该指标应保持在50%以上。

（二）家庭生息资产配置比例

按照标准普尔调查结果，总结出了家庭稳健理财生息资产配置比例。风险投资资产一般占家庭生息资产的30%，为家庭创造投资收益，这类投资品种包括投资性房产、证券账户中的混合型基金、股票型基金、股票、融资融券、期权、期货、外汇、贵金属、大宗商品等；长期投资收益资产一般占家庭生息资产的40%，特点为长期、安全、稳健、复利增值，适合用来规划一生的现金流，为保本升值的部分，要持续稳定的增长，并要抵御通货膨胀的侵蚀。长期投资收益资产的投资品种包括证券账户中的中长期纯债基金、类固收信托产品、二级债基、基金定投，交易可转债等。

（三）家庭投资收益率

一般以国债无风险收益率作参考基准，从事风险投资的投资收益率水平高于国债无风险收益率 5% 作为标准，判断家庭投资收益率水平的高低；从事收益投资的投资收益率水平高于国债无风险收益率 2.5% 作为标准，判断家庭投资收益率水平的高低。如果现在国债收益率为 3.5%，那么风险投资的年投资收益率水平要达到 8.5% 以上才算达到合格标准；收益投资的年投资收益率水平要达到 6% 以上才算达到合格标准，综合家庭投资收益率要达到 7% 才算达到合格标准。

三、投资规划的步骤

投资规划可以分为客户分析、资产配置、证券选择、实施投资规划、监控评价投资规划五步。

（一）客户分析

在这一阶段，理财规划师要通过对客户各方面信息的分析，协助客户确定投资目标。为此，理财规划师要全面地掌握客户的信息，尤其是要对与投资规划相关的信息进行详细分析，准确地判断客户的风险承受度和投资偏好（见表6-1）。分析客户可用于投资的资金的性质，以协助客户确定一个可行的合理目标（见表 6-2 和表 6-3）。

表 6-1　风险承受能力评估

调查问卷样本
1. 你的好朋友会用下列句子中的（　　　）来形容你。
（1）能够承受很大的风险
（2）经详细分析后，你会愿意承受风险
（3）一个小心谨慎的人
（4）不愿意承受风险
2. 假设你参加了一个电视游戏节目，并可选择以下其中一项，你会选择（　　　）。
（1）1 000 元现金
（2）有 50% 的机会赢取 5 000 元现金
（3）有 25% 的机会赢取 10 000 元现金

续表

调查问卷样本
（4）有 5% 的机会赢取 100 000 元现金
3. 你刚刚有足够的储蓄实现自己一直梦寐以求的旅行，但在出发前三个星期，如果你忽然被解雇，你会（　　　）。
（1）取消旅行
（2）选择另外一个比较普通的旅程
（3）依照原定的计划，因为你需要充足的休息来准备寻找新的工作
（4）延长旅程，因为这次旅行可能成为你最后一次豪华旅行
4. 假设你突然有 20 000 元可用于投资，你会选择（　　　）。
（1）将它存入银行活期储蓄、定期储蓄或货币市场工具
（2）投资在一些比较安全及高素质的债券或债券基金上
（3）投资到股票或股票基金
5. 根据自己的经验，你对于投资股票或基金安心吗？（　　　）。
（1）不完全安心
（2）安心
（3）非常安心
6. 对于"风险"一词，你第一个感觉是（　　　）。
（1）损失
（2）不明确
（3）机会
（4）兴奋
7. 专家估计一些资产，如金银、珠宝、收藏品和房屋的价格会上升，而债券的价格会下降，但他们认为政府债券比较安全。若你此时持有大量政府债券，你会（　　　）。
（1）继续持有
（2）卖掉债券，然后把所得资金一半投资到货币市场，一半投资到房屋等实物资产
（3）卖掉债券，把所得资金投资到实物资产
（4）卖掉债券，把所得资金投资到实物资产，并向别人借钱来投资实物资产
8. 以下四个选择，你个人比较喜欢（　　　）。
（1）好的情况下会赚取 200 元，最差的情况下会损失 0 元

续表

调查问卷样本
（2）好的情况下会赚取 800 元，最差的情况下会损失 200 元
（3）好的情况下会赚取 2 600 元，最差的情况下会损失 800 元
（4）好的情况下会赚取 4 800 元，最差的情况下会损失 2 400 元
9. 如果你现在得到一笔 1 000 元的现金，并要求你选择下列其中一项，你会选择（　　）。
（1）再额外多赚 500 元（即肯定得到 1 500 元）
（2）50% 的机会额外多赚 1 000 元，50% 的机会维持得到 1 000 元现金
10. 如果你现在得到一笔 2 000 元的现金，并要求你选择下列其中一项，你会选择（　　）。
（1）从 2 000 元中损失 500 元（即肯定得到 1 500 元）
（2）50% 的机会损失 1 000 元，50% 的机会维持得到 2 000 元现金
11. 假设你继承了 100 000 元遗产，你必须将所有遗产投资于以下一项，你会选择（　　）。
（1）一个储蓄账户或货币市场基金
（2）一个拥有股票和债券的基金
（3）一个拥有 15 只蓝筹股票的投资组合
（4）一些保值的投资产品，如金、银或石油
12. 如果你拥有 20 000 元并可投资，你会选择的组合是（　　）。其中，高风险投资包括期货和期权；中风险投资包括股票和股票基金；低风险投资包括债券和债券基金。
（1）低风险占 60%，中风险占 30%，高风险占 10%
（2）低风险占 30%，中风险占 40%，高风险占 30%
（3）低风险占 10%，中风险占 40%，高风险占 50%
13. 你和朋友及一地质学家组成一个探索金矿的研究小组，一旦探索成功，回报可以高达 50～100 倍；但如果失败，将会血本无归。你的朋友估计该计划的成功率为 20%。假如你有足够的资金，你是否会投资？（　　）。
（1）不会
（2）会，以一个月的薪资作为投资
（3）会，以三个月的薪资作为投资
（4）会，以六个月的薪资作为投资

表 6-2　风险承受能力计分表

题号	选（1）得分	选（2）得分	选（3）得分	选（4）得分
1	4	3	2	1
2	1	2	3	4
3	1	2	3	4
4	1	2	3	
5	1	2	3	
6	1	2	3	4
7	1	2	3	4
8	1	2	3	4
9	1	3		
10	1	3		
11	1	2	3	4
12	1	2	3	
13	1	2	3	4

表 6-3　客户投资偏好类型和风险承受能力评估

客户类型	承受能力下限	承受能力上限
非常进取型	36	47
温和进取型	30	35
一般	24	29
温和保守型	19	23
非常保守型	13	18

（二）资产配置

资产配置主要根据客户的投资目标和对风险收益的要求，将客户的资金在各种类型资产上进行配置，以确定用于各种类型资产的资金比例。

首先是战略资产配置，主要是指在较长的投资期限内，根据各资产类别的风险和收益特征以及投资者的投资目标，确定资产在证券投资、产业投资、风险投资、房地产投资、艺术品投资等方面应该分配的比例，即确定最能满足投资者风险回报率目标的长期资产组合。

其次是战术资产配置，即根据市场具体情况，对资产类别组合进行短期的调整。这是一种更短期的安排，它存在增加长期价值的潜在机会，但同时表现出很大的风险。

战略资产配置和战术资产配置的时间期限长短是相对而言的。通常认为战术资产配置短于两年。实际操作中，主要根据客户的投资目标来配置资产（见表 6-4）。

表 6-4　客户类型与资产配置情况

资产类型	非常保守型	温和保守型	一般	温和进取型	非常进取型
货币	40%	20%	10%	0	0
债券	40%	50%	40%	40%	30%
股票	20%	30%	50%	60%	70%

（三）证券选择

证券选择就是对市场上可以选择的证券类投资工具进行分析，综合运用各种投资组合技术，确定各种证券的投资比例与合适的投资组合。目前我国市场上可用的证券投资工具主要有：股票、债券、集合投资、衍生产品、外汇、黄金等。

（四）实施投资规划

一旦制订了投资规划方案，就要协助客户实施此方案。在实施的过程中，理财规划师一方面要注意监控投资策略，以便及时对其进行调整；另一方面要注意任何方案的实施都是有成本的，因此对于投资交易的频率、交易的规模要有较好的把握，以免产生不必要的成本费用。此外，还要注意对选择的投资商品进行紧密的跟踪，在偏离期望时要进行详细记录，以便能够最大限度地控制风险，减少不必要的损失。

（五）监控评价投资规划

投资规划不是一项一劳永逸的工作，需要不断修正、评估投资策略和方法。每一份投资规划方案付诸实施后，都需要对实施的效果进行评价，因为有些事件的发生可能影响个人可用的投资资金，也可能直接影响投资目标和风险承受能力，任何一个环节的疏忽都有可能影响最终目标的实现。

学习活动 6.1

根据案例 6.1 中陈先生的规划模式，试着为自己制订一个比较合适的未来 5 年的投资规划。

要求学生拿出笔、纸和手进行分析。

首先，判断依据是什么？

（1）_____；

（2）_____；

其次，分析过程为：

_____

_____

_____

_____

_____

最后，作出判断：该选择哪些投资品种？大概的分配比例如何？

_____

_____

第二节　投资目标和投资环境

【导入案例】

案例 6.2　一般随着年龄增长，投资者的风险承受能力会逐步降低，因此需调整激进型理财工具（如股票基金）和稳健型理财工具（如债券基金、超短债基金、货币市场基金）的投资比例。

解释：经济学家伯顿·马尔基尔考察了当地的股票和债券市场后，向不同年龄阶段的人提出了除不动产之外的财产投资建议：

（1）20～30 岁时，生活节奏快，富进取心，有稳定的收入，风险承受力较强。投资比例为：现金 5%，债券或储蓄 25%，股票（含股票基金）70%。

（2）30～40 岁时，对无子女的家庭而言，风险承受能力仍较高。投资比例为：现金 5%，债券 40%，股票基金 55%。

（3）40～60 岁时，该年龄组的人开始考虑退休计划及收入保护的需要。投资比例为：现金 5%，债券或储蓄 45%，股票基金（选择风险较前两者小的股票基金）50%。

（4）60 岁以上的生活方式是享受闲暇活动，同时积攒大笔健康保护成本。风险承受力较弱或几乎没有。投资比例为：现金 10%，债券或储蓄 60%，股票基金 30%。

此外，还有另一种更简便而较保守的理财法则，即"年龄 +40"法则。就是把自己的年龄加上 40 所得的和，便是应当用于投资的百分比，除掉这一部分后的余额才用于投机。换言之，假设你现在 32 岁，你的年龄加上 40 后为 72，那么你总资产的 72% 应当用于有固定收益和股票基金的投资，而其余 28% 用于股票之类的投机。即使是用于投机部分的资产，也最好选择那些有过良好分红记录的绩优股。如果你现在 50 岁，那么你应当把你 90% 的资产用来进行安全的投资，如果希望投机的话，就用余下的 10%。60 岁之后，那么你就不要去投机了，也不可能有足够的精力这样做了。

一、投资目标的确定

作为一个证券投资者，应对投资有清醒的认知。

（一）投资三要素

从投资的含义可以看到投资必须具备三个要素：

1. 收益

投资是为了获得未来报酬而采取的一种经济行为，收益即投资所取得的报酬。

2. 时间

投资是一个行为过程，从投入到可能的未来报酬的获得，要经过一定的时间间隔。

3. 风险

投资所获取的报酬是不确定的，即以风险为代价的时间间隔越长，由于不可测因素越多，不确定性就越大，即风险性越大。

（二）投资者的目标

人们开始投资理财积累"第一桶金"时，必须设定合理的投资目标。这个目标应该高于目前拥有资产的净值，但又不能超出太多。目标太宏伟不但不切实际，反而带来众多的负面效果。合理的目标应该接近可以达成的水准，同时要考虑当前投资市场的平均报酬率水平，以此作为参考基准。

（1）针对客户投资的需求，理财规划师可首先将客户的投资目标分为短期投资目标、中期投资目标和长期投资目标。

① 对短期投资目标（短于两年），理财规划师通常采用现金投资和固定利息投资两种类型。可以通过市场风险、通货膨胀、利率风险和流动性等因素评估不同的投资品种，识别并评价投资信息的来源，评价不同种类的符合客户理财目标和生活状况的债券投资品种，找出可能适合的各种企业债券和政府债券。

② 对中期投资目标，理财规划师要更多地考虑投资的成长性和收益率，这同时意味着投资的风险水平会上升，出现亏损的概率也会大一些。

③ 对长期投资目标，理财规划师应主要考虑投资的成长性，同时要注意控制风险。

（2）客户在制订投资目标的时候还要特别注意风险属性。风险属性包括两个：一个是风险承受能力，代表客户的各种客观条件可以承担风险的能力，与个人财富、受教育程度、年龄、性别、婚姻状况和职业等客观因素密切相关；

另一个是风险承受态度，代表客户面对风险时的主观决策。风险承担意愿越高，代表客户越愿意为了增加报酬而承受较高一点的风险。

在投资理财活动中，根据个人的条件与个性，面对风险表现出来的态度基本有五种：冒险型、积极型、稳健型、保守型和消极型（见表6-5）。

表 6-5　不同风险类型的投资者

类型	理财倾向	风险承受能力	获利期待
冒险型	注重如何快速让资产增值，像赌徒般追求高报酬，可接受高风险	高	高报酬
积极型	积极积累财富，愿意承担较高风险，接受新推出的金融产品	中高	中高报酬
稳健型	稳定地积累财富，承担适度风险，追求稳定报酬	中	中等报酬
保守型	以稳定为首要的考虑因素，追求低风险，可容忍低报酬	低	较低报酬
消极型	以稳定为先，讲求保护本金不受亏损及保持资产的流动性	极低	低报酬

确定投资目标之后，为很好地实现这一目标，通常需要把握个人资本、收入的状况及发展潜力等方面，根据不同的风险承受能力，设计多个收益不同的固定投资组合。根据客户的需要、风险承受能力及投资理念，设计多个（通常在3个左右）投资组合方案。每个组合都有独特的风格，客户可以根据自身的偏好选择这些组合中的一个。可将客户储蓄账户中的存款按照投资组合的设定模式进行投资。在实务中，理财规划师可以通过问卷的方式了解客户并制订投资策略。在具体实施的过程中，理财规划师可以将问题与测试客户风险偏好的问题一并向客户提出，并要求客户认真填写。

二、投资环境的分析

（一）货币市场

货币市场，又称短期资金市场或短期金融市场，指经营期限在一年以内的货币资金融通市场。

广义的货币市场包括国库券市场、短期信贷市场、商业票据贴现市场、银行承兑汇票市场、回购协议市场、大额可转让定期存单市场等。

1. 国库券市场

国库券是国家政府发行的期限最短的一种证券，通常是为筹措短期资金、解决财政困难而采取的一种融资方式。由于发行主体为政府，所以具有信用极高、流通性强、风险小、净收益高、交换方便等特点，并因此成为许多投资者的目标。

2. 短期信贷市场

短期信贷市场主要是指银行对企业的短期信贷资金和同业拆借市场。其中同业拆借市场主要是在银行等金融机构之间融通资金盈余（有多余存款准备金的银行和存款准备金存在缺口的银行间的资金融通），在中央银行的存款账户上调整准备金头寸的市场。同业拆借同样存在拆息率。目前我国银行的同业拆放利率是上海银行间同业拆放利率（SHIBOR）。

3. 商业票据贴现市场

商业票据贴现市场是指公司发行的商业票据进行交易的市场。商业票据的发行者包括金融公司和非金融公司，但一般都是资金实力雄厚、经营状况良好、信誉卓越的公司。

4. 银行承兑汇票市场

银行承兑汇票市场是以银行承兑汇票作为交易对象的市场。银行承兑汇票是经过银行承兑过的票据，由于在商业信用上又加上了银行信用，因此它比一般的商业承兑汇票风险更低，流动性更强，而且灵活性好，具有可追溯性，易于在市场中进行买卖交易。

5. 回购协议市场

回购协议市场是指通过回购协议进行短期资金融通交易的市场。从本质上说，回购协议是一种以证券为抵押品的抵押贷款。回购协议签订后，资金获得者统一向资金供应者出售政府债券或其他债券以及时换取所需资金。银行和政府证券交易商是此市场的重要资金需求者。由于回购交易可以帮助中央银行进行公开市场操作，所以也被认为是实施货币政策的重要场所。

6. 大额可转让定期存单市场

从性质上看，大额可转让定期存单是定期存款的一个主要变种。可以对其进行多次流通转让，具有比较活跃的二级市场，能够满足营利性和流动性的双重需求。

（二）股票市场

股票市场指股票发行和交易的场所。其功能包括筹集资金、优化资源配置、转换企业机制、分散风险等。

根据市场职能的不同，股票市场可以分为发行市场（一级市场）和流通市场（二级市场）。发行市场是通过发行股票进行筹资活动的市场，流通市场是对已发行股票进行转让的市场。

根据投资者范围的不同，中国股票市场还可以分为境内投资者参与的 A 股市场和境外投资者参与的 B 股市场及 H 股市场等。

（三）债券市场

债券市场属于固定收益证券市场，是发行和买卖债券的场所。其交易的主要品种包括中长期国债、金融债券和企业债券。

根据市场功能的不同，债券市场可以分为债券发行市场和债券流通市场。债券发行市场（一级市场）是初次发行债券的市场，指投资者购买由政府、金融机构及企业为筹措资金而向社会公开发行的债券；债券流通市场（二级市场）是已发行的债券买卖转让的市场。

根据市场组织形式，债券流通市场又可以进一步分为场内交易市场和场外交易市场。在证券交易所内买卖债券所形成的市场就是场内交易市场；在证券交易所外设立证券柜台进行债券买卖形成的市场称为场外交易市场，这一市场同时包括银行间交易市场，以及一些机构投资通过电话、计算机等通信手段形成的市场。

目前，中国国内债券市场主要分为全国银行间债券市场和证券交易所债券市场。全国银行间债券市场参与者均为机构投资者，包括商业银行、信托投资公司、企业集团财务公司、金融租赁公司、农村信用社、城市信用社、证券公司、基金管理公司、保险公司、外资金融机构等。交易品种包括国债、金融债、企业债、短期融资券、央行票据、资产支持证券等。

（四）衍生金融工具市场

伴随着银行、证券、保险、信托等传统金融业务的发展，衍生金融市场逐渐形成并发展起来，产生了各种各样与原生工具相对应的衍生金融工具。衍生金融工具可以划分为四大类：远期、期权、期货、互换。其经济功能集中于风险转移、价格发现和增强资本流动性。

（五）黄金市场

黄金市场是金融市场的重要组成部分，是集中进行黄金买卖和金币兑换的交易中心。

目前世界主要黄金市场有：① 伦敦黄金市场，其历史最为悠久，由五家经营黄金业务的著名金商组成；② 苏黎世黄金市场，以零售业务为主，也包括金币交易，而伦敦黄金市场则以大宗批发业务为主；③ 香港黄金市场，是仅次于伦敦和苏黎世的第三大世界黄金市场，由传统的香港金银贸易市场、当地伦敦黄金市场、黄金期货市场三个部分组成；④ 美国黄金市场。

三、个人投资心理和行为

（一）个人投资心理

1. 过度自信

人们在了解自己能力的方式上存在自我崇拜的偏见与误区。当成功的时候，人们往往相信这是来源于自己的能力；当失败时，又往往把失败归咎于运气、环境或者他人。这种偏见与误区会导致人们对自己的能力与知识过于自信，从而影响决策。人们自认掌握了一定信息和一定专业知识，因而面对投资决策的时候，便过于相信自己的判断力。有些学者专门对此进行了一系列实验，结果证明受访者都倾向于高估他们答对的概率，而另一些调查也表明散户在第一年的时候往往频繁交易，但是他们卖出的股票却往往比买进的股票表现好。

2. 易获得性偏误

决策者往往利用容易获得的信息来进行判断和决策，特别是用于估计事件发生的频率和概率。这种决策模式可以将"困难的决策"简化。但是，由于人的直觉一般都存在系统性偏差，因此可能导致决策无效。这种现象被称作"易获得性偏误"。也就是说，如果某件事情让人比较容易联想到，投资者便可能误认为这个事件经常发生；相反，如果某类事件不太容易让人联想到，在人的记忆中相关信息不丰富、不明确，投资者就会在不自觉的情况下低估该类事件发生的概率。在这种可能性下，一个社会、一个时代所盛行的、被人们熟知的事物自然成为易获得的，所以，投资者在决策时受社会化影响的程度是不可忽视的。例如，把经济泡沫和房地产相联系，由股市不景气联想到互联网在走下坡路等。

3. 锚定及调整

人们在对某件商品的价值进行判断时，通常需要一定的信息锚作为判断的参照标准，这被称为"锚定效应"。同样，投资者对于证券价格的变动预测也需要一定信息作为参照的锚。人们往往根据某一给定的锚定值进行上下调整，然后做出判断和决策。"锚定效应"十分稳定，不会因为使用金钱的刺激而消失，也不会因为给予更加极端的锚定而消失。在高锚定值的实验条件下，人们往往对事件发生的可能性作出较高的估计；在低锚定值的实验条件下，人们往往对事件发生的可能性作出较低的估计。

4. 心理账户

许多行为金融学学者都认为，在投资者进行决策的时候，并不是权衡了全局的各种情况，而是在心里无意识地把一项决策分成几个部分来看。也就是说，分成了几个心理账户，对于每个心理账户，行为者会有不同的决策。经济学家认为普通投资者会将自己的投资组合分成两部分：一部分是风险低的安全投资，另一部分是风险较高但可能使自己更富有的投资。这是由于人们都有既想避免损失又想变得富有的心态，因此，人们会把两个心理账户分开来，一个用来规避贫穷，另一个用来致富。而且，在考虑问题的时候，投资者往往每次只考虑一个心理账户，把目前要决策的问题和其他的决策分离看待。也就是说，投资人可能将投资组合放在若干个心理账户中，不太在意它们之间的共同变异数，这也就从另一个角度解释了投资者在某些情况下的非理性行为。

下面两个实验可以说明这两个心理账户。

"简单记账"实验：看戏的门票 10 元，到戏院门口发现丢失 10 元，88% 的人表示"会再花 10 元买票看戏"。

总支出 =（0+10）=10（元），丢失 10 元现金，不计入看戏成本。

"综合记账"实验：看戏的门票 10 元，花了 10 元买了票，但到戏院门口发现戏票丢失，只有 46% 的人表示"会再花 10 元买票看戏"。

总支出 =（10+10）=20（元），丢失 10 元戏票被计入看戏成本。

5. 代表性直觉

决策者用"直觉""具有一定代表性的信息"或"一般常识"进行决策，可以得到相对满意的答案，同时引起一系列"可预测"或"系统性"的偏差。

（1）小数法则。小数法则是人们将小样本中某事件的概率分布看成是总体分布。人们在不确定的情形下，会抓住问题的某个特性直接推断结果，而不考虑这种特性出现的真实概率。此情形下，人们认为随机样本之间具有相似性，能够很好地代表总体，或者说，偶然事件具有自我修复功能。而事实上，偶然事件不具有自我修复功能。因此，基于小概率事件的决策可能导致偏差。例如，一位投资者观察到某位基金经理在过去两年中的业绩好于平均情况，则相信这位基金经理比一般基金经理更优秀，然而两年业绩表现并不具有代表性。

（2）赌徒谬论。赌徒谬论认为随机序列中一个事件发生的概率与之前发生的事件有关，即其发生的概率会随着之前没有发生该事件的次数而上升。一系列坏结果之后必定会出现好结果。显然，这种判断并非出自理性，可能导致偏差。比如，抛硬币时，当你连抛了 5 次都是正面时，你可能认为下次正面出现的概率会更小，反面出现的概率会更大。

6. 羊群效应

羊群效应是指个体在全体中，其判断、决策或行为受到众人的影响，产生"追随效应"，即"多数人影响少数人，导致少数人的意见与多数人一致"的现象。从众行为的产生，首先是因为"个体在群体内感受到一种压力，导致'屈服'的行为"。其次，个体的能力、知识、信息获取、交流及沟通方式和程度等，都会影响从众行为。最后，任务的难度和性质也是影响从众行为发生的一类因素。

投资者把感情因素、心理活动、社会规范、观念习惯注入投资决策过程中，认为这些因素在投资者的决策过程中扮演着重要的角色，由此形成了很多投资心理现象，上面提到的只是其中比较有代表性的现象。

（二）个人投资行为

投资者在理财过程中，投资心理的影响往往会导致一些比较典型的投资行为。

1. 过度反应与反应不足

由于投资者的交易行为受主观因素的影响，会产生情绪化和极端化信息反应，表现为对公司价值的估价过高或过低。有证据表明，人们对很容易处理的（或处理成本较小）的信息倾向于过度反应，而对难以处理（或处理成本较高）的信息反应不足。通常，如果近期的收益朝相反的方向发展，投资者会错误地相信公司是处于均值回归状态，并且会对近期的消息反应不足。如果投资者得到收益增长的信息，会认为公司正趋于一种增长状态，并且呈现过度反应的推理趋势。这些投资者就会在市场上行时变得过于乐观，而在市场下降时变得过于悲观。自我归因低估股票价值的公开信息偏差，对个人的信息的过度反应和对公共信息的反应不足，都会导致股票回报的短期持续性和长期反转，他们心理模型的特点是有时恐惧，有时兴奋。

2. 噪声交易

噪声交易是指投资者不根据基本面分析买卖股票的交易行为。它使价格失衡的情况可能持续很久。在噪声交易者和短期性投资者存在的市场中，交易者都拥有自己的信息。在信息集合中，利用其中某一信息的投资者越多，他们就越可能利用该信息获利，这些信息可能是与基础价值有关的信息，也可能是与基础价值毫无关系的噪声，这就是信息聚集正溢出效应。而这一效应可能使努力获取新信息的交易者无法得到相应的回报，不利于信息收集与资源配置。噪声交易会导致过度交易，而由过度交易产生的交易成本又会降低投资者的收益率，有损其财富。

中国股市中噪声交易者太多。噪声交易太多导致股票市场系统风险所占比例太大，同时总风险太高。

3. 处置效应

处置效应是一种比较典型的投资者认知偏差，表现为投资者对投资赢利的"确定性心理"和对亏损的"损失厌恶心理"，在行为上主要表现为急于卖出赢利的股票，轻易不愿卖出亏损股票的现象等。处置效应反映了投资者回避现实损失的倾向。在很多情况下，处置效应主要受到投资者心理因素的影响。这会削弱投资者对投资风险和股票未来收益状况的客观判断，非理性地长期持有一些失去基本投资价值的股票，使得投资者盈少亏多。

4. 羊群行为

羊群行为是指单个投资者由于受其他投资者使用某种投资策略的影响而采取相同的投资策略，而如果其他投资者不采取这样的策略，则单个投资者也不会采取这种策略。由于羊群行为效应，整个市场上的投资策略会趋于一致，这种现象在极度的牛市或熊市中表现得最为明显，即大家都在追涨或杀跌。在股票市场中，同时有两只股票上市交易，潜在的投资者都要从中选择其一，这些投资者可能对两家公司的报告进行研究，然后决定买哪一只股票。第一位投资者在进行选择时，可能考虑这家公司的所在地或者行业，总之有其选择的依据，尽管这种依据也许并不可靠。但下一位投资者在进行选择时，就不是随机购买了，会观察第一位投资者的行为，并做出同样的选择。那么第三位投资者在看到前面的购买行为后，可能不假思索地买入同一只股票，因为他认为前面投资者做出的选择是正确的。最终的结果可能令人吃惊：所有的投资者都做出了同样的选择，而这仅仅是因为第一位投资者的随机选择。股票市场中有成千上万个投资者，如果他们彼此独立的话，那么任何错误想法所造成的后果都能相互抵消，因而不会对市场价格产生什么影响。但是如果这些想法是非理性的或并不是那么机械，而且这些想法又都相似的话，那么这就足以成为股市兴衰的原因了。

（三）个人投资策略

由于市场参与者的心理因素在投资决策行为以及市场定价中的作用和地位，如果简单地采用传统金融理论进行投资，不但不符合金融市场的实际情况，反而容易造成投资者的损失。因此，可以借用行为金融学理论指导投资者采取针对非理性市场行为的投资策略来实现投资赢利目标。

1. 针对过度反应的反向投资策略

反向投资策略就是采用买进过去表现差的股票而卖出过去表现好的股票来进行套利的投资方法。行为金融学理论认为，由于投资者在实际投资决策中，往往过分注重上市公司的近期表现，从而导致对公司近期业绩情况做出持续过度反应，形成对业绩差公司股价的过低估计，最终为反向投资策略提供了套利的机会。

2. 动量交易策略

动量交易策略即预先对股票收益和交易量设定过滤准则，当股票收益或股票收益和交易量同时满足过滤准则时，就买入或卖出股票的投资策略。

3. 成本平均策略

成本平均策略指投资者在将现金投资为股票时，通常按照预定的计划根据不同的价格分批进行，以备不测时摊低成本，从而规避一次性投入可能带来较大风险的策略。

4. 时间分散化策略

时间分散化策略指根据投资股票的风险将随着投资期限的延长而降低的信念，建议投资者在年轻时将其资产组合中的较大比重投资于股票，而随着年龄的增长将此比例逐步减少的投资策略。

5. 针对羊群行为的相反策略

由于市场中广泛存在的羊群行为，证券价格的过度反应是不可避免的，因此可能出现"涨过了头"或者"跌过了头"的现象。投资者利用可以预期的股市价格反转，采取相反投资策略来进行套利交易。考察中国证券市场的历史，我们会发现在重要的顶部或底部区域，在信息面上总是伴随着一些重要的股市政策的出台。不同的投资者对政策的反应是不一致的。针对个人投资者的行为反应模式，投资者可以制订相应的行为投资策略——相反投资策略，进行积极的波段操作。

6. 购买并持有策略

个人和机构投资于股票应执行几种有助于认识并控制错误和心理障碍的安全措施。控制这些心理障碍的关键方法是所有类型的投资者都要实施一种严格的交易策略——购买并持有策略。投资者在为投资组合购进一只股票时，应详细地记录购买理由，而且要制订一定的标准以利于进行投资决策。长期采取购买并持有策略，通常业绩将超过高周转率的短期交易策略。

学习活动 6.2

1. 请列出目前限制你自己交易行为的五大个人思想障碍。

（1）_____；

（2）_____；

（3）_____；

（4）_____；

（5）_____。

2. 请列出可以提高你交易水平的五种习惯。

（1）_____；

（2）_____；

（3）_____；

（4）_____；

（5）_____。

第三节 资 产 配 置

【导入案例】

案例 6.3　马先生和太太每月收入约 2.8 万元。资产方面，十年前买了一套 76 平方米的房子，房款 50 万元一次性付清，目前房子的市值约为 110 万元，两人有存款 10 万元，现金 5 万元。开支方面，两人每月需 3 000 元，每年的旅行费用约 2 万元。此外，每年还会给双方父母 2 万元作为生活费。马先生属于稳健型投资者，能承受亏损的幅度约 15%，马先生希望好好利用每月的收入结余进行投资。

解释：马先生家庭月收入结余应按照需求时间长短分为应急资金、风险保障资金、未来大额消费资金、未来投资资金进行资产配置。

第一，应急资金的准备。为了防止出现生病、突发事件等意外的发生，建议在月结余 2.8-0.3-0.167-0.167=2.17（万元）中拿出 10% 的资金作为应急资金，购买货币基金。具体可以根据个人情况有所调整，一般是留存 3-6 个月的支出资金，本案例马先生家庭紧急资金已经达标（已有 15 万备用金）。

第二，保险资金的准备。一般而言，保险支出占全年盈余的 10%，马先生家庭在每月 2.17 万元的结余中拿出 2 170 元作为全家的保险支出，包括人寿保险、健康保险、意外保险等。

第三，未来大额支出的准备。除上述的预备资金之外，还需要考虑未来是否有大额支出，比如购车、添置大家电等，是否会用到这笔资金。这笔资金的预留需要根据每个家庭的不同情况做出不同选择。如果购车的话，留存月结余 20% 存入银行（4 340 元 / 月）。

第四，长期投资资金的准备。扣除了上面所说的 30% 的资金后，还剩下 70% 的资金作长期投资理财，用于今后的子女教育或养老。可以根据马先生自身风险偏好和资金实际情况做个基金的投资组合。稳健型投资者希望在较低风险下获取稳健的收益，所以其投资组合除配置一定的货币基金外，还可以配置一些股票型基金（混合型基金）和债券型基金，具体配置比例建议货币基金：股票型基金（混合型基金）：债券型基金 =5：2：3。

一、资产配置概要

（一）资产配置的定义

资产配置是指投资者根据自身的风险厌恶程度和资产的风险收益特征，确定各类资产的投资比例，从而达到降低投资风险和增加投资回报的目的。资产配置是构建投资组合管理过程中最重要的一步，其实质是一种风险管理策略，即以系统化分散投资的方式来降低风险，在可忍受的风险范围内追求最大报酬。因此，虽然资产配置不是理财的唯一方法，却是最可靠的投资策略。

投资人一般总以为选对股票并正确预测进出场时机是投资的关键。但事实上，长期的研究资料显示，妥善的资产分配才是投资获利的决定因素，如能做好资产分配，就可以为长期的投资组合绩效表现奠定基础。

（二）资产配置的过程

对于多数的专业投资者而言，资产配置的流程如图 6-1 所示。

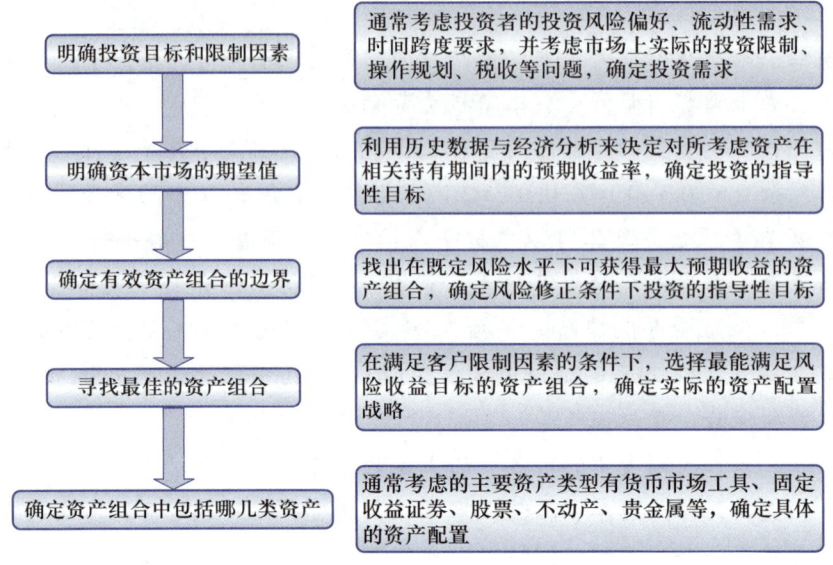

图 6-1　资产配置的流程

对于个人投资者而言，资产配置不一定包括图 6-1 中专业而复杂的过程，但仍然可以根据个人财富水平、投资的动机、投资期限的目标、风险偏好、税收考虑等类别的价格波动情况，及时、动态地调整资产配置组合权重，或者在某一类别的资产中再进行"个股"选择，以寻求风险控制和投资收益最大化。

（三）资产配置的影响因素

资产配置的影响因素很多，但大致可分为三大类：投资者的个性特质、未来金融市场环境的特殊因素、给定资产的类别及其性质。具体影响因素如图 6-2 所示。

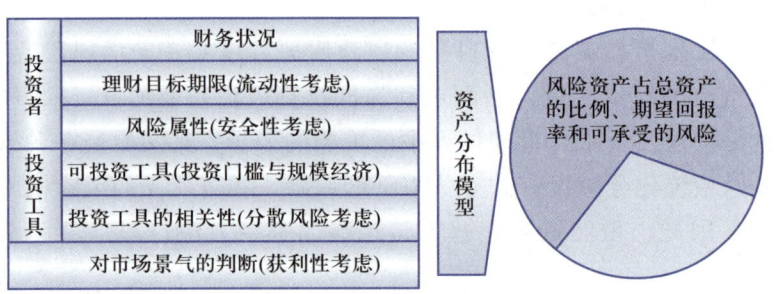

图 6-2　资产配置的影响因素

二、资产配置的方法

资产配置是投资规划中非常重要的一步，它决定了客户最终的投资收益与风险，以及是否能实现既定的理财目标。资产配置的主要方法如图 6-3 所示。这里主要介绍风险属性评分法和理财目标时间配置法。

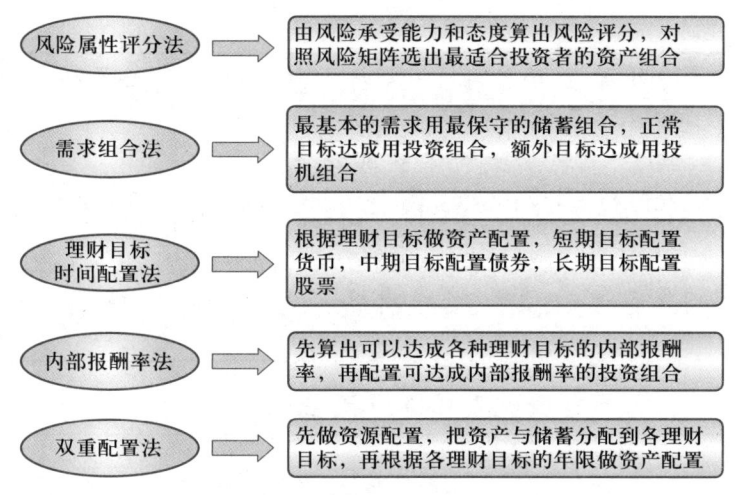

图 6-3 资产配置的主要方法

（一）风险属性评分法

应用风险属性评分法，首先，要根据评分表分别测评客户客观的风险承受能力以及主观上的风险承受态度，并得出相应的分值。其次，根据测评出的风险承受能力和风险承受态度的分值，比照风险矩阵，选出最合适的资产配置。

风险属性分析测试主要包含两个方面：一是测评其风险承受能力（见表6-6），这是一个客观的因素。二是测评其风险承受态度，这是从主观上来测评，即个人或家庭在心理上能承受多大的风险或损失（见表6-7）。风险属性的分析必须同时结合以上两个方面（见表6-8）。如果家庭有能力承受风险，但心理承受能力不够，则可能给个人或家庭造成一种心理上的伤害，这对投资理财是极为有害的。如一个保守型的百万富翁，对他而言，投资失利就算只损失 3% 的资产，也会令他郁郁寡欢，给生活造成不利影响。如果对风险有较强的心理承受能力，但家庭无此实力承担此种风险，也会给家庭造成一种负担，同样有悖投资理财的宗旨。

表 6-6　风险承受能力评分表

项目	10分	8分	6分	4分	2分	客户得分
年龄状况	总分50分，25岁以下者50分，每多1岁少1分，75岁以上者0分					
就业状况	公职人员	上班族	佣金收入者	自营事业者	失业	
家庭负担	未婚	双薪无子女	双薪有子女	单薪有子女	单薪养三代	

续表

项目	10 分	8 分	6 分	4 分	2 分	客户得分
置产状况	投资不动产	自宅无房贷	房贷≤ 50%	房贷＞50%	无自宅	
投资经验	10 年以上	6～10 年	2～5 年	1 年以内	无	
投资知识	有专业证照	财经系毕业	自修有心得	懂一些	一片空白	
总分						

表 6-7　风险承受态度评分表

项目	10 分	8 分	6 分	4 分	2 分	客户得分
忍受亏损	不能容忍任何损失 0 分，每增加 1% 加 2 分，可容忍＞25% 得 50 分					
投资目标	赚短期差价	长期利得	年现金收益	抗通货膨胀保值	保本保息	
获利动机	25% 以上	20%～25%	15%～20%	10%～15%	5%～10%	
认赔程度	默认停损点	事后停损	部分认赔	持有待回升	加码摊平	
赔钱心理	学习经验	照常生活	影响情绪小	影响情绪大	难以入眠	
最重要特性	获利性	收益兼成长	收益性	流动性	安全性	
避免工具	无	期货	股票	外汇	不动产	
总分						

表 6-8　风险矩阵下的资产配置

风险态度	工具	低能力	中低能力	中能力	中高能力	高能力
		0～19 分	20～39 分	40～59 分	60～79 分	80～100 分
低态度 0～19 分	货币	70	50	40	20	0
	债券	20	40	40	50	50
	股票	10	10	20	30	50
	预期报酬率	3.40%	4.00%	4.80%	5.90%	7.50%
	标准差	4.20	5.50	8.20	11.70	17.50
中低态度 20～39 分	货币	50	40	20	0	0

续表

风险态度	工具	低能力 0~19分	中低能力 20~39分	中能力 40~59分	中高能力 60~79分	高能力 80~100分
中低态度 20~39分	债券	40	40	50	50	40
	股票	10	20	30	50	60
	预期报酬率	4.00%	4.80%	5.90%	7.50%	8.00%
	标准差	5.50	8.20	11.70	17.50	20.00
中态度 40~59分	货币	40	20	0	0	0
	债券	40	50	50	40	30
	股票	20	30	50	60	70
	预期报酬率	4.80%	5.90%	7.50%	8.00%	8.50%
	标准差	8.20	11.70	17.50	20.00	22.40
中高态度 60~79分	货币	20	0	0	0	0
	债券	30	50	40	30	20
	股票	50	50	60	70	80
	预期报酬率	5.90%	7.50%	8.00%	8.50%	9.00%
	标准差	11.70	17.50	20.00	22.40	24.90
高态度 80~100分	货币	0	0	0	0	0
	债券	50	40	30	20	10
	股票	50	60	70	80	90
	预期报酬率	7.50%	8.00%	8.50%	9.00%	9.50%
	标准差	17.50	20.00	22.40	24.90	27.50

（二）理财目标时间配置法

理财目标指的是家庭在未来某时间需达到的资金数。简单来说，就是客户想在将来某时间赚了或存了多少钱的指标或目标。寻求个人财务规划服务的客户有着各种各样的理财目标，短期的目标如控制日常生活开支、进行储蓄和购买消费品等；中期的目标可能是为养育子女和为子女教育筹集经费或购买住房；长期的目标则可以是实现投资收益最大化，过上安逸的退休生活或死后为继承人留下较多的遗产以支持他们的生活等。

理财目标时间配置法是指根据理财目标进行资产配置，短期目标配置货币，中期目标配置债券，长期目标配置股票。具体而言，可按表6–9中不同目标类型进行资产的配置。

表 6-9　理财目标时间配置法示例

目标类型	期限	配置资产
紧急预备金（3 个月的支出额）	现在	活期存款
短期目标	2 年内	定期存款
中期目标	5 年内	短期债券
中长期目标	6～20 年	平衡基金
长期目标	20 年以上	股票
购房目标	—	不动产证券化工具
子女教育目标	—	教育年金
退休目标	—	退休年金

根据理财规划师的测算，某客户的理财目标及财务状况如表 6-10、表 6-11 所示。

表 6-10　理财目标示例　　　　　单位：元

理财目标	时间	所需终值
购车	2 年后	500 000
购房	5 年后	5 000 000
教育金	15 年后	2 000 000
退休金	25 年后	10 000 000

表 6-11　财务状况示例　　　　　单位：元

财务状况			
年收入	1 000 000	资产	3 000 000
年支出	600 000	负债	0
年储蓄	400 000	净资产	3 000 000

按理财目标时间配置法，不同的理财目标配置如表 6-12 所示。

1. 紧急预备金

紧急预备金应为 3 个月的支出，故应为 600 000/4=150 000（元），占资产比重为 150 000/3 000 000 × 100%=5%。

表 6-12 不同理财目标配置示例

目标	时间	金额/元	实际报酬率/%	工具	现值/元	占资产比重/%	占储蓄比重/%
紧急预备金	现在	150 000	0	活期存款	150 000	5.00	
购车	2 年后	500 000	1	定期存款	490 148	16.34	
购房	5 年后	5 000 000	3	短期债券或不动产证券化工具	首付 1 500 000 1 293 913	43.13	
					贷款 3 500 000 235 255		58.81
子女教育金	15 年后	2 000 000	5	平衡基金	962 034	32.07	
退休金	25 年后	10 000 000	7	股票	1 842 492	3.46	37.30
其他				个股操作	15 556		3.89
合计		17 650 000			8 460 230	100	100

2. 购车

购车款 2 年后的终值为 50 万元，按定期存款 1% 的报酬率计算，其现值为 $PV=500\,000 \times (P/F, 1\%, 2)=490\,148$（元），占资产比重为（490 148/3 000 000）× 100%=16.34%。

3. 购房

购房款 5 年后的终值为 500 万元，首付 30%，即 500×30%=150（万元）。按短期债券或不动产证券化工具 3% 实际报酬率计算，其现值为 $PV=1\,500\,000 \times (P/F, 3\%, 5)=1\,293\,913$（元），占资产比重为（1 293 913/3 000 000）× 100%=43.13%。

房贷为 70%，即 500×70%=350（万元）。假设贷款利率为 3%，期限 20 年，则根据年金计算公式计算，年缴本息和为 $A=3\,500\,000 \times (A/P, 3\%, 20)=235\,255$（元），占储蓄的 235 255/400 000 × 100%=58.81%。

4. 子女教育金

子女教育金 15 年后的终值为 200 万元，按平衡基金 5% 的报酬率计算，其现值为 $PV=2\,000\,000 \times (P/F, 5\%, 15)=962\,034$（元），占资产比重为（962 034/3 000 000）× 100%=32.07%。

5. 退休金

退休金 25 年后的终值为 10 000 万元，按股票 7% 的报酬率计算，其现值为 $PV=10\,000\,000 \times (P/F, 7\%, 25)=1\,842\,492$（元）。但资产现值扣除上述

理财目标金额后只剩下 3.46%，故资产中的 103 800 元（3 000 000 × 3.46%）用作股票投资，其余 1 738 692 元（1 842 492–103 800）用储蓄准备，根据年金计算公式，每年要定期定额投资股票 A=1 738 692 ×（A/P，7%，25）= 149 198（元），占储蓄的（149 189/400 000）× 100%=37.3%。

6. 其他

还剩余储蓄 3.89% 可用作其他投资，如个股操作等。

三、投资组合调整策略

为客户建立了投资组合之后，随着时间的推移，反映证券和客户自身情况的各种变量可能发生变化，该投资组合是否仍然满足客户的需要？所发生的变化对投资组合产生实质性影响时，就需要作出买卖证券的选择，这种选择就是组合调整。投资组合调整策略主要有以下四种。

（一）买入并持有策略

买入并持有策略是指在确定恰当的资产配置比例下，构造了某个投资组合后，在诸如 3～5 年的适当持有期间内不改变资产配置状态，保持这种组合。买入并持有策略是消极型长期再平衡方式，适用于资本市场环境和投资者的偏好变化不大，或者改变资产配置的成本大于收益时的状态。

（二）固定投资组合策略

固定投资组合策略又称恒定比例策略，是指保持投资组合中各类资产的固定比例（见图6–4）。固定投资组合策略是假定资产的收益情况和投资者偏好没有大的改变，因而最优投资组合的配置比例不变。为维持这种组合，要求在资产价格相对变化时进行定期的再平衡和交易，固定投资组合策略调整表如表6–13所示。固定投资组合策略适用于风险承受能力较稳定的投资者。如果股票市场价格处于震荡、波动状态之中，固定投资组合策略就可能优于买入并持有策略。

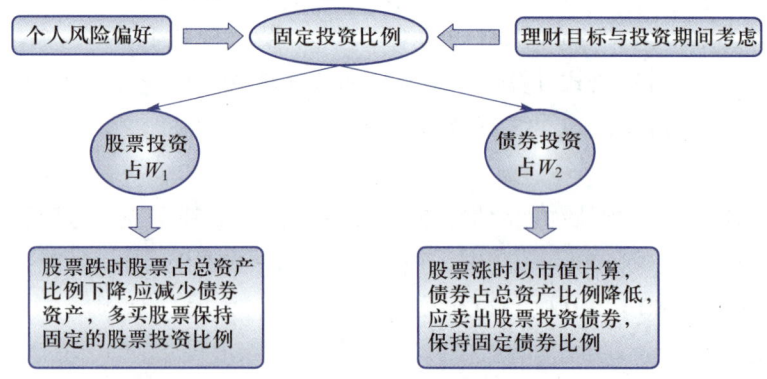

注：为了维持个人最适比例符合低买高卖原则，可依时间或幅度进行调整。

图 6-4　固定投资组合策略

表 6-13　固定投资组合策略调整表

情况	股票 / 万元	债券 / 万元	股票市值比率 /%	调整动作
初值	600	400	60	
股价下跌100 万元	500	400	55.56	（500 万元 +400 万元）× 60%–500 万元 = 40（万元） 卖出 40 万元债券，买入 40 万元股票
调整后	540	360	60	
股价上涨150 万元	690	360	65.71	690 万元 –（690 万元 +360 万元）× 60%= 60（万元） 卖出 60 万元股票，买入 60 万元债券
调整后	630	420	60	

（三）投资组合保险策略

投资组合保险策略是将一部分资金投资于无风险资产，从而在保证资产组合的最低价值的前提下，将其余资金投资于风险资产并随着市场的变动调整风险资产和无风险资产的比例，同时不放弃资产升值潜力的一种动态调整策略。当投资组合价值因风险资产收益率的提高而上升时，风险资产的投资比例也随之提高；反之则下降（见表 6-14）。

表 6-14　资产配置策略特征比较

策略	市场变动时行动方向	支付模式	有利的市场环境	要求的流动程度
买入并持有	不行动	直线	牛市	小
恒定比例	下降购买，上升出售	凹性	易变，波动性大	适度
投资组合保险	下降出售，上升购买	凸性	强趋势	高

投资组合保险的一种简化形式是著名的恒定比例投资组合保险（CPPI）。这一简化投资组合保险战略（按如下公式）：动态配置高风险高收益的主动性资产与低风险低收益的保留性资产比例，并在股票下跌时将其卖出，在股票上涨时将其买进。

$$E = m \times （V-F）$$

式中：E 为应投资于主动性资产的部分；

m 为乘数（事先确定的大于 1 的常数）；

V 为资产总值；

F 为风险控制线（所需保障的底线）；

（V–F）为资产总值下跌时的保护层。

例 6.1　假设期初投资金额 V=100 万元，F=90 万元，m=5。

股票初始头寸为：5×（100–90）/100×100%=50%

答：如果股市上涨 10%，则有 V=105 万元，从而 V–F=15（万元），E=75 万元，股票头寸应为 71.4%，故应买入股票 20 万元；如果股市下跌 10%，则有 V=95 万元，从而 V–F=5（万元），E=25 万元，股票头寸应为 26%，故卖出股票 20 万元。

（四）定期定额投资策略

定期定额投资策略是指在固定期间以固定金额投资同一个工具。由于进场时点分散，同样的金额在指数低档位时可以买到较多的单位数；反之，在指数高档位时买进单位数就会自动减少，符合"逢低多买，逢高少买"的稳健投资原则。长期下来，成本和风险自然摊平。同时，易与理财规划长期资金配合操作，强迫储蓄，易养成理财习惯。缺点是时间过长，因资金过于庞大，获利并不理想（见表 6–15）。

表 6-15　定期定额投资策略表示例

定期投资金额 / 元	多头市场（股票上涨时）		空头市场（股票下跌时）	
	单位价格 / 元	购得单位数	单位价格 / 元	购得单位数
3 000	10	300	10	300
3 000	12	250	8	375
3 000	15	200	7.5	400
3 000	15	200	6	500
3 000	20	150	5	600
合计 15 000 元		1 100		2 175
平均成本 / 元	13.64		6.9	
平均市价 / 元	14.40		7.3	

学习活动 6.3

运用风险属性评分法为身边的人做测评：

1. 结合第一节的表 6–1 和本节所学内容开展测评；

2. 测评结果填写进本单元表 6–6 和表 6–7 内。

知识巩固

（一）单选题

1.（　　）是根据客户投资理财目标和风险承受能力，为客户制订合理的资产配置方案，构建投资组合来帮助客户实现理财目标的过程。

    A. 消费支出规划　　　　　　　　　B. 投资规划

    C. 税收筹划　　　　　　　　　　　D. 退休养老规划

2. 总体而言，可以将客户进行理财规划的目标归结为财产的保值和增值，（　　）的目标更倾向于实现客户财产增值。

    A. 消费支出规划　　　　　　　　　B. 税收筹划

    C. 投资规划　　　　　　　　　　　D. 财产分配与传承规划

3. 按照理财规划师的规范业务流程，为客户进行投资规划的合理步骤是（　　）。

    A. 客户分析→投资评价→投资实施→证券选择→资产配置

    B. 客户分析→证券选择→资产配置→投资评价→投资实施

    C. 客户分析→资产配置→证券选择→投资实施→投资评价

    D. 客户分析→投资实施→投资评价证券选择→资产配置

4. 投资是指牺牲或放弃现在可用于消费的价值以获取未来更大价值的一种经济活动。投资的主要参考因素包括（　　）。

    A. 投资的期限　　B. 投资的成本　　C. 投资的收益　　D. 投资的风险

5. 商业票据是一种短期证券，它是由（　　）发行的。

    A. 财政部门　　　B. 公司　　　　C. 商业银行　　　D. 中央银行

6. 下列资产中属于有形资产的是（　　）。

    A. 黄金　　　　　B. 股票　　　　C. 债券　　　　　D. 期权

7. 按照风险从小到大排序，下列排序正确的是（　　）。

    A. 储蓄存款，国库券，普通股，公司债券

    B. 国库券，优先股，公司债券，商业票据

    C. 国库券，储蓄存款，商业票据，普通股

    D. 储蓄存款，优先股，商业票据，公司债券

8. 在投资中，人们的投资心理主要有（　　）。

    ①过度自信　　②过度反应　　③瞄定和调整　　④羊群效应

    A. ①②　　　　　B. ②③　　　　C. ①③④　　　　D. ①②③④

9. 有一投资者看到某股票的市场价格跌破了其发行价，立即发出买入委托单。此投资心理为（　　）。

    A. 过度自信　　　B. 代表性直觉　　C. 瞄定和调整　　D. 羊群效应

10. 某投资者持有两只股票，其中一只股票刚涨 10% 就急着把它卖掉，另一只股票还处于跌势中，因为担心亏损太多没有出手，该股票还没有止跌。该投资行为属于（　　）。

    A. 过度自信　　　　B. 过度反应　　　　C. 处置效应　　　　D. 噪音交易

11. 在进行资产配置时，最重要的因素是（　　）。

    A. 投资者的风险承受能力　　　　　　B. 投资产品的种类

    C. 投资金额的大小　　　　　　　　　D. 投资期限的长短

12. 资产配置策略中最适合风险承受能力较低的投资者的是（　　）。

    A. 激进型策略　　　B. 中立型策略　　　C. 保守型策略　　　D. 创新型策略

13. 资产配置策略中能够最大程度地提高投资回报的是（　　）。

    A. 激进型策略　　　B. 中立型策略　　　C. 保守型策略　　　D. 创新型策略

14. 资产类型最不稳定，但可能带来较高的投资回报的是（　　）。

    A. 股票　　　　　　B. 债券　　　　　　C. 商品　　　　　　D. 现金

15. 投资产品中最适合短期投资的是（　　）。

    A. 股票　　　　　　B. 债券　　　　　　C. 基金　　　　　　D. 银行存款

16. 在进行资产配置时，资产类型中最适合长期投资的是（　　）。

    A. 股票　　　　　　B. 债券　　　　　　C. 商品　　　　　　D. 现金

17. 在进行基金投资时，最适合风险承受能力较低的投资者的是（　　）。

    A. 股票型基金　　　　　　　　　　　B. 债券型基金

    C. 混合型基金　　　　　　　　　　　D. 货币市场基金

（二）多选题

1. 投资规划的意义包括（　　）。

    A. 主要用于区别投资与投机

    B. 是个人理财的重要组成部分

    C. 解决其他规划的必要手段

    D. 有计划、有目的、有规则的投资

2. 投资规划的步骤包括（　　）。

    A. 客户分析　　　　　　　　　　　　B. 资产配置

    C. 证券选择　　　　　　　　　　　　D. 投资实施和投资评价

3. 风险承受能力的评估可以通过（　　）方式进行。

    A. 调查问卷

    B. 风险承受能力计分表

    C. 客户投资偏好类型和风险承受能力评估

    D. 以上都不是

4. 属于资产配置的金融投资产品的是（　　　）。

A. 货币　　　　　　B. 债券　　　　　　C. 股票　　　　　　D. 房地产

5. 投资三要素是（　　　）。

A. 收益　　　　　　B. 时间　　　　　　C. 风险　　　　　　D. 流动性

6. 个人投资心理中的"过度自信"可能导致（　　　）。

A. 高估自己的判断力　　　　　　　　B. 频繁交易

C. 低估风险　　　　　　　　　　　　D. 选择低风险投资

7. 在个人投资行为中，"处置效应"主要表现为（　　　）。

A. 急于卖出赢利的股票　　　　　　　B. 长期持有亏损股票

C. 对投资风险的判断高估　　　　　　D. 以上都不是

8. 根据资产配置的定义，正确的是（　　　）。

A. 确定各类资产的投资比例

B. 降低投资风险和增加投资回报

C. 是构建投资组合管理过程中最重要的一步

D. 是一种风险管理策略

9. 属于资产配置的方法有（　　　）。

A. 风险属性评分法　　　　　　　　　B. 理财目标时间配置法

C. 主观判断法　　　　　　　　　　　D. 以上都不是

（三）简答题

1. 某项投资的财务数据如表 6-16 所示。求该项目所要求的内部报酬率。

表 6-16　某项投资的财务数据

期数 / 年	0	1	2	3	4	5
现金流入 / 万元	50	25	30	40	40	40
现金流出 / 万元	0	35	50	75	75	75
净现金流 / 万元	−50	10	20	35	35	35

2. 吴小姐采取固定投资组合策略，设定股票与定期存款之比为 50%。若股价上升后，股票市值为 40 万元，定期存款为 36 万元，则应采取什么调核操作才能合乎既定策略？

3. 张先生总资产市值为 100 万元，可接受的总资产市值下限为 70 万元，可承担风险系数为 3，依投资组合保险策略投资股票，若所投资之股票价值下跌 10 万元，则应如何调整？

专 业能力训练

　　刘先生夫妇同龄，35岁，有一个8岁的孩子。刘先生家庭目前有可用金融资产25万元，年收入15万元，每年支出6万元。刘先生夫妇的财务目标如下：

　　首先是购房。由于和父母住在一起，老人的开销不用夫妇俩负担，但总价20万元的旧房显得偏小，不能满足一家五口的居住需求。当前房价偏高，刘先生夫妇打算在2年后买一个价值40万元的两室一厅的房子自住（旧房子归父母），首付3成，准备按揭付款。

　　其次是准备小孩的教育基金。在正常情况下，刘先生的小孩将在18岁上大学。让小孩完成大学教育，目前至少需要8万元，假设大学费用的年增长率是2%，刘先生希望10年后能攒够小孩的大学费用。

　　再次是退休金的储备。刘先生夫妇准备在55岁退休。退休后刘先生夫妇的社保退休金合计是每月2 000元。刘先生希望达到退休前生活水准的80%（刘先生夫妇预期寿命85岁）。

　　最后目标是买车。刘先生夫妇喜爱出游，有车则出外旅游更加便捷。如果有可能，刘先生希望买一辆10万元的汽车。

　　根据理财规划师的了解和分析，刘先生是较稳健的投资者，并愿意根据理财目标进行资产配置：

　　（1）紧急备用金的存放方式是活期存款；

　　（2）刘先生的短期目标——购房，配置在定期存款，年收益率是2%；

　　（3）中期目标——子女教育金，投资在平衡型基金，预期收益率是5%；

　　（4）长期目标——养老，投资于蓝筹股，预期收益率8%；

　　（5）剩余资金用于个股操作，获取额外收益；

　　（6）银行房贷利率估计是6%，车贷利率是5%。

　　在不考虑通货膨胀的情况下，根据材料为刘先生做一份投资规划，尽可能实现刘先生夫妇的财务目标。

第七章
退休规划

•)第一节 退休规划的意义和
步骤

•)第二节 退休需求

•)第三节 退休金的投资准备

学习目标

素养目标 ● 树立退休规划的意识；

● 通过退休规划的学习，培养长期积累、诚实守信的观念。

知识目标 ● 了解退休规划的意义；

● 熟悉退休规划的步骤；

● 掌握我国基本养老保险制度。

能力目标

● 能够根据客户的信息，分析客户的退休养老需求；

● 能够在退休规划的原则下制订退休养老规划方案；

● 能够计算客户的退休养老保险待遇。

退休规划
重难点讲解

思维导图

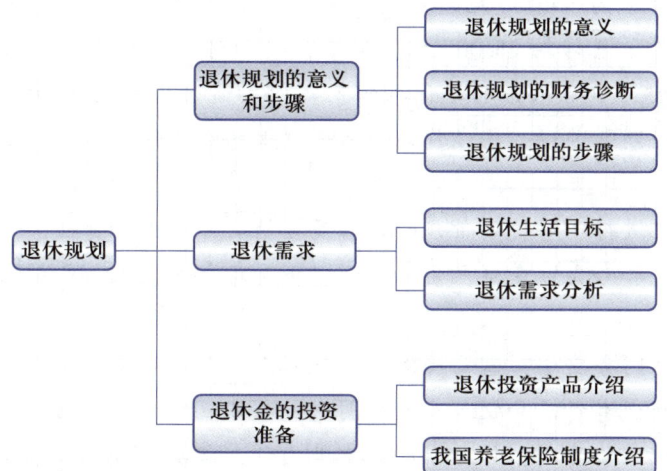

第一节　退休规划的意义和步骤

【导入案例】

案例 7.1　张华，45 岁，是一家公司的中层管理人员。他有一个正在上大学的儿子和一个需要定期医疗护理的年迈父亲。张华的妻子是一位全职家庭主妇。家庭月收入为 30 000 元，月支出包括儿子的学费、父亲的医疗费用、家庭日常开销等，总计约 25 000 元。张华既要面对子女的抚养压力和赡养老人的责任，还要为自己未来的退休攒够有足够的资金而努力工作。为此，他特意找到理财规划师进行咨询。作为一名理财规划师的你，能为张华提供什么帮助呢？

解释：在进行理财规划时，面临着多重的财务压力和责任，这使得理解理财规划的意义和必要性变得尤为突出。以下是几个关键点，希望张华家庭特别注意：

（1）确保财务安全：需要确保自己和家人的财务安全。通过理财规划，可以更好地管理现有资产和收入，避免因意外事件或经济波动而陷入财务困境。

（2）平衡多重责任：作为家庭的中坚力量，需要同时照顾年迈的父母和成长中的孩子。理财规划可以帮助张华家庭合理分配资源，满足不同家庭成员的需求。

（3）减轻子女负担：通过提前做好自己的退休规划生活，可以减少对子女的经济依赖，避免成为子女的负担。这不仅有助于维护家庭和谐，也是对子女未来的一种投资。

（4）应对通货膨胀：通货膨胀会侵蚀储蓄的购买力。通过理财规划，可以采取适当的投资策略，以期获得超过通货膨胀率的回报，保护资产价值。

（5）税务规划：合理的税务规划可以减轻税负，增加可支配收入。需要了解各种税收优惠政策，如老人赡养、子女养育等的税收优惠，以优化税务负担。

理财规划对于张华来说，不仅是应对当前财务挑战的必要手段，也是确保未来生活质量和家庭幸福的关键。明白了以上几点后，如果张华还需要理财的专业建议，可以与理财机构合作，提前做好规划和持续管理。这样，张华就可以更好地控制自己的财务命运，实现长期的经济安全和个人目标。

一、退休规划的意义

一般情况下，退休之后的收入肯定比正常工作时少，人们的生活水平有可能会下降，甚至无法满足老年时期对于安全感和幸福感的需要。退休规划的意义就是提前帮助人们准备退休资金，保证人们将来享有自尊、自立、保持水准的退休生活。

（一）退休生活时间延长

我们生活在一个快速变化的时代，生活方式、工作方式与过去有较大不同，从而会影响到个人退休生活时间的长短变化。首先，现代人就业的年龄在推迟，为积累知识，锻炼能力，提高素养准备的时间较长，高等教育的普及以及就业的压力等原因大大推迟了个人就业的年龄，在退休年龄政策不变的前提下，工作时间在缩短；其次，随着营养、保健、医疗水平的提高，中国人的平均预期寿命比 1949 年的 35 岁延长了足足一倍多，不仅明显高于中等收入国家及地区，也大大高于世界平均水平。这些变化就使得人们工作的年限减少，而退休生活时间大幅延长，也就意味着要在更短的工作时间内积累更多的资金以满足更长的退休生活需要。

（二）人口老龄化问题突出

自中国进入老龄社会开始，老年人口数量不断增加，老龄化程度持续加深，大量数据表明：中国进入老龄化社会的速度明显快于进入现代化，属于"未富先老"，这将给我国带来很多问题，整个社会的消费结构、劳动力总量、社会保障等将面临巨大的变化和挑战。对个人退休而言，需要考虑公共政策的变化对退休的影响。人口老龄化导致劳动力市场的年轻人比例下降，这可能会增加公共退休金系统的负担，个人养老金中基础养老金所占比重可能会减少，个人在退休规划时可能需要增加自己的储蓄而非完全依赖公共退休金。特别是单亲家庭和无子女家庭，个人可能需要更多地依赖自己的退休储蓄，而不是家庭成员的支持。

（三）通货膨胀因素带来的压力

通货膨胀会导致财富在时间面前严重缩水：假设年通胀率为 4% 的话，那么现在的 1 000 元在 20 年后仅相当于 456 元。可见，通货膨胀正是财富保值、增值的重大影响因素之一，因此，越是通货膨胀的时期，规划理财越是重要，而对于 20 年、30 年后养老金的合理规划更是不容忽视。

（四）老年人的医疗卫生消费支出比例高

健康与医疗是人类最基本的生存需求，对老年人来说更显得重要。据统计，城市老年人中只有 1/3 身体健康状况较好，另外的 2/3 老年人身体健康状况不甚乐观。老年人的患病率、发病率都高于其他年龄组，现代城市老年人疾病谱发生转变，城市老年人所患的疾病以慢性病为主，一半以上的城市老年人在不同程度上患有一种或几种慢性疾病，而且伴随着不同的并发症。

（五）养老观念的转变

随着社会的发展和观念的变迁，传统的养老观念正在逐渐淡化。调查显示，越来越多的人不再指望子女在年老时提供经济支持，而是更倾向于自己进行养老规划。首先，随着"421"家庭结构的普遍化，即两个成年人需要照顾四个老人，传统居家养老模式面临挑战，许多老人选择进入社区养老和机构养老；其次，许多老年人认为子女工作压力大，不想再给子女增加养老压力，逐渐树立起独立养老的观念。第三，随着社会的进步，老年人更加注重精神需求和生活品质，追求有尊严和自主的老年生活。总体来看，随着社会的进步和老年人观念的更新，"养儿防老"的传统模式正在向更加独立、多元和个性化的养老方式转变。个人、家庭、社会和政府需要共同努力，为老年人提供更好的养老支持和服务。

（六）退休保障制度的不完善

除了养儿防老外，目前我国的大多数人都是依靠领取社会基本养老保险加上多年工作攒下的家底来养老的。但政府的养老保障仅能提供最基本的生活费用，是广覆盖、低水平的，距离理想的养老（包括物质供养、生活照料和精神慰藉）还有相当的差距。若追求更有品质的老年生活，就需要从年轻时开始进行个人的退休规划。

财 商小课堂

老木匠盖房子

有个老木匠准备退休，他告诉老板，说要离开建筑行业，回家与妻子儿女享受天伦之乐。老板舍不得员工走，问他是否能帮忙再建一座房子，老木匠说可以。但是大家后来都看得出来，老木匠的心已不在工作上，他用的是软料，出的是粗活。房子建好的时候，老板把大门的钥匙递给他。"这是你的房子"，老板说，"我送给你的礼物。"老木匠震惊得目瞪口呆，羞愧得无地自容。如果他早知道是在给自己建房子，他怎么会这样，现在他得住在一幢粗制滥造的房子里。

所以我们不要等到退休时才漫不经心地规划自己的退休生活，消极应付。等我们惊觉自己的处境，早已深困在自己建造的房子里了。把自己想象成那个木匠，你在为自己退休建造"房子"，你日积月累，精心准备，每天敲进去一颗"钉"（定时留存退休准备金），加上去一块"板"，到退休时一定会建造好属于自己的好"房子"。

二、退休规划的财务诊断

个人退休规划从什么年龄开始准备比较好？到退休时应该准备多少退休资金才够？有没有相应的财务诊断参考标准呢？

（一）要提早 30 年开始准备退休费用

从我国社保现状看，职工退休收入替代率（退休金与退休收入之比）大约 40%，离需要达到退休收入替代率 60% 的水平还较远，所以职工个人需要提早准备退休投资。一般而言，应从 30 岁左右开始准备个人退休金。从家庭收入和支出上看，如果 20 多岁开始做退休规划，虽然时间上赢得了最大价值。但这并不现实。首先，20 多岁时，大部分人刚步入社会不久，退休规划意识不足，而且更重要的是，20 多岁的人在经济上无力安排自身的退休规划。如果退休规划 40 岁之后再开始，当然这并非不可行，但从收益积累来看，30 岁就开始规划，已经早积累了十年，在同等投资养老金的情况下，40 岁后开始退休规划，积累的本金和时间都少，所以到退休时退休金也会因时间而较少。

（二）至少应将月收入的 10% 拨入个人退休投资基金中

如果退休收入替代率要达到 60% 水平，以退休生活 20 年计算，除了退休前我国社保中养老保险个人缴费比例为 8%，单位缴费比例为 16% 左右的准备金，另外个人养老准备 30 年左右时间，需要将月收入 10% 投入到退休基金中，这样退休时可以有效提高职工退休收入替代率水平，实现老有所养。

（三）退休准备金的投资绝对不能亏损，投资回报率至少要能对抗通货膨胀

退休后失去了劳动收入，退休前的投资应当以长期稳健为主，不要投资风险高的项目和产品，否则得不偿失。

三、退休规划的步骤

一个完整的退休规划主要包括职业生涯设计、退休后生活设计和为弥补养老金缺口而进行的储蓄投资设计。进行退休规划的基础是职业生涯状况和退休生活目标。退休规划的步骤就是由退休生活目标测算出退休后到底需要花费多少钱，同时由职业生涯状况推算出可领多少退休金（企业年金或团体年金），然后计算出退休后需要花费的资金和可受领的资金之间的差距，即应该自筹的退休资金（见图 7-1）。

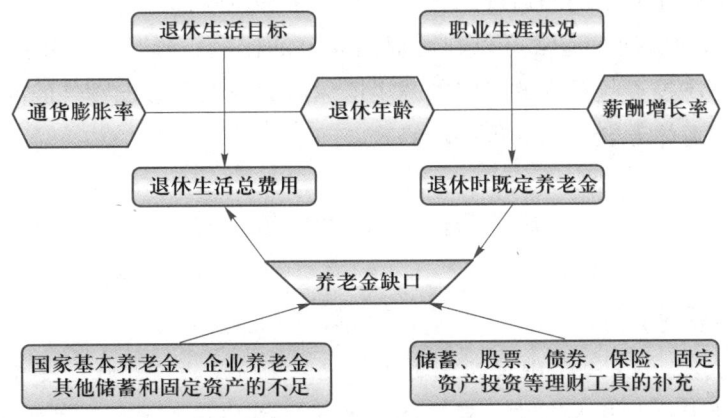

图 7-1 退休规划流程

退休规划的步骤如下：

（一）确定退休年龄

退休规划的第一步就是要确定退休的年龄。因为，退休年龄的早晚直接影响着个人工作积累养老基金的时间和退休后所需要的生活费用。在个人预期寿命不变的情况下，退休年龄越早，退休后生活的时间越长，积累养老基金的期间则越短，这意味着每年要积累的资金越多，压力会越大，甚至要降低当前消费质量。

（二）设定退休生活方式

直接决定退休后所需费用多少的另一大因素是退休后的生活方式。退休后是想过仅能满足三餐温饱，并支付一些小病医疗费的生活，还是希望退休后依旧可以过着有品质的生活呢？答案恐怕都是后者。因此，退休规划的第二步就是设定退休生活方式，以此推算出每年所需的退休费用，再结合第一步推出的退休后生活时间，测算出退休后所需总费用。

（三）预测退休收入

构成退休收入的来源主要有社会保障收入、企业年金、商业保险、儿女孝敬、投资回报和兼职工作收入等其他收入。退休规划的第三步就是要计算退休时所能领到的退休金，以及现在手边股票、基金、存款等投资工具预计到退休时，共可累积多少可用资金。

（四）计算退休资金缺口

根据前面对退休后所需费用的预算和退休收入的计算，可以确定在退休时是否有足够的退休金。如果资金充裕，那么注意资金的安全性是首要的。但大多数情况下，会存在退休资金缺口，即需要自筹的退休资金，这意味着必须开始储蓄更多资金，或找寻更高的投资回报。

（五）制订理财规划弥补资金缺口

针对缺口作适当的理财规划，挑选报酬率和风险都适合的投资工具，以保证退休目标的实现。通常可以利用提高储蓄的比例、延长工作年限并推迟退休、进行更高投资收益率的投资、减少退休后的花费和参加额外的商业保险等方式来实现退休养老计划的进一步修改。

第二节　退休需求

【导入案例】

案例7.2　小王今年刚过而立之年，就职于一家中型企业，妻子和小王同龄，两人的家庭月收入目前达到了 22 000 元，在当地也算得上是"中产"了。

和每一对年轻夫妇一样，他们不希望自己的老年生活像自己的父辈那样平淡。"保障衣食无忧是不够的，关键是在退休之后也能够保持生活的品质，在老年的时候也可以和时代保持同步，有丰富的精神生活。"小王这样描述。如何才能实现这样的生活目标？小两口比较迷茫，于是决定咨询理财规划师。

解释：若追求退休后过有品质的生活需要提前规划，提出以下建议：

（1）提前储备充足的退休资金。通过储蓄、投资等方式积累充足的财富，以确保在退休后没有经济压力。

（2）规划退休后的生活方式。设定退休后的生活目标，如兴趣爱好、旅行计划等，确保有足够的资源来实现这些目标。

（3）保持健康的生活方式。养成良好的生活习惯，如定期体检、均衡饮食、适当锻炼等，以降低疾病风险，减少医疗费用支出。

（4）拓展社交圈子。参加社交活动，结交新朋友，避免孤独感。

（5）学习新技能。充实自己的兴趣爱好，学习新技能，以保持大脑活力，提高生活质量。

（6）合理安排生活节奏。退休后不要过于闲适，适当安排一些有意义的事情，如兼职、志愿者活动等。

（7）选择合适的居住环境。选择一个环境优美、生活便利、医疗资源丰富的地方居住，以提高生活品质。

（8）合理规划遗产。提前规划遗产分配，确保家人的生活质量不会受到影响。

总之，提前做好退休规划，保持健康、积极的生活方式，拓展社交圈子，学会合理安排生活节奏等措施，都有助于在退休后过上高品质的生活。

一、退休生活目标

每个人都希望自己的老年生活过得健康、快乐和富足。但这必须有足够的资金做基础，而足够的资金到底是多少呢？答案取决于退休年龄、退休生活标准和退休生存时间等互相联系的目标。这些目标之间有时甚至存在此消彼长的关系，如表 7-1 所示。

表 7-1　退休年龄、退休生活标准与退休期间费用总需求示例

退休年龄	退休生存时间（预计寿命 80 岁）	退休生活标准（每月）	退休期间费用总需求	积累期（25 岁开始工作）
50 岁	30 年	2 000 元 5 000 元 8 000 元 10 000 元	720 000 元 1 800 000 元 2 880 000 元 3 600 000 元	25 年

续表

退休年龄	退休生存时间（预计寿命80岁）	退休生活标准（每月）	退休期间费用总需求	积累期（25岁开始工作）
55 岁	25 年	2 000 元 5 000 元 8 000 元 10 000 元	600 000 元 1 500 000 元 2 400 000 元 3 000 000 元	30 年
60 岁	20 年	2 000 元 5 000 元 8 000 元 10 000 元	480 000 元 1 200 000 元 1 920 000 元 2 400 000 元	35 年
65 岁	15 年	2 000 元 5 000 元 8 000 元 10 000 元	360 000 元 900 000 元 1 440 000 元 1 800 000 元	40 年

表 7-1 以最简单、直观的方法列算出了不同的退休年龄、退休生存时间和退休生活标准下，所需要的退休期间费用总需求。从该表中可看出，假定积累了 180 万元的退休资金，如果你到 65 岁时才退休，在退休生存的 15 年内，每个月都可以有 10 000 元用于养老。这样除了可以满足比较有品质的基本生活支出（6 250 元）和医疗保健支出（1 250 元，不出现急性大病情况下），还可以满足日常的文化娱乐支出，包括书报阅读、体育锻炼、听音乐、看戏剧、下棋打牌等各种精神享受类支出（1 250 元），剩下的资金可用于每年 1～2 次的境内游（7 500 元），甚至还可以每年一次境外游（15 000 元）。生活可以说是过得有滋有味，而且退休资金积累期长，积累期间的压力较小。如果是 50 岁退休的话，退休生存时间为 30 年，则每个月只有 5 000 元的额度，仅能满足日常无忧的衣食住行开支。可见，虽然退休年龄提前了，但是如果不提高退休资金准备总额，退休生活标准就得下调。并且即使退休资金准备总额不变，但由于工作时间减短，积累期间的压力也会大大增加。

以上分析没有考虑通货膨胀的因素，这是不太现实的，在几十年期间不可能不发生通货膨胀。如果以平均年通货膨胀率 3% 计算，一笔费用通过 15 年的复利，为 15 年前的 1.56 倍；通过 30 年的复利，为 30 年前的 2.43 倍。在 65 岁退休后的 15 年内要一直保有与退休第一年的 120 000 元相当的生活水平，180 万元要被改写为 281 万元；如果退休生存年限为 30 年，则 360 万元考虑通货膨胀后将被改写成 874 万元。

二、退休需求分析

虽然每个人都愿意过更有品质的退休生活，但是个人期望的生活目标不能脱离现实，应该建立在对收入和支出进行合理规划的基础上。不同的退休目标所需要的退休资金不同，进行退休规划就是要较准确地预算出未来退休生活的总资金需求，以及自己所面对的养老金赤字。

（一）退休第一年生活费用需求分析

计算退休期间生活费用需求的一个简单可行的方法是以目前生活支出为基础，仔细分析退休前后支出结构的变化，然后按照差额进行调整即可得到退休后的支出额。

每个家庭的消费习惯不同，但同一个家庭的消费习惯不会因退休而有大幅改变。退休后应酬费、服装费和交通费等项目会相对减少，不需要再供房和供子女上学，但医疗费会大幅增加，旅游及娱乐费用也会增加。一般来说，基本维持退休生活的费用占到退休前月支出的60%～70%。调整时应遵循以下四个原则：

（1）按照目前家庭人口数和退休后家庭人口数的差异调整膳食和购买衣物的费用。

（2）去除退休前可支付完毕的负担，如子女的高等教育费用、房屋还贷每月应摊的本息等。

（3）减去因工作而必须额外支出的费用，如交通费和上班衣着费。

（4）加上退休后根据规划而增加的休闲费用及因年老而增加的医疗费用。

例7.1 陈先生夫妻同龄，今年都是40岁，计划60岁退休，预期寿命80岁。当前家庭月收入15 000元，自有住房一套，价值70万元，住房贷款48万元，每月还贷3 500元。有基金10万元，股票5万元，定期存款5万元，活期存款2万元。根据陈先生退休后的生活目标，得出其退休前后的生活费用变化如表7-2所示。

表7-2 退休前后的生活费用变化

退休后费用（增加项目）	增加幅度 /%	退休后费用（减少项目）	下降幅度 /%
医疗保健	100	饮食	20
旅游	50	应酬等杂费	30
娱乐	50	衣着	50
		交通费用	50
子女教育费用和按揭贷款为0元			

答：根据费用增长率和目前到退休所经历的年限（n）来计算退休后第一年各项生活费用的具体公式为：

退休后第一年所需的各项生活费用 ＝ 按目前物价估计的退休后第一年的
支出 × （1＋ 费用增长率）^{n}

陈先生夫妻目前在饮食上的年支出为 24 000 元，根据表 7-2 中陈先生退休后的生活目标，退休后饮食费用支出减少 20%，则按目前物价估计的退休后第一年的饮食费用年支出 ＝24 000×（1-20%）＝19 200（元）。根据实际情况假定饮食费用年上涨率为 4%，则退休后第一年所需的饮食费用 ＝19 200×（1 ＋ 4%）^{20}＝42 070（元）。

陈先生夫妻目前各项生活费用支出和退休后第一年的生活费用如表 7-3 所示。

表 7-3　目前各项生活费用支出和退休后第一年的生活费用

费用项目	目前年支出 / 元	退休后年支出 / 元	费用上涨率 /%	退休第一年费用 / 元
饮食	24 000	19 200	4	42 070
衣着	6 000	3 000	2	4 458
应酬等支出	8 000	5 600	3	10 114
交通费用	10 000	5 000	3	9 031
医疗保健	6 000	12 000	5	31 840
旅游	10 000	15 000	4	32 867
娱乐	3 000	4 500	4	9 860
子女教育	15 000	0		
按揭贷款	42 000	0		
生活费用总支出	124 000	64 300		140 240

陈先生夫妻目前每年生活费用总支出为 124 000 元，预计退休后第一年的生活费用为 64 300 元。若考虑物价上涨率等因素，20 年后陈先生夫妻退休第一年的生活费用总支出为 140 240 元。

（二）退休期间生活费用总需求分析

根据退休后第一年所需的生活费用（E）和退休后的预期余寿（n），以及费用增长率（C）和投资回报率（R），可以计算出退休时所需准备的养老资金总额（T）。具体公式为：

$$T=E \cdot \frac{1-\left(\frac{1+C}{1+R}\right)^{n}}{R-C}=E \cdot \frac{1-\left(1+R'\right)^{-n}}{R'}$$

式中，$R'=\dfrac{R-C}{1+C}$。

例 7.2 继续以陈先生夫妻为例，假设退休后的年费用增长率 C 为 5%，年投资回报率 R 为 6%。根据公式计算，陈先生夫妻退休后养老总费用需求为：

$$T=140\,240 \times \frac{1-\left(\frac{1+5\%}{1+6\%}\right)^{20}}{6\%-5\%}=140\,240 \times \frac{1-\left(1+0.952\right)^{-20}}{0.952\%}=2\,542\,981.24（元）$$

式中　$R'=\dfrac{6\%-5\%}{1+5\%}=0.952\%$

例 7.2 可以使用 Excel 中的 PV 函数计算，如图 7-2 所示。

PV（rate，nper，pmt，fv，type）

返回投资的现值。现值为一系列未来付款的当前值的累积和。

	B4	fx	=PV(0.952%,20,140240)		
	A	B	C	D	E
1	PMT	140240			
2	i	0.952%			
3	n	20			
4	PVA	¥-2,542,981.24			

图 7-2　Excel 中的 PV 函数计算养老总需求

仔细算下来，养老费用数额确实庞大，因此必须尽早规划。越早开始为退休储蓄，达到退休目标的可能性越大，投入的成本也越低，而且从短期市场低迷和投资失误中恢复过来就越容易。

（三）退休需求的投资准备分析

为满足退休需求，退休前通常有两种投资准备方式，一种是定期定投，另一种是一次投入准备，以例 7.2 说明定期定投准备，每年为退休准备的投资额计算为：

$$2\,542\,981.24=PMT \times \frac{\left(1+6\%\right)^{20}-1}{6\%}$$

则 $PMT=69\,129.82$（元）。

例 7.2 可以使用 Excel 中的 PMT 函数计算，如图 7-3 所示。

	B4	fx	=PMT(0.06,20,,2542981.24)		
	A	B	C	D	E
1	FVA	2542981.24			
2	i	6.00%			
3	n	20			
4	PMT	¥-69129.82			

图 7-3　Excel 中的 PMT 函数计算养老年准备金

第三节　退休金的投资准备

【导入案例】

案例 7.3　有一对双胞胎兄弟，哥哥史文从 20 岁工作开始，每年将 2 000 元存入自己的退休账户，存了 10 年后不再追加资金到该账户中。弟弟比尔等到 30 岁时才开始制订退休规划，但是之后每年也存入 2 000 元，坚持到 65 岁退休为止。假设两人的投资年均收益率为 10%，65 岁的时候，史文的账户有 89.58 万元，比尔的账户却只有 54.21 万元。10 年的投资胜过 35 年，这就是复利的神奇之处。每一分钱都有时间价值，所以时间是富足退休最好的帮手。换句话说，越早投资，成长的效率越高，时间永远不算太迟，重点是要赶快开始。每月存入养老账户的金额就好比攀登山峰，同样一笔养老费用，如果 25 岁就开始准备，好比轻装上阵，不觉有负担，一路轻松愉快地直上顶峰；要是 40 岁才开始，可能就非常吃力，犹如背着包，气喘吁吁才能登上顶峰；若是到 50 岁才想到准备，就好像扛着沉重负担去攀登一样，非常辛苦，甚至力不从心。

解释：哥哥史文从 20 岁开始每年存入 2 000 元，到 30 岁时积累的资金为 31 874.85 元。计算过程：$FV=2\ 000\times[(1+10\%)^{10}-1]/10\%$。从 30 岁利用 31 874.85 元资金复利投资到 65 岁时共积累资金 89.58 万元。计算过程：$FV=31\ 874.85\times(1+10\%)^{35}$。

弟弟比尔从 30 岁每年存入 2 000 元，到 65 岁时积累的资金为 54.21 万元。计算过程：$FV=2000\times[(1+10\%)^{35}-1]/10\%$。

一、退休投资产品介绍

退休规划是退休生活的保障措施，在退休资金总需求确定之后，就必须根据个人接受风险的程度及对投资收益率的要求，从安全性原则、流动性原则和收益性原则出发来进行投资。可供选择的退休投资产品有实物、货币类资产、固定收益类资产、权益类资产，以及其他金融资产和金融衍生工具。实物投资与土地、建筑物等有关，主要是指房产包括（铺面）投资。货币类资产主要包括银行活期存款、剩余期限小于 1 年的国债和金融债、中央银行票据、短期债券回购等品种；固定收益类资产主要包括中长期国债、金融债券、企业债券和银行定期存款；权益类资产主要是指股票和股票基金等。以下主要介绍储蓄、保险、国债、基金、房产、股票、黄金和收藏品等较适用于退休理财规划的产品。

（一）储蓄

储蓄是指利用银行提供的现金储备理财产品，专门为退休生活积累现金。

目前我国银行业尚没有专门为个人退休计划而设计的储蓄产品，但可以通过巧妙地将现有的整存整取、零存整取、整存零取、存本取息定期储蓄等不同的储蓄产品进行组合，达到退休计划理财的目的。

储蓄产品的主要特点是风险低、回报低，适用于风险承受能力较低的人，如接近退休年龄或已退休人员。退休投资，稳健先行，这就要求不同年龄、不同收入层的人员都存有一定数额的活期存款或定期存款，以保证未来收益的稳定性，同时可在发生特殊情况急于用钱时及时变现，又不会使本金遭受太大的损失。年轻人承受风险的能力比年老者强，因此年轻人投资储备产品的比例可以较小些。

（二）保险

商业养老保险最主要的特点是具有较高的保障水平，并且个人可以根据自身的能力和需求灵活地选择保障程度，是实现退休规划的主要投资方式。商业养老保险包括人寿保险和个人年金保险。

1. 人寿保险

人寿保险种类较多，适合退休规划的产品主要有以下几种：

（1）传统型商业养老保险。传统型商业养老保险是指投保人在某一年开始定期缴纳一段时期的保险费，到合同约定的年龄开始持续、定期地领取一定保险金额的产品。传统型商业养老保险的预定利率是确定的，一般在2.0%～2.4%，日后从什么时间开始领，领取的数额，都是投保时就可以明确选择和预知的，可以免除不确定的风险，在退休后提供稳定的收入。同时能对通过保险来辅助养老的比例情况做到心知肚明，如果发现自己的养老计划尚有缺口，也可以及时补救。传统型商业养老保险还可起到较好的强制储蓄作用，只要按时定量交保险，养老安排就比较有计划性。这一类型产品适合于理财风格保守，不愿承担风险的个人。

在高利率时期购买固定利率的传统型商业养老险种，回报率非常之高，辅助养老可谓事半功倍。但在保险低利率时代购买传统型商业养老保险从理财的角度来说就很不划算，因为现在的长期储蓄型寿险保单预定年收益率一般不超过 2.5%，而要是选择退保的话，将被扣除极高的退保手续费，也是要遭受较大损失的。

（2）分红型保险。在预期银行加息或持续通货膨胀的情况下，最好选择分红型保险。分红型保险（分红险）是指保险公司在每个会计年度结束后，将上一会计年度该类保险的可分配盈余按一定比例，以某种方式分配给保单受益人的一种保险。投保分红险不仅可以获得传统保单规定的保险保障，还可以参与保险公司投资和经营管理活动所得盈余的分配。我国银保监会（现国家金融监督管理总局）规定，出售分红型保险的保险公司至少要将当年可分配盈余的 70% 分配给客户。当利率上调时，保险公司投资收益增加，红利自然也随之水涨船高，因此可以规避或者部分规避通货膨胀对养老金的威胁，使养老金相对保值甚至增值。分红的方式主要有现金分红和保额分红两类，现金分红每年可直接兑现，保额分红从长期积累的角度看保障作用更为明显。另外，分红险通常有保底的预定利率，但这个利率比传统养老险稍低，一般只有 1.5%～2.0%。

（3）投资连结保险。投资连结保险，简称投连险，是指包含保险保障功能并至少在一个投资账户拥有一定资产价值的人身保险产品，保单在任何时刻的价值是根据其投资基金在当时的投资表现来决定的。投连险是一种长期投资的手段，但不设保底收益，保险公司只是收取账户管理费，盈亏由客户全部自负，被称为"披着保险外壳的基金"。它是各种产品中投资风险最高的一类，适合有很强风险承受能力、拥有长期不使用的充足的闲置资金的人群投保。当然风险与收益同在，它也是最有可能获得较高收益的一类。投连险可为客户设立 3 个左右不同风格的理财账户，其资金按一定比例搭配投资于风险不同的金融产品，客户可以自由分配和调整账户金额。但是其投资收益不确定，风险全部由客户个人承担。由于投连险在设计的时候，是为长期寿险量身定做的，因此比较适合缴费期长达 20～30 年的投资者。投保人应详细了解退保时保险公司要扣除的费用和投保人可退还份额等事项，同时，在购买时要设定最合适的保障额度。

（4）万能寿险。万能寿险是一种交费灵活、保额可调整的非约束性的保险。只要支付了一定量的首期保费后，一般可以按自己的实际情况灵活缴纳保费。即投保人可在任何时间支付任意金额的保险费，只要保单中积存的现金价值足以支付保单的各项保险成本和相关费用，保单就会持续有效。这一类型的产品在扣除部分初始费用和保障成本后，保费进入个人账户，个人账户部分也有保证收益，目前一般在 2%～2.5%，有的还与银行一年期定期利息挂钩，此外当然还有不确定的额外收益。万能寿险是长期的理财手段，偏重账户累积，较适合收入缺乏稳定性的中高收入人群用作个人养老金的积累。

万能寿险的灵活性是把双刃剑，应注意避免下列情形出现：只交首期保费以至于投资基数太少，无法获得理想的投资收益；缴费达不到约定期限使万能寿险账户积累不充分，失去了保险强制储蓄的意义；或投保前期就大量领取保单账户价值，账户价值未经充分增值就损失惨重，难以应对未来的需求。

这几类险种的特色比较如表 7-4 所示。

表 7-4　这几类险种的特色比较

险种	内含利率状况	主要特色	适合人群	抵御通胀能力
传统型商业养老保险	固定，2%～2.4%	各项领取因素确定	适合没有良好储蓄观念、理财风格保守、不愿承担风险的人群	差，不能抵御
分红型保险	固定部分在1.8%～2.4%，另有不固定分红	有不确定的分红利益可以获得	适合对长期利率看涨、对通货膨胀因素特别敏感的人群	较好
万能寿险	个人账户部分有2.0%～2.5%的保底收益率，实际宣告年利率在3.25%～3.6%	保额可变，缴费灵活	适合收入较高，但常有波动者	较好
投资连结保险	不确定	设有不同风格的账户可供选择和转换	适合收入高、期望高收益、风险承受力高者	不能确定

2. 个人年金保险

个人年金保险是寿险的一种特殊形式，即从年轻时开始定期缴纳保险费，从合同约定年龄开始持续、定期地领取养老金的险种，能有效地满足客户的养老需要。年金保险具有生存保险的特点，只要被保险人生存，被保险人通过年金保险，都能在一定时期内定期领取一笔保险金，获得因长寿所致的收入损失保障，达到年金保险养老的目的。从这方面来看，年金保险和人寿保险的作用正好相反，人寿保险是为被保险人因过早死亡而丧失的收入提供经济保障，而年金保险则是预防被保险人因寿命过长而可能丧失收入来源或耗尽积蓄而进行的经济储备，可以有效地规避长寿风险。

另外，养老保险主要是为退休后日常生活之用。对于老年人来说，医疗费用是不得不考虑的大额不可预知的开销。如果不幸发生重大疾病，或者长年卧床不起，更是需要耗费巨额的医疗费。因此，在做养老规划时，不妨将医疗基金和日常生活费分开考虑。保险公司亦提供了专门的长期健康保险产品，以满足这方面的需求。对于注重补充医疗的消费者来说，可以通过两种保险来解决：一是购买一般的住院保险，用于因普通疾病住院诊治时的费用。这类保险除了能够报销部分非医保范围的药费外，还能对被保险人在住院期间的各种花费或损失，如误工费、看护费等进行理赔；二是需要考虑的保险产品是重大疾病保险，用于客户一旦发生条款中所列的疾病，一次性支付全部保额。购买时最好考虑 10 万元以上的保额。

（三）国债

国债收益稳定、安全，利率较同期储蓄高，不征收利息税，债券变现能力强，投资操作方式简单便捷，是一种非常适合退休人员的理财方式。国债适合于长期投资，如果有一笔钱在相当长的时间内不准备他用，则以选择购买国债为佳。当然如果有其他用途，还是选择相应存期的储蓄合算。国债的缺点是通常采用固定利率，不能抵御通货膨胀。

（四）基金

证券投资基金的收益和风险适中，适合做退休规划投资产品。目前，保本基金和定期定额基金理财方式已被越来越多的人认可。

保本基金是一种保证投资者本金或本金的一定比例不受损失的基金品种，投资风险比较低，特别是其保本功能很受注重风险的稳妥型投资者的青睐。

定期定额基金类似于银行储蓄的零存整取。所谓定期定额就是每隔一段固定时间（例如每月 25 日）以固定的金额（例如 500 元）投资于同一只开放式基金。它的最大好处是平均投资成本，避免投资者的主观性缺陷。同时也可将每一段时间的闲散资金积累起来，在不知不觉中积攒一笔不小的财富。

养老用的资金在规划者年轻时可偏向购买积极的基金，如股票型、偏股型基金；越接近退休年龄，则应越偏向风险较低的保本基金、债券型基金等。购买开放式基金时，首先要选择品牌度高的基金公司，其次是选择基金品种。在选择基金时可以进行组合投资，以低风险的产品为主。

（五）房产

"以房养老"已被许多人认为是一种最有效的养老方式。在临近退休时努力完成购置房产的计划，为自己将来的养老买一套甚至更多的房产，在保证维持自己居住条件的前提下，尽量把多余的房屋出租出去，赚得租金存入银行，留做自己将来养老之用。房产投资不仅可以收取租金，还有可能获得房价上涨的丰厚收益。房东坐收养老金的方式在中国也越来越热。但房产投资需要占用大量的资金，在晚年生活发生意外，需要大量现金的时候，有可能给你的现金周转带来麻烦，或者低价出售带来经济上的损失。所以，投资房产的比例在养老计划中应当保持在合理的范围之内。

另外，"以房养老"的"倒按揭"方式现在呼声也很高。"倒按揭"也称作"反向住房抵押贷款"，是指老人将房屋产权抵押给保险公司，然后按月从保险公司领取现金直到身故，过世后房子由保险公司接收。而上海还试点推出了"以房自助养老"模式。"以房自助养老"初定做法是：65 岁以上的老年人，可以将自己的产权房与市公积金管理中心进行房屋买卖交易，交易完成后，老人可一次性收取房款，房屋将由公积金管理中心再返租给老人，租期由双方约定，租金与市场价等同，老人可按租期年限将租金一次性付与公积金管理中心，其他费用均由公积金管理中心交付。这两种方式的最大区别在于房屋交易的先后，即"倒按揭"只是抵押，最终产权人还可以是抵押人，而"以房自助养老"则事先已完成产权人的变更。"以房养老"的新模式，可以较好地解决"421"家庭的养老压力，但要真正推行开来，还有待人们养老观念的进一步转变。

（六）股票

崇尚价值投资的中国股民也同样在寻觅着可以养老的股票。作为退休准备的资金，可以选择一些具有长期投资价值，并且分红稳定的股票进行长期投资。但由于股票整体投资风险较高，投资一定要谨慎，并且要注意控制投资比例，特别是老年人一般并不适合炒股。

（七）黄金

黄金是天然的贵金属，具有保值、增值和抵抗通货膨胀的特性。特别是在通货膨胀、美元贬值，或者局势动荡的情况下，黄金在全球市场备受欢迎，金价一路上涨。可见，黄金也是可供选择的退休投资产品之一。

（八）收藏品

长线投资还可选择诸如邮品、纪念币、钱币、字画、古董之类的收藏品。但名人字画不易分辨真伪，投资风险也相当大。古董也是一样，要求具备一定的专业知识。因此，如果缺乏专业知识，又无可靠的鉴定渠道，应谨慎进入收藏品市场。

对于以上介绍的几种退休投资产品，在选择时一定要遵循两个最基本的原则：一是长期稳健投资；二是合理分配组合。

二、我国养老保险制度介绍

自 1889 年德国颁布人类历史上第一部《残废和老年保险法》以来，已有一百多个国家和地区建立了各自比较完善的养老保险制度。我国的养老保险制度始于 1951 年。在当时，中国的养老金制度采用的是"现收现付"的模式，就是用养老基金收上来的钱付给现在的退休人员，养老保险费由单位和国家负担；实行社会主义市场经济后，国家几次进行养老保险制度的改革，逐步建立起社会基本养老保险与企业补充保险和职工个人储蓄性养老保险相结合的养老保险制度，养老保险费用实行国家、企业、个人三方负担。

我国养老保险制度的主要要素有：① 享受条件，包括年龄条件、工龄条件以及是否丧失劳动力，身体健康条件等；② 退休养老金的筹措、基金管理方法和监督检查等制度；③ 退休、离休、退职等待遇标准，不同的离退休条件有不同的待遇水平。

（一）我国养老保险体系

目前我国已经形成比较完备的多层次养老保险体系，主要分为三个层次：第一层次是社会基本养老保险，替代率（即占退休前工资比例）约为 60%；第二层次为企业补充养老保险，替代率约为 20%；第三层次为个人储蓄性养老保险，替代率也是 20%。其中，社会基本养老保险的保险金须按规定纳入社会保险机构设立的养老保险基金账户，而企业补充养老保险和商业保险除以上方式外，还可以选择在商业保险公司投保。

1. 社会基本养老保险

社会基本养老保险是国家按统一政策规定强制实施的为保障广大离退休人员基本生活需要的一种养老保险制度。社会基本养老保险制度是由社会统筹和个人账户相结合的基本制度，养老保险费用实行国家、企业、个人三方共同负担，社会统筹部分由国家和企业共同承担，个人缴费归入个人养老金账户。

社会基本养老保险的特点是由国家统一指导，强制各类企业实施。全国基本养老保险参保人以城镇居民为主，农村参与基本养老保险的机制日趋完善。我国人口众多，尤其是农村人口和弱势群体数量巨大，政府财力有限，这些国情决定了我国社会基本保险必然是广覆盖、低保障、保基本。

目前我国的社会基本养老保险存在的问题主要是：

（1）我国进入快速老龄化社会阶段，社保基金支付压力大，养老保险基金的缺口也越来越大，未来社保金支付存在较大的风险；

（2）社保基金管理机制和运行机制不够完善，缺乏有效监管制度，个人账户保险金违规挪用导致"空账"现象惊人；

（3）社会保障制度的覆盖面不够宽，保障水平较低，存在较大的所有制差别和城乡差别。

近几年来我国政府对这些方面的问题予以高度重视，并出台了一系列的改革措施，如发展农村养老保险制度；应对人口老龄化，着手建立新型养老保险制度，坐实个人账户；调整退休人员的养老金以应对通胀压力，完善社会基本养老保险制度以构建和谐社会等。

2. 企业补充养老保险

企业补充养老保险是指由企业根据自身经济实力，在国家规定的实施政策和实施条件下为本企业职工所建立的一种辅助性的养老保险。企业补充养老保险（企业年金）的实施可满足职工退休后享受较好生活水平的需求，弥补基本养老金替代率的不足，是养老保险制度的重要组成部分。

企业补充养老保险由劳动保障部门管理，单位实行补充养老保险，应由劳动保障行政部门认定的机构经办，企业补充养老保险基金经社会保险管理机构记入职工个人账户，所有存款和复利归个人所有。一般而言，只有参加了基本养老保险、按时足额缴纳了基本养老保险费并且上年盈利、民主管理基础好的企业才可办理补充养老保险。企业补充养老保险费可由企业完全承担，或由企业和员工双方共同承担，承担比例由劳资双方协议确定。它的主要特征是同企业经济效益挂钩，效益好时多补充，效益不好时少补充或不补充，企业有充分的自主权。对于职工来讲，企业年金是一种福利，但只有效益好的企业才能把它变成现实，这有助于提高员工的工作积极性和对企业的认同感，对企业的发展有着积极的意义。

建立企业年金制度，有利于树立良好的企业形象，吸引和留住优秀人才。企业根据员工的贡献，设计具有差异性的年金计划，有利于形成公平合理的分配制度，充分发挥员工的潜能，实现有效激励，留住人才。建立企业年金制度，在提高员工福利的同时，可利用国家有关税收政策，为企业和个人合理节税。

从 1991 年首次提出鼓励企业实行补充养老保险起，经过多年的建设，我国的企业年金制度从无到有，取得了很大的发展。从发展规模看，2000 年我国企业年金规模仅为 191 亿元，截至 2023 年年末企业年金基金累计结存达到 3.19 万亿元，显示出良好的发展势头。

尽管我国的企业年金取得了很大发展，但是也必须看到，我国的企业年金在覆盖范围、替代率水平以及发展结构上仍然与世界平均水平存在着较大差距。随着我国养老保险体系的不断完善，企业年金的替代率将会逐步提高。

3. 个人储蓄性养老保险

个人储蓄性养老保险是我国多层次养老保险体系的第三个层次，是由职工自愿参加、自愿选择经办机构的一种补充保险形式。职工根据自己的工资收入情况，按规定缴纳个人储蓄性养老保险费，计入当地社会保险机构在有关银行开设的养老保险个人账户。

根据《国务院办公厅关于推动个人养老金发展的意见》（国办发〔2022〕7 号）规定，在中国境内参加城镇职工基本养老保险或者城乡居民基本养老保险的劳动者，可以参加个人养老金制度。

个人养老金资金账户封闭运行，参加人达到以下任一条件的：① 达到领取基本养老金年龄；② 完全丧失劳动能力；③ 出国（境）定居；④ 国家规定的其他情形，可以按月、分次或者一次性领取个人养老金。参加人领取个人养老金时，商业银行会通过信息平台检验参加人的领取资格，并将资金划转至参加人本人的社会保障卡银行账户。个人养老金采取递延纳税优惠。在缴费环节，个人向个人养老金资金账户的缴费，按照 12 000 元 / 年的限额标准，在综合所得或者经营所得中据实扣除。在投资环节，计入个人养老金资金账户的投资收益暂不征收个人所得税。在领取环节，个人领取的个人养老金，按照 3%

的税率计算缴纳个人所得税。

个人储蓄性养老保险的另一个主要方式是投资商业养老保险。商业养老保险是一种市场行为，投保人可以根据自己的经济情况以及想要的养老保障设计养老保险。它的缴费水平比社会养老保险高，相应的保障水平也高。

（二）社会基本养老保险金的筹集

社会基本养老保险金计划（这里指城镇职工的养老金计划）坚持社会统筹与个人账户相结合的基本养老保险制度，养老保险费的主要来源包括三方面：

1. 国家财政补贴

国家鼓励企业和职工个人积极参加社会基本养老保险，并制定出一系列惠利政策。

2. 企业缴费

我国法律规定，企业必须为其在职员工购买养老保险，并根据实际的缴纳基数缴纳养老保险费用。具体规定如下：

（1）缴费基数以职工个人本月工资收入为准，其中低于上年度全省在岗职工平均工资 60% 的，按省在岗职工平均工资的 60% 为缴费基数；高于上年度全省在岗职工平均工资 300% 的部分不计入缴费工资基数。

（2）自 2022 年 1 月 1 日起，参加企业职工基本养老保险的各类企业，单位缴费比例统一调整为 16% 左右，归为社会统筹基金；职工个人缴费比例仍为 8%，计入个人养老金账户。

（3）企业缴费拥有免税待遇，可以在缴纳企业所得税之前作为成本（费用）列支，然后按月向相关部门缴纳。

3. 职工个人缴费

企业员工也必须依法参加社会基本养老保险计划，并依法缴纳个人的养老保险费（薪酬代扣）。企业员工个人缴纳社会基本养老金费用为本人缴费基数总额的 8%，在缴纳个人所得税前列支可免个税，所缴费用计入个人养老金账户并归个人所有；城镇个体工商户及其从业人员、自由职业者及其他无固定工作单位的劳动者缴费率为当地上年度职工平均工资的 20%，其中 12% 归入社会统筹基金，8% 计入个人养老金账户，若本人愿意，缴费基数可上浮到当地上年度平均工资的 300%。

个人养老保险缴费金额的计算方法为：

员工缴费金额 = 经过核定的本人缴费基数 × 8%（企业员工）

个人缴费金额 = 全省上年度职工平均工资 × 20%（个体工商户、自由职业者等）

个人账户储存额的多少，取决于个人缴费额和个人账户基金收益，并由社会保险经办机构定期公布。个人账户基金由省级社会保险经办机构统一管理，按国家规定存入银行，全部用于购买国债，以实现保值、增值，收益率要高于银行同期存款利率。

个人账户金额积累 = 经过核定的本人缴费基数 ×8%+ 基金收益

个人账户基金只用于职工养老，不得提前支取。职工跨统筹范围流动时，个人账户随同转移。职工或退休人员死亡，个人账户可以继承。当员工到达法定退休年龄后（办理退休手续），开始可以领取社保养老金。

（三）社会基本养老金的待遇支付

2025 年 1 月 1 日前，我国的企业职工法定退休年龄为：男职工 60 岁；从事管理和科研工作的女职工 55 岁；从事生产和工勤辅助工作的女职工 50 岁。从 2025 年 1 月 1 日起，男职工和原法定退休年龄为 55 周岁的女职工，法定退休年龄每 4 个月延迟 1 个月，分别逐步延迟至 63 周岁和 58 周岁，原定退休年龄为 50 周岁的女职工，法定退休年龄每 2 个月延迟 1 个月，逐步延迟至 55 周岁。

职工领取基本养老金的条件：一是达到法定退休年龄，并已办理了离退休手续；二是所在单位和个人依法参加养老保险并履行了养老保险缴费义务；三是个人缴费至少达到规定年限。

基本养老金由基础养老金和个人账户养老金组成。个人缴费未达到规定年限的，不发给基础养老金，个人账户全部储存额一次支付给本人。

1.“新人”的基本养老金

1997 年后参加工作的职工，称为“新人”。基础养老金月标准为省（自治区、直辖市）或市（地）上年度职工月平均工资的 20%。基础养老金由社会统筹基金支付；个人账户养老金由个人账户基金支付，月发放标准根据本人账户储存额除以计发月数。计发月数根据职工退休时城镇人口平均寿命预期、本人退休年龄、利息等因素确定，具体如表 7-5 所示。

职工退休时的养老金主要由两部分组成（忽略过渡性养老金）：

个人养老金 = 个人账户养老金 + 基础养老金

个人账户养老金 = 个人账户储存额 / 计发月数

基础养老金 =[（全省上年度在岗职工月平均工资 + 本人指数化月平均缴费工资）/2]× 缴费年限 ×1%

注：本人指数化月平均缴费工资 =（本人缴费平均工资 / 社会平均工资）× 退休时全省上年度在岗职工平均工资。

表 7-5　个人账户养老金计发月数表

退休年龄 / 岁	计发月数	退休年龄 / 岁	计发月数
40	233	43	223
41	230	44	220
42	226	45	216

续表

退休年龄／岁	计发月数	退休年龄／岁	计发月数
46	212	59	145
47	208	60	139
48	204	61	132
49	199	62	125
50	195	63	117
51	190	64	109
52	185	65	101
53	180	66	93
54	175	67	84
55	170	68	75
56	164	69	65
57	158	70	56
58	152	—	—

例 7.3　若某企业职工预计于 2035 年 1 月 60 岁时办理退休手续，退休时其国家基本养老保险缴费年限已经达 37 年，指数化月平均缴费工资为 7 000 元，个人养老账户为 258 200 元，当时社会职工的平均工资为 4 500 元，假设以现今基本养老金制度，此员工到时可以拿多少退休金？

答：根据以上公式计算：

$$基础养老金 = [（4\ 500+7\ 000）/2] \times 37\% = 2\ 127.5（元）$$

$$个人账户养老金 = 258\ 200/139 = 1\ 857.55（元）$$

$$待遇总额 = 2\ 127.5+1\ 857.55 = 3\ 985.05（元）$$

2. "中人"的基本养老金

1997 年统一全国企业职工基本养老保险制度前参加工作的人员，但在"新政"实施后退休的职工，称为"中人"。其退休后在发给基础养老金和个人账户养老金的基础上，再发给过渡性养老金。

$$个人养老金 = 个人账户养老金 + 基础养老金 + 过渡性养老金$$

$$过渡性养老金 = 指数化月平均缴费工资 \times R \times "中人"临界点之前的$$
$$本人缴费年限$$

式中：R 为计发系数，其值为 1%～1.4%，由各地测算后确定。

例 7.4　某女干部于 1973 年参加工作，1981 年 7 月参加社保，2007 年 7 月满 55 周岁退休，从未中断缴费，缴费年限共计 26 年，视同缴费年限 15.5

年，平均缴费指数为 1.38，个人账户储存额为 57 698 元，R 为 1.3%。2006 年她所在城市在岗职工平均工资为 2 289 元。

答：根据以上方程式计算：

基础养老金＝[(2 289 ＋ 2 289×1.38)/2]×26%＝708.22（元）

个人账户养老金＝57 698/170＝339.40（元）

过渡性养老金＝2 289×1.38×1.3%×15.5＝636.50（元）

待遇总额＝708.22+339.40+636.50=1 684.12（元）

3."老人"的基本养老金

1997 年 1 月 1 日前已经退休的人员，称为"老人"。对其仍按国家原有规定发给基本养老金，并随以后基本养老金调整而增加养老保险待遇。

知 识巩固

（一）单选题

1. 为了保证客户在将来有一个自立、尊严、高品质的退休生活，需从现在开始积极实施的理财规划是（   ）。

A. 现金规划　　　　　　　　　B. 退休养老规划

C. 投资规划　　　　　　　　　D. 风险管理和保险规划

2. 现实生活中，有大量对个人的退休生活带来影响的因素，这些因素构成了对退休养老规划的需求。这些因素不包括（   ）。

A. 预期寿命的延长　　　　　　B. 提前退休

C. 市场利率波动　　　　　　　D. 婚姻出现问题

3. 目前我国退休人员退休后的平均余命为（   ）年以上

A. 10　　　　　B. 15　　　　　C. 20　　　　　D. 25

4. 理财规划师要为董先生制订退休规划，在这个过程中，理财规划师考虑了种种影响董先生退休养老规划的因素，其中最不可能包括的因素是（   ）。

A. 董先生的退休时间　　　　　B. 董先生儿子的购房需求

C. 利率及通货膨胀的长期趋势　D. 经济运行周期

根据资料回答 5～7 题

资料：老王今年已经 45 岁了，家里有存款 10 万元左右。他和妻子两人每个月收入大约 3 000 元，月花费近 2 000 元。假设老王和妻子计划在 5 年后退休，退休后老王再生存 25 年，并且假设他们每个月花费需要 2 000 元，减掉基本养老保险的 600 元，每月还需要 1 400 元。假设老王在退休前后的投资收益率均为 1.8%。

5. 根据题意我们可以推测出老王在（　　　）岁时退休。

　　A. 50　　　　　　B. 85　　　　　　C. 95　　　　　　D. 80

6. 我们可以推测出老王可能会在（　　　）岁时去世。

　　A. 75　　　　　　B. 85　　　　　　C. 95　　　　　　D. 80

7. 老王在 50 岁时需准备（　　　）元退休基金（注：除每月 600 元基本养老保险的折现值）才能实现自己的生活目标。

　　A. 335 800　　　　B. 172 144　　　　C. 26 486　　　　D. 94 595

8. 投资连结险的特点中不包括（　　　）。

　　A. 具有保障和投资理财的双重功能

　　B. 有一个最低的现金价值

　　C. 保费结构和资金流向公开透明

　　D. 投资账户资金由保险公司的理财专家经营管理

9. 可以任意支付保险费以及任意调整死亡保险金给付金额的人寿保险是（　　　）。

　　A. 传统寿险　　　　B. 分红寿险　　　　C. 投资连结寿险　　D. 万能寿险

10. 养老保险是社会保障制度的重要组成部分，是社会保险最重要的险种之一，是世界各国较普遍实行的一种社会保障制度。有关养老保险特点的说法错误的是（　　　）。

　　A. 由国家立法，强制实行，企业单位和个人都必须参加

　　B. 养老保险费用来源，一般由国家、单位和个人三方或单位和个人双方共同负担

　　C. 养老保险具有社会性，影响很大，享受人多且时间较长，费用支出庞大

　　D. 养老保险可以设置专门机构管理，也可以由企业自主管理

11. 养老保险是以（　　　）为手段来达到保障的目的。

　　A. 社会捐助　　　B. 财政拨款　　　C. 社会福利　　　D. 社会保险

12. 从 2006 年 1 月 1 日起，基本养老保险个人账户的缴费比率由本人缴费工资的 11% 调整为（　　　）。

　　A. 7%　　　　　　B. 8%　　　　　　C. 9%　　　　　　D. 10%

13. 现在的养老政策区分"老人""中人""新人"，罗先生今年 35 岁，他于 1992 年参加工作，应该属于（　　　）。

　　A. "老人"　　　　B. "中人"　　　　C. "新人"　　　　D. 无法确定

14. 在我国企业年金缴费由（　　　）来负担。

　　A. 企业　　　　　　　　　　　　　B. 政府财政和企业

　　C. 政府财政和个人　　　　　　　　D. 企业和个人

15. 有两个或两个以上的被保险人，在约定的给付开始日，至少有一个人生存即给付保险年金，直至最后一个生存者死亡为止的年金保险是（　　　）。

A. 个人年金

B. 分期缴费年金保险

C. 联合年金

D. 联合及生存者年金

（二）多选题

1. 下列因素中使得退休费用需求增加的是（　　　）。

A. 退休生活目标提高

B. 退休年龄提前

C. 通货膨胀率提高

D. 工作时间延长

2. 理财规划师为客户进行退休养老规划的时候要预测退休后的资金需求，往往是根据客户现在的家庭收支状况进行调整，调整的时候要（　　　）。

A. 按照目前家庭人口数与退休后家庭人口数的差异调整膳食和购买衣物的费用

B. 去除退休前可支付完毕的负担

C. 减去因工作而必须额外支出的费用

D. 加上退休后根据规划而增加的休闲费用及因年老而增加的医疗费用

E. 参考过去年度的物价变化，设定通货膨胀率，测算出退休后的生活费用

3. 退休时所需准备的养老资金总额与（　　　）因素有关。

A. 退休后第一年所需的生活费用

B. 退休后的预期余寿

C. 费用上涨率

D. 投资回报率

4. 企业年金是客户退休后生活的收入来源之一。企业之所以要举办年金计划主要是因为企业年金计划可以给企业带来一些好处，这些好处表现在企业年金计划可以（　　　）。

A. 给职工带来保障

B. 吸引人才

C. 为职工建立提前退休的机制

D. 为企业带来税收优惠

E. 增加公司的凝聚力

5. 养老保险是国家和社会根据一定的法律法规，为保障劳动者在达到国家规定的解除劳动义务的劳动年龄界限，或因年老丧失劳动能力退出劳动岗位后的基本生活而建立的一种社会保险制度。下列有关养老保险的说法正确的有（　　　）。

A. 养老保险是在法定范围内的老年人完全或基本退出社会劳动生活后才自动发生作用的

B. 养老保险费用完全由单位和个人共同负担

C. 养老保险的目的是为保障老年人的基本生活需求，为其提供稳定可靠的生活来源

D. 养老保险是社会保险最重要的险种之一，本质上也是一种商业保险

E. 养老保险是以社会保险为手段来达到保障的目的

6. 下列有关企业年金与社会养老保险、商业养老保险的关系说法正确的有（　　）。

A. 企业年金是对基本养老保险的补充

B. 企业年金在很多方面受国家政策和基本养老保险的影响和制约

C. 从某种意义上说，企业年金具有一定的商业保险特征

D. 企业年金完全可以取代社会养老保险

E. 企业年金从本质上讲就是一种商业养老保险

7. 年金保险是指在被保险人生存期间，保险人按照合同约定的金额、方式，在约定的期限内，有规则地、定期地向被保险人给付保险金的保险。根据不同的标准，年金保险可以有不同的分类。按缴费方法不同，年金保险可以分为（　　）。

A. 一次缴清保险费年金保险

B. 分期缴费年金保险

C. 即期年金

D. 延期年金

E. 个人年金

8. 承上题，按年金给付开始时间的不同，年金保险可以分为（　　）。

A. 一次缴清保险费年金保险

B. 分期缴费年金保险

C. 即期年金

D. 延期年金

E. 个人年金

9. 年金保险与企业年金并不是一回事。从性质上讲，年金保险实际上是以（　　）为给付条件的人寿保险。

A. 被保险人的死亡   B. 被保险人的生存

C. 被保险人的年金   D. 被保险人的寿命

1. 张先生今年 35 岁，计划 65 岁时退休，为在退休后仍然能够保持较高的生活水平，理财规划师陶朱通过与张先生的交流，初步形成以下认识：

（1）综合考虑各种因素，预计张先生退休后每年需要生活费 12.5 万元；

（2）按照经验寿命，据张先生具体情况，综合推算张先生可以活到 75 岁；

（3）张先生准备 15 万元作为退休储备金的启动资金；

（4）采用定期定额的投资方式，在退休前每年存入一笔资金；

（5）退休前投资的期望收益率为 6%；

（6）退休后投资的期望收益率为 4%。

请问：张先生每年应投入多少资金？应当如何选择投资工具组合？请你为张先生制订一份退休规划方案。

2. 上官夫妇目前均刚过 35 岁，打算 20 年后即 55 岁时退休，估计夫妇俩退休后第一年的生活费用为 8 万元（退休后每年年初从退休基金中取出当年的生活费用）。考虑到通货膨胀的因素，夫妇俩每年的生活费用预计会以年 4% 的速度增长。夫妇俩预计退休后还可生存 25 年，现在拟用 20 万元作为退休基金的启动资金，并计划开始每年年末投入一笔固定的资金进行退休基金的积累。夫妇俩在退休前采取较积极的投资策略，假定年回报率为 6%，退休后采取较保守的投资策略，假定年回报率为 4%。请回答以下问题：

（1）上官夫妇的退休资金需求折现至退休时约为多少？

（2）要满足退休后的生活目标，同时考虑到目前 20 万元资金的增长，上官夫妇还约需准备多少资金（注：忽略退休后的收入部分）？

（3）为弥补退休基金缺口，上官夫妇采取每年年末"定期定投"的方法，则每年年末约需投入多少资金？

（4）若上官夫妇每年的结余没有这么多，二人决定将退休年龄延迟 5 年，上官夫妇退休基金共约需多少资金？每年年末还约需投入多少资金？

3. 2024 年 1 月，张先生年满 60 岁并办理了退休手续，退休时其国家基本养老保险缴费年限已经累计满 23 年，指数化平均缴费工资为 6 500 元，个人养老保险账户储存额为 97 300 元，当地职工社会月平均工资为 3 500 元。问：张先生退休后每月可领取多少基本养老金（不考虑视同缴费和过渡性养老金）？

示范案例

林先生家庭退休规划方案

林先生夫妇今年均刚过 35 岁，打算 55 岁退休，估计夫妇俩退休后第一年的生活费用为 10 万元，考虑通货膨胀的因素，夫妇俩每年的生活费用估计会以每年 3% 的速度增长。夫妇俩预计可以活到 80 岁，并且现在拿出 10 万元作为退休基金的启动资金，每年年末投入一笔固定的资金进行退休基金的积累。夫妇俩情况比较特殊，均没有缴纳任何社保费用。夫妇俩在退休前采取较为积极的投资策略，假定年回报率为 6%，退休后采取较为保守的投资策略，假定年回报率为 3%。

一、家庭基本资料

林先生目前在某市通信企业担任一名普通职员，每月月薪 9 000 元（税后），另奖金 2 000 元（税后），其妻子临时工，每月有 1 300 元的零工收入。夫妻俩有一个 12 岁的女儿。林先生一家每月开销在 4 000 元左右。林先生夫妇在之前通过辛勤的工作，已经有了一定的经济基础，家庭正处于财富积累阶段。已经拥有了一套住房和一定的积蓄。目前，林先生定期存款 15 万元，活期存款 5 万；妻子定期存款 5 万，活期存款 6 万。家庭成员基本情况如表 7-6 所示。

表 7-6　家庭成员基本情况表

家庭成员	年龄	职业	月工资 / 元	年收入 / 元
林先生	35	职员	11 000	132 000
林太太	35	临时工	1 300	15 600
女儿	12	小学	–	–

二、家庭财务状况

林先生家庭 20×× 年资产负债表和收入支出表如表 7-7、表 7-8 所示。

表 7-7　资产负债表

客户：林先生　　　　　日期：20×× 年 12 月 31 日　　　　　单位：万元

资产	金额	负债	金额
银行存款	31	长期负债	0

续表

资产	金额	负债	金额
现金	0.5	短期负债	0
基金	0.5	负债合计	0
债券	0.55		
房屋不动产	80		
资产合计	112.55	净资产	112.55

表 7-8　收入支出表

客户：林先生　　　　日期：20××年1月1日至12月31日　　　单位：万元

收入	金额	支出	金额
林先生工资	13.2	伙食费	3
林太太退休金	1.56	通信及交通费	0.72
		水电煤气费	0.18
		其他消费	0.9
收入合计	14.76	支出合计	4.8
		净结余	9.96

三、家庭财务比率分析

林先生家庭财务比率分析如表7-9所示。

表 7-9　家庭财务比率分析表

财务比率	计算公式	比率分析
资产负债比率	负债总额/总资产 =0/112.55 =0	50%以下的负债比率即为合理，林先生家庭资产负债比率为零，说明林先生家庭没有债务
流动比率	流动资产/每月固定支出 =11/（4.8/12）=27.5	流动性比例保持在3～6之间即为合理，林先生家庭流动比例偏高，说明该家庭的闲置资金较多，虽然可以从容应对生活中急需用钱的情况，但会导致资金没有得到充分利用。在做理财规划时，可以针对这部分资产做出相对的调整

续表

财务比率	计算公式	比率分析
储蓄比率	盈余／收入 =9.96/14.76=0.67	说明林先生家庭的控制支出和储蓄积累能力较强，可以满足当年的支出，但结余比率较大，在做理财规划时，可以加大投资理财的力度
生息资产与净资产比例	生息资产／净资产 =32.05/112.55=0.29	说明林先生家庭购买投资理财产品的程度较低，该比值应在 50% 左右较为合理，这样才能保障净资产有较为合理的增长率
收入负债比例	当年本息支出／当年税后收入 =0/14.67=0	说明林先生家庭无负债，但林先生家庭的偿还能力较强，在做理财规划时，可适当运用贷款，使资金更大效能的运转起来
即付比例	流动资产／流动负债 =11/0=0	说明林先生家庭过于注重流动资产，综合收益率低，财务结构不合理
财务自由度	投资净收入／总支出 =0.2/4.8=0.04	由此可见，林先生家庭还未达到财富自由，该家庭的投资还是有不足的地方，在做理财规划时，可以对投资方面进行调整

林先生家庭其财务状况良好正处于一个稳定发展的阶段，没有负债，流动资产较强，控制支出的能力也不错，虽然也有一些投资，但投资规模过于单一且较小，从而导致财富积累缓慢，结余比率较高，建议该家庭可以适当调整资产投资配置，在分散风险的同时获得较高的投资收益。

四、林先生家庭退休规划

第一步，计算 55 岁退休时退休基金必须达到的规模：100 000×(80−55)=2 500 000 元（退休后的通胀率＝退休后投资回报率＝3%）。

第二步，预测退休收入。据基本信息，夫妇俩退休后没有任何收入。

第三步，计算退休时退休基金缺口。

（1）目前 10 万元的退休启动资金至 55 岁时增值为 320 714 元。

（2）退休基金缺口＝2 500 000 − 320 714 = 2 179 286 元。

第四步，制订退休投资方案：

（1）退休基金缺口为 2 179 286 元。

（2）退休前的投资收益率为 6%。

（3）如果林先生采用从收入中提取资金，进行定期定投，计算从 35 岁到 55 岁期间每年需要投入的资金额为 59 242.92 元。

夫妇俩每年的节余 9.96 万元，大于用于退休的年投入额 59 242.92 元，方案可行。

第五步，现在配置准备退休的投资产品。计划存入银行存款占比 20%，银行存款年利率为 2%，买入国债占比 50%，国债年利率为 4.5%，买入稳健性股票占比 30%，根据公式：投资组合期望收益率＝各投资占比与各投资收益率乘积之和，计算预期买入股票的年收益率为 11.17%。最后根据股票预期年收益率进行股票证券资产选择。

第八章
财产分配和传承规划

·)) 第一节　财产分配和传承规划的
　　　　　意义和步骤
·)) 第二节　财产分配规划
·)) 第三节　财产传承规划

学习目标

素养目标
- 树立正确的财产分配观念；
- 通过财产分配的学习，养成平等待人、和谐处世的理念；
- 通过财产传承规划的学习建立遵纪守法、对优秀中华传统文化的认同感。

知识目标
- 了解个人（家庭）财产分配和传承规划的基本步骤、法律法规等内容；
- 掌握我国家庭夫妻财产关系法律法规知识；
- 熟悉我国家庭财产分配的基本工具；
- 熟悉我国家庭财产传承规划的基本工具。

能力目标
- 能够运用有关法律法规收集客户财产分配和传承规划的信息并进行财务诊断；
- 能够运用有关法律法规进行财产分配和传承规划的操作技能。

财产分配和传承规划
重难点讲解

思维导图

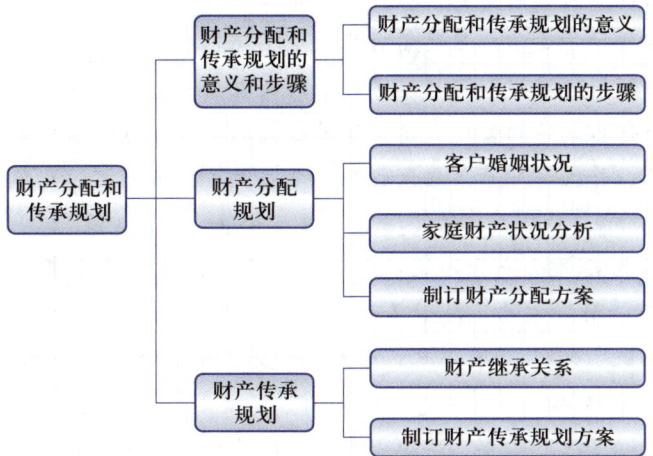

第一节　财产分配和传承规划的意义和步骤

【导入案例】

案例 8.1　某高速公路上发生了一场交通意外事故，导致两人死亡。死亡的男女是夫妻，男的是一家大型企业的总经理，女的是一家餐厅的老板。事情是这样的：女老板靠自己的辛勤劳动开了一家大型餐厅，但是因为丈夫的不满而离婚，也因为常年忙于生意，在离婚后儿子也不愿跟她，这让她很伤心，为此企业经营状况非常不好。这时，常来光顾此店的大型企业总经理帮助她走出低谷，并与她相爱。一年后，她的餐厅成了当地最红火的餐厅，男方在离婚后与女老板走进婚姻的殿堂，并生有一子，儿子已经三个月大了，那天酒后开车的男方将家庭带入了不幸。价值 3 000 万元的餐厅成了遗产争夺的焦点。

因为女方的父母从一开始就不同意这门亲事，所以在出事后立即接管了餐厅和全部资产。而男方的父母带着这个三个月大的孩子，认为他们完全有遗产的继承权。因此，双方上了法庭。令双方没有想到的是，这个遗产继承并没有那么简单。

解释：立遗嘱很有必要。法律规定遗嘱继承优先于法定继承。如果被继承人留有合法有效的遗嘱，那么遗产将首先按照遗嘱人的意愿进行分配，不适用法定继承程序，可以避免法定继承带来的"大锅饭""平均分"的问题，降低遗产继承纠纷风险。一份遗嘱，承载的不单单是财富的传承问题，更包含了深厚的家庭情感，能够保障积累的财富按照自己的意愿传给最亲近的人或最需要的人。

案例中由于死亡夫妻没有遗嘱，夫妻共同遗产继承采取法定继承的方式继承。首先是夫妻共同财产的分割处理：餐厅的资产 3 000 万属于女方婚前财产划归女方遗产。餐厅 1 年内的经营收益归其夫妻共同财产，一人一半。其次是死亡夫妻各自遗产的法定继承。女方遗产法定第一顺序继承人：3 个月幼儿、女方父母、结婚前所生儿子，其中未成年子女可以除满足其成长中的生活和义务教育费等所需外参与其他遗产继承平分；男方遗产法定第一顺序继承人：3 个月幼儿、男方父母，其中未成年子女可以除满足其成长中的生活和义务教育费等所需外参与其他遗产继承平分。

一、财产分配和传承规划的意义

财产分配是指为了将家庭财产在家庭成员之间进行合理分配而制订的财务计划。而传承规划是指当事人在健在的时候通过选择遗产管理工具和制定遗产分配方案，将拥有或控制的各种遗产或负债进行安排，确保在自己去世或丧失行为能力时能够实现家庭财产的代际相传或安全让渡等特定目标。财产分配和传承在个人理财规划中起着至关重要的作用，不仅起到对个人及家庭财产进行合理合法配置的作用，还能成为个人及家庭规避风险的一种保障机制。个人或家庭都有可能遭遇到一些不可预测的风险，这些风险主要有以下四类：

（一）家庭经营风险

对于其成员共同从事商业经营的家庭而言，经营收益是该家庭的主要收入来源，维持着整个家庭的正常生活，而一旦该经营实体受到商业风险的冲击，整个家庭的经济状况就会受到影响，进而威胁家庭成员的正常生活、教育、工作等。

（二）夫妻中一方或双方丧失劳动能力或经济能力的风险

夫妻是家庭组织的核心，如果其中一方或者双方都丧失了劳动力，如工伤、意外事故造成身体残疾，或者丧失了经济能力，如对外欠债导致被追索等情形，都会导致家庭经济支付能力的下降，影响家庭的正常生活。

（三）离婚或再婚风险

离婚意味着夫妻关系的结束和一个家庭的解体，无论对家庭还是对夫妻任何一方都会产生重大的影响，其中最突出的方面就体现在家庭财产分割上。现实生活中经常会发生这样的情况，即离婚时，夫妻其中一方有转移、隐匿、变卖财产侵害另一方财产权益的行为，导致出现受害一方的生活质量下降及经济能力减弱等不良后果。再婚是离异或丧偶的男女重新组建家庭的开始，很多再婚人士，特别是曾经有过离异经历且处于事业鼎盛时期的人，在再婚前都会在私人财产保护和个人安全感上有所考虑，对对方与自己结婚的动机产生怀疑，有孩子的还会担心再婚伴侣对原有子女的影响。事实上，也确实有一些人企图借婚姻达到一些特定目的。因此，再婚本身也存在风险。

（四）家庭成员的去世

家庭成员去世后，其遗嘱对财产的分配会使得家庭其他成员个人的财产增加或减少，对整个家庭财产也会产生影响。同时，由于多数家庭没有事先立遗嘱的意识，遗产分割很容易在家庭内部产生纠纷，即使有的立了遗嘱，也会因为遗嘱内容表达不清，而在执行过程中出现财产被恶意侵吞或者不按遗嘱人意愿进行分配等情况。

二、财产分配和传承规划的步骤

（一）计算和评估客户的财产价值

进行财产分配和传承规划的第一步是计算和评估客户的财产价值。首先，通过计算和评估，客户可以对自己的财产种类和价值有一个总体的了解；其次，可以使客户了解财产传承时的有关税收支出。理财规划师收集客户财产数据并对其进行归纳和计算。如表8-1所示。

表 8-1　财产评估表（示例）

资产		负债	
种类	金额	种类	金额
现金等价物		贷款	
银行存款		消费贷款	
储蓄账户		一般个人贷款	
货币市场账户		投资贷款（房地产贷款等）	
人寿保单赔偿金额		房屋抵押贷款	
其他现金账户			
小计		小计	
投资		费用	
股票		预期收入纳税额支出	
债券		遗产处置费用	
共同基金		医疗费用	
合伙人收益权益		葬礼费用	
其他投资收益		其他负债	
小计		小计	
退休基金		其他负债	
养老金（一次性收入现金）		负债总计	
配偶/遗孤年金收益（现值）			
其他退休基金			
小计			
其他财产			
收藏品			
汽车			
家具			
珠宝和贵重衣物			
其他个人资产		资产总计（＋）	
小计		负债总计（－）	
其他资产			
资产总计		净资产总计	

表 8-1 中需要注意的是：第一，资产价值计算的是其目前的市场价值，而不是其购买时的支付价格。这一点对于房地产的价值计算特别重要。房地产的价格每年都会有较大幅度的变化，其市场价和历史购价通常相差甚远。此外，对于股票、债券等投资也需要准确估计其价值和相关收益。第二，不要遗漏某些容易被忽略的资产和负债项目。很多客户对自身的财务状况不是十分了解，所以在填写有关内容时容易遗漏一些重要的项目，从而高估或低估其财产价值。比如，资产项目中的无形资产（如著作权等），以及负债项目中的临终医疗费等，都是容易被忽略的项目，但这些项目往往对客户财产规划有着重要的影响。

理财规划师在进行规划时，除了要求客户填写有关的个人资料外还应该要求客户准备各种相关文件。一些常见的必需文件包括：出生证明、结婚证明、保险单据、银行存款证明、有价证券证明、房产证明、养老金文件、汽车发票证明、社会保障证明等。

（二）确定财产分配和传承的规划目标

在对客户财产进行估值后，理财规划师应该对客户现实的财产状况有了大致的了解，下一步就要帮助客户确定规划目标，这可以通过让客户填写调查表的形式完成。但由于规划管理的特殊性，建议理财规划师采取与客户面谈的方式来了解其规划目标。如果客户在表达自己意愿时有所顾忌，理财规划师应该进行适当的推测，并征求客户的意见。

（三）制订财产分配与传承规划方案

由于客户的具体情况各有不同，所以每个客户的财产规划中的工具和策略的选择也有着很大的差别。例如客户的种类：客户已婚且子女已成年、客户已婚但子女未成年、未婚／离异客户。

（四）定期检查和修改

客户的财务状况和策划目标处于变化中，财产规划必须能够满足其不同时期的需要，所以对财产分配和传承规划方案的定期检查是必需的，这样才能保证规划的可变性。理财规划师应该建议客户每年或每半年对规划进行重新修订。下面是一些常见的事件，当这些事件发生时，客户的规划就要做出相应的调整：

1. 子女的出生或死亡

子女的出生或死亡对家庭的影响不言而喻，成员关系、家庭财务也会因此相应地产生变化。

子女出生又分为：① 子女未出生时，要注意到法律关于胎儿必留份额的规定，即遗产分割时应当保留胎儿的继承份额。如果应当为胎儿保留遗产份额却没有保留，应从继承人所继承的遗产中扣回。如胎儿出生后死亡的，为胎儿保留的遗产份额由其继承人继承；如胎儿出生时就是死体的，由被继承人的法定继承人继承。② 子女已经出生，则要考虑到子女为法定第一顺序继承人，被继承人就要在继承人数和继承财产份额上有所调整。当然，对于子女的财产继承份额，客户也可以通过遗嘱或者遗嘱信托进行符合自己意愿的安排。如果客户不能或者不愿意为子女安排继承份额时，理财规划师要提醒客户，法律有"遗嘱应当对缺乏劳动能力或没有生活来源的继承人保留必要的遗产份额"的规定。这是我国法律对遗产自由进行的限制，目的在于稳定家庭关系，保障缺乏劳动能力，又没有生活来源的继承人的合法权益，防止遗嘱人滥用遗嘱自由和遗嘱自由绝对化。同时可以减轻国家的负担，防止被继承人将个人对家庭成员的抚养、扶助责任转给社会。

2. 配偶或其他继承人的死亡

配偶或者其他继承人的死亡，有可能导致客户的财产状况或者数额发生重大的变化。因此如果配偶去世，家庭中属于配偶的那部分财产就要按法律的规定或者配偶的遗嘱确定的方式进行分配，那么客户的财产传承规划中与配偶共有部分的财产状况可能就要发生变化，比如共有房子，属于配偶的那部分要通过适当的遗产分割方式在继承人之间进行分配，这就会引起客户财产状况的变动，不过配偶的死亡通常会引起客户财产总额的增加，毕竟客户本身也是其配偶的法定第一顺序继承人。同样，客户的其他继承人的死亡，也会对客户的财产数额及状况产生影响。当然，对于客户的财产传承规划来讲，变动最大的还是客户遗嘱中的继承人和所设立信托中的受益人的调整。

3. 本人或亲友身患重病

本人或者亲友身患重病，客户会有大笔医疗费用的支出，可能导致财产传承规划中资产的种类和数额减少，或者一些事项的变动，比如存款的减少，一些可即时变现的资产的变化，或者引起一些保险事项的变化，比如一些健康险的赔付等。

4. 家庭成员成年

家庭成员成年，通常是客户的子女成年，如果参加工作了，客户的经济负担就会有所减轻，以前的费用支出就会相对缩减，财产传承规划就要适当调整。

5. 遗产继承

客户作为继承人接受遗产当然会引起财产变化，具体财产形态视继承财产形态而定，比如房产、存款等。

6. 结婚或离异

结婚或者离异会导致客户家庭财产的形成或者分配。对于结婚的客户，会有费用支出的增加，也会有财产种类和规模的扩大，比如购置房屋、家电等家庭生活必备的大件财产。而离婚的客户可能面对家庭财产的分割等问题。这些都会导致客户自身财产的变化。

7. 财富的变化

财产直接增加、减少，都是财富的变化。遗嘱中的债务是影响遗产变化的常见因素。被继承人的债务具有以下特征：① 被继承人的债务是其生前所欠债务。被继承人死亡后的殡葬费用不属于被继承人的债务，而是其继承人的债务，因此继承人有殡葬被继承人的义务。② 被继承人的债务是用于被继承人个人需要所欠债务，也就是说用来满足被继承人某种特殊需要而欠下的债务，属于个人债务，应用被继承人个人财产偿还。以被继承人的名义所欠的，用于家庭生活需要所欠的债务，属于家庭共同债务，应用家庭共有财产偿还。因继承人不尽抚养、扶养、赡养义务，被继承人迫于生活需要所欠的债务属于有抚养义务人的个人债务，换言之，因继承人能尽而不尽扶养义务所欠的债务，即使遗产不足清偿，继承人仍应负清偿责任。继承开始后，处理继承事务所发生的与继承有关的费用，如遗产管理费用、遗产分割费用等，属于在遗产分割前遗产本身的消耗花费，可直接从遗产中扣除。根据权利义务相一致的原则，继承人接受继承，应当承担被继承人的财产权利和义务，不能只继承财产权利而不继承义务。

8. 有关税制和遗产法的变化

国际上采用的对财产传承规划影响较大的税种主要是遗产税和赠与税。但我国目前还没有开征这两个税种，所以财产传承规划中不必设计有关规避遗产税和赠与税的内容。

【网上实训】

学生可以通过网站查找《中华人民共和国民法典》及有关遗产和赠与的法律法规，回答以下案例的问题：姐姐能不能放弃房产继承权？

案例：姐姐吴英对公证员说，她们的父母一直跟随妹妹吴丽生活。现在她已经和妹妹协商好，将来由妹妹来继承父母名下的一处房产，她主动放弃对该房产的继承权，但前提条件是妹妹要照顾好父母的生活，且她不再承担赡养义务。

9. 房地产的出售

客户固定资产房地产的出售，是客户对其财产的处分，也是对其现有财产形式的改变，通常会引起财产总值的增加或者不同财产种类的调整，体现在财产传承规划中，比如现金流的增加等。

第二节　财产分配规划

【导入案例】

案例 8.2　20×4 年 6 月 22 日，陈某婚前购买房屋，首付款 500 000 元；婚后与妻子刘某共同还贷：商业贷款 400 000 元、公积金贷款 100 000 元。借款合同显示：每月商业贷款需偿还 2 371.27 元，公积金贷款需偿还 506.69 元，合计 2 877.96 元。商业贷款至今共计还贷 113 551.44 元。公积金中心显示：陈某月还款常数 439.15 元，至今共计还贷 29 423.05 元。两项累计还贷 142 974.49 元。双方均确认该房屋现价值 2 400 000 元。现夫妻两人感情出现问题，妻子刘某要求离婚并分割房产。

解释：陈某应对刘某就婚后共同还贷支付的款项及相对应的财产增值部分进行经济补偿。综合考虑房产购买及房产增值率、成新率等，酌定陈某补偿刘某房产折价款 170 400 元。

综合考虑房产购买及房产增值率、成新率等，分配给刘某的财产金额具体计算公式为"[（婚后共同还贷/2）/购房款]×房屋现值（双方认可）"，计算步骤如下：

第 1 步："婚后共同还贷 142 974.49/2=71 487.245 元"为个人实际已经支付价款。

第 2 步："个人实际已经支付价款 71 487.245/购房款（500 000+400 000+100 000）=7.15%"，即个人实际支付价款占购房款比例。

第 3 步："比例 7.15%×房屋现价值 2 400 000=171 600 元，即房屋现值折价款。

一、客户婚姻状况

（一）结婚

一个人在家庭中扮演的身份有几类，不同身份有不同的相对关系人，进而产生不同的财产关系。配偶是家庭关系的基础，婚姻关系是夫妻财产分配规划的基础，因此理财规划师针对客户的财产分配规划要求应该首先分析客户的家庭婚姻状况，确定客户财产关系。

结婚，在法律上称为婚姻成立。它是指男女双方依照法律规定的条件和程序确立夫妻关系的民事法律行为，并承担由此而产生的权利、义务及其他责任。

1. 婚姻关系成立的三个基本法律特征

（1）结婚的主体是男女两性。不是男女两性的结合，便不构成结婚。同性别的人之间不能结婚。

（2）结婚行为是法律行为。申请结婚的双方当事人必须遵守法律的规定，履行法律规定的结婚登记程序。否则，婚姻关系不产生法律后果，即为不受法律保护的无效婚姻。结婚行为须符合《中华人民共和国民法典》（简称《民法典》）中"婚姻家庭"编中所规定的实质要件和形式要件，否则不具有合法婚姻的效力。

（3）结婚行为的法律后果是确立双方的夫妻关系，并承担由此而产生的责任、权利、义务。这种已确立的夫妻关系，未经法律程序，任何单位、个人或夫妻双方都无权解除夫妻关系。

2. 结婚的条件

根据我国《民法典》的规定，结婚的条件包括必备条件和禁止条件。男女双方只有既符合法律规定的必备条件，又不存在禁止条件，婚姻关系才能合法成立。

（1）结婚的必备条件。一是男女双方完全自愿；二是必须达到法定年龄；三是必须符合一夫一妻制。

（2）结婚的禁止条件。一是禁止直系血亲和三代以内旁系血亲结婚；二是禁止患有医学上认为不应当结婚的疾病的人结婚。

（二）事实婚姻关系和非法同居关系

1. 事实婚姻关系

事实婚姻关系是指没有配偶的男女，虽未进行婚姻登记，但符合结婚的实质要件，并且以夫妻名义共同生活。

2. 非法同居关系

非法同居关系，是指男女双方或一方有配偶，未办理结婚登记，不以夫妻名义持续、稳定地共同居住，或男女双方未办结婚登记而以夫妻名义共同生活，但不符合事实婚姻法定条件的两性结合。

3. 事实婚姻关系和非法同居关系的效力

（1）构成事实婚姻关系的，一切后果与婚姻相同。

（2）经查确属非法同居关系的，应一律判决解除。

例8.1　李军和刘英青梅竹马，感情甚笃，自20×6年1月开始就以夫妻名义生活在一起，但是一直未办理结婚登记。在此期间李军一直潜心研究计算机软件，刘英为了支持其工作，承担了所有的家务。20×8年李军研发专利技术成功，获得了500万元的报酬。李军为了独自享有此项原创报酬，便于20×9年5月向法院要求解除其与刘英的关系。法院应做如何处理？（　　　）

A. 李军和刘英之间是事实婚姻关系

B. 500万元的报酬是李军的个人财产

C. 李军和刘英之间是非法同居关系

D. 500万元的报酬款是夫妻共有财产

答：选BC。此案表面上是由500万元的专利技术的报酬款引发的，但是解决问题的核心是李军和刘英之间关系的认定。按照事实婚姻关系与非法同居关系的法律规定，属于非法同居关系，不能按照夫妻关系分割财产。

（三）无效婚姻

无效婚姻是指因不具备法定结婚实质要件或形式要件的男女结合，在法律上不具有婚姻效力。婚姻无效的原因有：

（1）重婚的；

（2）有禁止结婚的亲属关系的；

（3）婚前患有医学上认为不应当结婚的疾病，婚后尚未治愈的；

（4）未到法定婚龄的。

对于无效婚姻的法律后果，《民法典》：无效或被撤销的婚姻自始没有法律效力。当事人不具有夫妻的权利和义务，同居期间所得的财产，由当事人协议处理，协议不成的，由人民法院根据照顾无过错的原则判决。对重婚导致婚姻无效的财产处理，不得侵害合法婚姻当事人的财产权益。当事人所生的子女，适用本法有关父母子女的规定。只要是无效婚姻，自始不具有法律效力，当事人之间也不具有夫妻之间的权利和义务，应当予以解除。

二、家庭财产状况分析

随着社会日益发展，家庭财产结构日渐复杂，其表现形式也日趋多样化。影响家庭财产分配的因素有很多种，如家庭成员中有参加公司经营或合伙经营的，要考虑经营财产与家庭财产的严格分离，以防范经营风险对个人和家庭财产的侵犯；如夫妻双方各自对婚后的获得所作的贡献，包括了一方以操持家务的方式所做的贡献；离婚前提下进行的财产分割还要考虑婚姻持续的时间及财产分割生效时双方的经济状况；要考虑抚养、赡养以及夫妻债务等情况；财产分配中的一些特殊问题主要体现在财产形式的复杂性上，比如夫妻共有财产中的企业投资权益（股权、合伙份额）、房产等。理财规划师对客户的财产进行分析时应该考虑到抚养、赡养、夫妻债务、夫妻共有财产中的股权构成、房屋财产等因素。

（一）夫妻财产关系

夫妻财产关系是指夫妻在家庭财产方面的权利义务关系。男女双方因结婚产生了夫妻人身关系，也随之产生了夫妻财产关系。主要包括夫妻财产制、夫妻间的扶养义务和夫妻财产继承权等。这种财产关系只能因结婚而发生，因配偶死亡或离婚而终止。在不同的社会历史条件下，夫妻财产关系规定差异很大。中国实行男女平等的社会主义夫妻财产关系制度。

1. 中国夫妻财产关系的主要内容

（1）夫妻双方对夫妻共同财产有平等的处理权，实行婚后夫妻财产共有制（除夫妻另有约定的），夫妻双方中任何一方均不得擅自处理共有财产。

（2）夫妻双方均有相互扶养的义务，一方不履行扶养义务时，需要扶养的一方有要求对方给付扶养费的权利。

（3）夫妻双方有相互继承遗产的权利。法律还禁止以任何借口侵害配偶的财产继承权。

我国《民法典》规定：夫妻在婚姻关系存续期间所得的下列财产，归夫妻共同所有：

① 工资、奖金、劳务报酬；② 生产、经营、投资的收益；③ 知识产权的收益；④ 继承或者受赠的财产，但本法第一千零六十三条第三项规定的除外；⑤ 其他应当归共同所有的财产。夫妻对共同所有的财产，有平等的处理权。

2. 法定夫妻财产制与约定夫妻财产制

我国《民法典》对夫妻财产制采取的是法定夫妻财产制与约定夫妻财产制相结合的模式。

（1）法定夫妻财产制。夫妻对共同所有的财产，有平等的处理权。《民法典》则明确了夫妻一方所有的财产范围，包括：① 一方的婚前财产；② 一方因受到人身损害获得的赔偿或补偿；③ 遗嘱或赠与合同中确定只归夫或妻一方的财产；④ 一方专用的生活用品；⑤ 其他应当归一方的财产。

根据《最高人民法院关于适用〈中华人民共和国民法典〉婚姻家庭编的解释（一）》第30条，军人的伤亡保险金、伤残补助金、医药生活补助费属于个人财产。

夫妻财产除了包括积极财产外，还包括消极财产，即对外负担的债务。夫妻共同负担债务，由夫妻共同所有财产清偿；夫妻一方所负的债务，由其个人所有的财产清偿。如果夫妻在婚姻关系存续期间所得的财产约定归各自所有，而第三人又不知道该约定的，则以夫妻在婚姻关系存续期间所得的财产清偿。婚前、婚后的时间分隔点是婚姻登记之日，同居、共同生活、举办传统婚姻仪式，都不是两者的划分标准。

（2）约定夫妻财产制。它是指夫妻双方通过协商对婚前、婚后取得的财产的归属、处分以及在婚姻关系解除后的财产分割达成协议，并优先于法定夫妻财产制适用的夫妻财产制度，又称有契约财产制度。

我国《民法典》规定，夫妻可以对婚姻关系存续期间所得的财产以及婚前财产做如下约定：上述财产归各自所有、共同所有或部分各自所有、部分共同所有。约定的财产范围，包括婚前和婚后取得的各种财产。约定的形式，法律明确要求采取书面形式。约定的生效条件，首先必须具备民事法律行为的生效要件：合法、自愿、真实；其次，应符合特别法上的要求，如男女双方平等，保护妇女、儿童和老人的合法权益。约定的内容在第三人知晓时，其对外具有对抗的效力；否则，无对抗的效力。对内则对夫妻处理财产的行为产生约束力。为逃废债务的虚假约定或协议离婚分割财产行为，应被认定为无效行为。对债务人非法目的的认定，可结合夫妻财产约定或协议分割的时间、方式、当时背景等加以考察。

例8.2 20×8年12月郑某与秦某结婚。婚后郑某的姑姑送给郑某一架钢琴。但郑某不喜欢音乐，从来未动过钢琴。秦某经常弹奏钢琴。秦某认为丈夫缺少情趣，不懂得生活。而郑某认为秦某太前卫，不是理想中的妻子。双方最终协议离婚。对离婚及其他财产的处理均无争议，但双方对结婚后郑某姑姑送给郑某的价值1万元的钢琴归属产生分歧。

秦某认为这架钢琴尽管是郑某姑姑给郑某的，但是在婚后给的，所以应视为夫妻共同财产平等分割。郑某认为尽管钢琴是在婚后取得的，但是钢琴是姑姑赠与自己的，所以应属个人财产，秦某无权分割。那么，这架钢琴到底归谁呢？

答：根据《民法典》的规定，夫妻在婚姻关系存续期间所得的财产归夫妻共同所有，并界定了共同财产的范畴，包括一方或双方在婚姻关系存续期间接受赠与的财产。当然，如果赠与人在赠与合同中明确表示只归夫或妻一方所有的财产，就应归一方所有。本案郑某的姑姑未明确将钢琴只是赠与郑某，所以钢琴应被视为夫妻共同财产。根据规定，在分割财产时，应根据财产的具体情况和有利于生产及生活的原则，钢琴归秦某所有较为妥当。当然，秦某应给予郑某一定价值的补偿。

（二）家庭财产关系分析

1. 抚养

它通常是指父母对子女在经济上的供养和生活上的照料，包括负担子女的生活费、教育费、医疗费等。我国《民法典》规定，父母与子女间的关系，不因父母离婚而消除。离婚后，子女无论由父或母直接抚养，仍是父母双方的子女，离婚后，父母对于子女仍有抚养和教育的权利和义务。由此可见，对子女的抚养义务，不但存在于婚姻关系的存续期间，而且在婚姻破裂、已经离婚的情况下仍然存在。无论是子女随其生活的一方还是子女未随其生活的一方，都不能因为婚姻关系的结束而中止对子女的抚养义务。因此在离婚分割财产时，要充分考虑双方对子女的抚养义务，抚养子女的一方应适当地多分配到一些财产；对于子女未随其生活的一方，应当向子女支付抚养费。按我国法律规定，抚养费包括生活费、医疗费、教育费等费用，而不仅仅是生活费。与此相关，抚养费的支付方式以及存在的潜在风险也是影响财产分配规划的因素之一，所以理财规划师在为客户制订理财规划时也要有所考虑，因为抚养问题一旦处理得不好，不仅对夫妻离婚财产分割有影响，还会对离婚后的双方生活产生影响。

2. 赡养

这主要是指子女在经济上为父母提供必需的生活用品和费用，在日常生活上给予照顾，在精神上予以关怀，在父母患病不能自理时予以看护。《中华人民共和国宪法》就明确规定：父母有抚养教育未成年子女的义务，成年子女有赡养扶助父母的义务。实际生活中，这部分费用有可能是确定的，也有可能是不确定的。

3. 夫妻债务

这是指在婚姻关系存续期间，夫妻双方或一方为维持共同生活的需要，或出于为共同生活目的从事经营活动所引起的债务。它包括夫妻个人债务和夫妻共同债务。

（1）夫妻个人债务。通常夫妻一方在婚姻关系存续期所负的下列债务为个人债务：① 夫妻双方约定由其中一方承担债务，但实践中由于没有规定夫妻约定的共识和登记制度，因此，如果夫妻约定一方承担债务但没有把这个约定通知债权人并征得其同意，则约定不对债权人产生效力。② 一方未经对方同意擅自资助与其没有抚养义务的亲朋好友的债务。③ 一方未经对方同意，独自筹资从事经营活动，并且收入确实没有用于共同生活所负的债务。④ 其他应当由个人承担的债务，包括：因一方实施违法行为所欠的债务；婚前一方所负的债务；婚后一方为满足个人欲望所负的与共同生活无关的债务；等等。

（2）夫妻共同债务。指在婚姻关系存续期间，夫妻双方或一方为共同生活所产生的负债。夫妻共同债务包括生活性债务和经营性债务。前者是夫妻关系存续期间，夫妻双方或一方因共同生活需要而引起的债务，其间有抚养子女、赡养老人、医疗疾病、建造房屋、购置家用物品等引发的债务。后者则是夫妻关系存续期间，夫妻一方或双方出于共同生活目的，从事经营活动所负的债务。夫妻共同债务为连带之债，因而夫妻双方都负有清偿全部共同债务的义务。所以，这里就涉及如何规避共同债务的问题——公证书。公证书是当事人将自己的法律行为提交国家机关予以证明的一种法律形式，它是由国家有关部门对当事人的行为进行证明，因此，在离婚财产划分纠纷中相对其他证据来说，具有较强的证明力。

（3）夫妻共同财产中的股权构成。该类财产具有一定的特殊性，所以在分割时应该相当谨慎。它涉及的法律不仅是《中华人民共和国民法典》，还涉及《中华人民共和国公司法》《中华人民共和国合伙企业法》《中华人民共和国证券法》等相关法律。《最高人民法院关于适用〈中华人民共和国民法典〉婚姻家庭编的解释（一）》第 72 条规定：夫妻双方分割共同财产中的股票、债券、投资基金份额等有价证券以及未上市股份有限公司股份时，协商不成或者按市价分配有困难的，人民法院可以根据数量比例分配。因此在财产分配时要做好以下考虑：① 分清股票是个人财产还是共同财产。由于股票具有财产权内容，因此只要是夫妻关系存续期间以夫妻共同财产购买的，在夫妻离婚时，股票就应该被认定为夫妻共同财产进行分割。② 股票是属于可转让还是不可转让类型。对于不可转让的股票如内部职工股最好以价格补偿的方式分割，即一方取得共有物，另一方获得相当于一半价格的补偿，取得价金。③ 股票价格。股票价格不是指股票的发行价格也不是指股票的面额。由于不同股票在不同时期有不同的价格，对于可以公平上市交易的股票，应当按照判决生效之日起当天的股市收盘价格来确定价格。对于企业内部职工股则应该以股票发行价格结合企业分红来确定。

（4）房屋财产。作为同属于共同财产的一部分，它可以分为以下几种情况：① 夫妻一方婚前付了全部房款，并取得了房产证，那么该房屋是婚前财产，另一方无权要求分割。② 夫妻一方婚前以个人财产购买房屋，并按揭贷款，把房屋产权证登记在自己名下的，该房屋为其个人财产，按揭贷款也为其个人债务。即使在婚后与配偶一起清偿贷款，也不能改变该房屋为个人财产的性质，因此，在离婚分割财产时，该房屋为个人财产，剩余未归还债务也为个人债务，对已归还的贷款中属于配偶一方清偿的部分，应予以返还。③ 夫妻一方婚前支付了部分房款，但婚后才取得房产证，即使是婚后双方共同还贷，其仍应属于一方的婚前个人财产。当然，夫妻双方婚后共同还贷部分不论是由一方用个人工资还贷还是双方工资还贷，其贷款来源都应当认定为夫妻共同财产。④ 如果夫妻一方婚前支付部分房贷，婚后夫妻双方共同还贷，或一方用个人财产还贷且房屋又升值，而房屋的房产证在需要对财产进行分配时还没有拿到，这种情况下，在实践中是不会直接去界定房屋归属权的，而是根据实际情况由夫妻双方先行使用，待取房产证后再确定该房屋的权属。⑤ 对于一方在婚前购房且房产证等记载在其名下，而其配偶方有证据证明也有出资时，在分割该房屋财产时，该房屋仍为房产证登记人的个人财产，但对于配偶方所付的房款，对方应当予以补偿。

三、制订财产分配方案

（一）明确财产分配规划的目的与确定财产分配的原则

个人结婚前或结婚后进行财产分配规划的主要目的通常包括以下五点：

1. 资产保护

通过婚前财产分配规划，可以明确界定婚前个人财产，这有助于在婚姻关系中保护个人资产，防止因婚姻变动而产生财产纠纷。

2. 财务独立

保持财务独立意味着在婚姻中拥有自己的经济来源和资产，这有助于个人在经济上保持自主权，减少对配偶的依赖。

3. 债务管理

明确个人债务有助于避免婚后因债务问题而产生的纠纷。了解并规划个人债务，可以确保这些债务不会成为婚后双方的共同负担。

4. 税务规划

婚前财产分配规划可以帮助个人了解和规划婚前财产可能对婚后税务状况的影响，合理利用税收政策，减轻税负。

5. 风险管理

通过财产分配规划，可以减少未来可能由于婚姻变动带来的财务风险，为个人提供一定程度的经济保障。

进行婚前或婚后财产分配规划是一个重要的财务决策，它有助于个人在婚姻中保持财务清晰和安全，同时也为未来的共同生活提供保障。

（二）确定财产分配的原则

离婚案件分割夫妻共同财产时，应当遵循以下原则：

1. 男女平等原则

男女平等原则既反映在《民法典》的各条法律规范中，又是法院处理婚姻家庭案件的办案指南。该原则体现在离婚财产分割上，就是夫妻双方有平等地分割共同财产的权利，平等地承担共同债务的义务。

2. 照顾子女和女方利益原则

这里的"照顾"，既可以在财产份额上给女方适当多分，也可以在财产种类上将某项生活特别需要的财产，比如住房，分配给女方。毕竟从习惯势力上，从传统因素的影响所造成的障碍上，从妇女的家务负担、生理特点上讲，离婚后一般妇女在寻找工作和谋生能力上也较男子要弱，需要社会给予更多的帮助。同时，在分割夫妻共同财产时，要特别注意保护未成年人的合法财产权益。未成年人的合法财产不能列入夫妻共同财产进行分割。

（1）离婚时，如一方困难，另一方应当给予适当帮助。

（2）离婚后子女的抚养：① 不满两周岁子女，以由母亲抚养为原则；② 已满两周岁的子女，父母双方对抚养问题协议不成的，由人民法院根据双方的具体情况，按照最有利于未成年子女的原则判决。③ 子女已满八周岁的，应当尊重其真实意愿。

（3）抚养费给付的期限，一般到子女满 18 周岁时止。

3. 有利于生活、方便生活原则

在离婚分割共同财产时，不应损害财产效用、性能和经济价值。在对共同财产中的生产资料进行分割时，应尽可能分给需要该生产资料、能更好发挥该生产资料效用的一方；在对共同财产中的生活资料进行分割时，要尽量满足个人从事专业或职业需要，以发挥物的使用价值。不可分物按实际需要和有利发挥效用原则归一方所有，分得方应依公平原则，按离婚时的实际价值给另一方相应的补偿。

4. 不得损害国家、集体和他人利益的原则

离婚分割夫妻共同财产时不得把属于国家、集体和他人所有的财产当作夫妻共同财产进行分割，不得借分割夫妻共同财产的名义损害他人合法利益。

5. 夫妻一方所有的财产，在共同生活中消耗、毁损、灭失的，另一方不予补偿

这是司法实践经验的总结，也是符合夫妻关系和婚姻生活本质的要求，有利于避免不必要的纠纷。

（三）夫妻财产分割的方式

在夫妻财产的分割上，一般可以采取以下三种方式：

第一，实物分割。如果夫妻共同财产为可分物的，以实物分割的方式进行分割。

第二，作价补偿。夫妻共有财产不可分割，或者分割后财产的经济价值和使用价值明显降低的财产，一方愿意接受财产并给予不愿接受财产一方经济补偿的，采用作价补偿的方式进行分割。比如仅有一套房产。

第三，变价分割。夫妻共有财产不能分割，双方又都不愿意接收实物并给予对方经济补偿的，将夫妻财产变卖后，对取得的金钱进行分割。

（四）分析财产分配工具

1. 公证工具

夫妻财产约定公证，是依法对夫妻或"准夫妻"各自婚前或婚后财产、债务的范围及权利归属问题所达成的协议的真实性、合法性给予证明的活动。

（1）婚前财产约定公证。是指公证机关对将要结婚的男女双方就各自婚前财产和债务的范围、权利的归属问题所达成的协议的真实性、合法性给予证明的活动。办理婚前财产约定公证时，当事人应当向住所地或协议签订地的公证处提出申请。提出申请时应当提交以下材料：申请人的身份证明；协议书（可在律师指导下完成）；有关的产权证明（如个人所有房产的房产证）；其他有关的证明材料（如已婚夫妻的结婚证书等）。

实际生活中，两人结婚并不是所有财产都需要婚前财产约定公证的。一般来说，比较容易举证的财产就不需要婚前财产约定公证，比较难举证的财产，

需要婚前财产约定公证。像不动产，如房产、汽车等，因为实行登记制度，产权明确，就不需要婚前财产公证。而产权随时处于变动的动产，像存款、玉器、金银首饰等贵重物品，为避免离婚时无法说明白，需要婚前财产约定公证。例如，如果一方婚前有一套房产，结婚期间，房子拆迁，这笔补偿款就是个人财产。拿到这笔补偿款后，如有必要，就要及时进行婚姻财产约定公证。因为钱是动产，如果不进行公证，发生纠纷就很难说清是谁的。说不清楚的钱就要算作共同财产。

（2）婚后财产约定公证。是指公证机关对夫妻关系存续期间男女双方就各自婚后财产和债务的范围、权利的归属问题所达成的协议的真实性、合法性给予证明的活动。

夫妻财产约定协议应包括以下内容：当事人的姓名、性别、职业、住址等基本情况；现有夫妻财产（含债务）的名称、数量、规格、种类、价值、状况等；现有夫妻财产的归属及今后夫妻关系存续期间所得财产（债务）的归属；夫妻关系存续期间财产的使用、维修、处分的原则；其他约定，如共同债务如何清偿，财产利息归属等。

2. 信托

个人信托是指自然人基于财产规划的目的，将其财产所有权委托给受托人，受托人按照信托文件的规定为受益人的利益或特定目的，管理或处分信托财产的行为。

（1）信托在个人理财业务中的应用。主要体现在以下六个方面：

① 财产转移与保护。客户经过长期的资产积累后，尤其是到了中老年时期，资产增值需求会逐步降低，但财产保护需求却会日益增长。如果将大量财产高度集中于一个地点或者一种形式，将使其财产面临很高的经济、法律风险。出于风险规避的考虑，通过财产转移等方式可以实现对客户财产进行保护。

② 财产传承功能。理财客户都希望自己辛苦积累的财产可以传承下去，尤其对于拥有家族企业的人士来说，更需要在有生之年实现有效、平稳的家族股权转移和管理。从公司治理的角度来说，股权结构的动荡必然会引起管理层的不稳定，进而影响整个企业的业务发展。因此，应尽量避免无谓的股权结构变动。除此之外，如果由于股权传承导致不合格股东进入企业，更可能对企业的运营产生负面影响。家族股权管理信托服务，可以帮助企业通过家族股权的集中或部分托管，一方面实现股权结构的稳定、排除不合格股东；另一方面可以通过信托受益权的分配实现继承人对家族企业的收益分享。

③ 财产分割与保护功能。婚姻关系的重大变动会造成财产的分割，从而对个人财产状况产生重要影响。同时，由于有些私人企业主个人财产和企业财

产未分开，企业面临的经营风险也可能为家庭财产带来财务危机。信托在规避此类风险方面具有卓著功效，如通过不可撤销信托的设立，可以指定配偶或子女为受益人，当一方去世时为另一方及子女提供生活保障，同时可以防止家庭财产在一方去世后被另一方的再婚配偶恶意侵占。再如，风险隔离信托利用信托的风险隔离机制，委托人将一部分财产转移到受托人名下，防止突然出现的巨额债务影响日常生活。

④ 高端投资功能。对于客户个性化的投资需求而言，标准化的普通投资工具往往难以满足其需求。信托因其具有的第三方管理模式而成为一个有效的解决手段，私人理财可以利用不同种类的信托为客户设计个性化的投资方案以满足不同的需求。如私募基金将私募形成的基金委托给受托人，并指定受托人利用基金专项投资某种或某个领域的投资品。

⑤ 税收筹划服务功能。由于信托自诞生之日起就具备极强的避税特点，因而私人理财往往利用各种信托工具来帮助客户合理避税。如离岸信托就是税收筹划的一个重要工具，避税地对信托有诸多税收和设立上的优惠，大多数承认信托的避税地都对非居民财产授予人设立的信托免征所得税、资本利得税等。除此之外，多种多样的子女信托、隔代转让信托或自由裁量信托等都是被私人理财广泛使用的税收筹划工具。

⑥ 继承人教育功能。教育合格的继承人是理财客户保持财富持续传承的重要条件，但财富本身却可能使继承人的教育变得复杂。信托在继承人教育中也拥有不可忽视的作用——子女保障信托。子女保障信托由父母或长辈为子女设立，将一部分财产交由受托人管理，分期定量地为子女支付生活、教育或创业费用。这种分期定量的支付方式，可以防止子女在无人监管的情况下随意挥霍，也可以在离婚后为子女支付抚养费，防止子女的抚养方恶意侵占子女抚养费。

（2）信托在个人理财中的主要类型。

① 个人财产管理信托。即个人为满足自身财产保值、增值的需求，而设立信托，将财产委托给受托人进行管理。

② 婚姻家庭信托。即由婚姻关系的一方或双方作为委托人，出于保护家庭财产的目的而设立的信托。这种信托一般具有家庭破产时保障家庭基本生活、规避离异配偶或其再婚配偶恶意侵占财产等作用。

③ 子女保障信托。即由委托人（父母、长辈）出于保障子女成长的目的而设立的信托。这种信托广泛运用于子女海外留学费用的给付、离异子女的抚养费支付、未来孩子教育及创业基金的提供等。

④ 遗产管理信托。即指委托人预先以立遗嘱的方式，将财产的规划内容，包括交付信托后遗产的管理、分配、运用及给付等，详细列于其中。这种信托的作用包括：帮助没有能力管理遗产的遗孀、遗孤按遗嘱人生前愿望管理信托

财产；合理分配遗产，避免遗产纷争；等等。中外名人、富豪多采用遗产信托这一资产传承方案，比如洛克菲勒家族、梅艳芳、戴安娜王妃、沈殿霞、迈克尔·杰克逊等均采取遗产信托来传承自己的财产。

⑤ 养老保障信托。即由委托人出于养老保障的需要，而和受托人签订信托合同，委托人将资金转入受托人的信托账户，由受托人依照约定的方式替客户管理、运用。这种信托是制订退休规划的有效工具，可以有效弥补我国目前社会养老保障体制不健全的缺陷。

第三节　财产传承规划

【导入案例】

案例 8.3　一个拥有 200 万元资产的客户，在他去世时其妻子还健在。根据法律规定，这笔财产将平均分配给妻子与女儿。但由于该客户的妻子本身拥有近 100 万元的资产，而女儿尚幼，所以该客户生前留下遗嘱，希望能把大部分遗产留给女儿作为将来的教育基金。再如，某客户只有幼年的儿子，而他却拥有将近 1 000 万元的资产，他担心自己如果去世了，儿子没能力管理和支配这笔遗产，所以希望能够指定一个监护人，在照顾儿子的同时管理这笔遗产，等到儿子成年后再将遗产转交给他。

解释：如果客户没有做好财产传承规划，则其上述的愿望很难实现。在理财规划师的帮助下，通过制订合理的财产传承规划，客户不仅可以实现这些目标，还可以减少客户的亲人在面对其死亡时的不安情绪，同时降低遗产处置费用和纳税金额的支出。

一、财产继承关系

财产继承是指自然人死亡后，由法律规定的一定范围内的人或遗嘱指定的人依法取得死者遗留的个人合法财产的法律制度。继承权是指自然人依法取得死者个人所遗留的合法财产的权利。

遗产是指被继承人死亡时遗留下来的个人合法财产。遗产的构成要件有：① 遗产必须是财产（包括消极财产即债务），不能是人身权及身份等。② 遗产必须是死者生前所有的合法财产。包括所有权、债权、知识产权及股权等各种财产权利。③ 遗产必须是非专属于死者的财产。有些财产不具有可转让性，因此不得继承，如养老保险金请求权（但养老保险个人账户余额可以作为遗产继承）。④ 遗产的形态不以死者死亡时遗留下的状态为限，若从死者遗留下的财产衍生出的财产或替代财产均为遗产。

（一）继承的种类

1. 法定继承

法定继承又称无遗嘱继承，是在被继承人没有对其遗产的处理立有遗嘱的情况下，由法律直接规定继承人的范围、继承顺序、遗产分配的原则的一种继承方式。法定继承可分为以下两类：

（1）代位继承。是指被继承人的子女先于被继承人死亡的，死亡的子女的晚辈直系血亲代位继承被继承人遗产的制度。

（2）转继承。是指被继承人死亡后遗产分割前继承人又死亡的，由该死亡继承人的继承人继承其应当继承的份额的法律制度。

2. 遗嘱继承

遗嘱继承又称指定继承，是按照被继承人所立的合法有效的遗嘱而承受其遗产的继承方式。遗嘱继承的特征为：① 被继承人生前立有合法有效的遗嘱和立遗嘱人死亡是遗嘱继承的事实构成；② 遗嘱继承直接体现着被继承人的遗愿；③ 遗嘱继承人和法定继承人的范围相同，但遗嘱继承不受法定继承顺序和应继份额的限制；④ 遗嘱继承的效力优于法定继承的效力。

遗嘱继承的适用条件为：① 被继承人生前立有遗嘱，并且遗嘱合法有效；② 立遗嘱人死亡；③ 被继承人生前没有签订遗赠扶养协议；④ 遗嘱中指定的继承人未丧失继承权，也未放弃继承权，同时未先于被继承人死亡。

（二）法定继承人的范围和继承顺序

1. 第一顺序法定继承人

（1）配偶。即有合法婚姻关系的夫或者妻，已经离婚的或者尚未结婚、不是配偶的不享有继承权；依据规定构成事实婚姻的相互享有继承权。丧偶儿媳对公、婆，丧偶女婿对岳父母，尽了主要赡养义务的，作为第一顺序继承人。

（2）子女。包括：婚生子女、非婚生子女、养子女和相互之间形成抚养关系的继子女。① 婚生子女，不论男女、已婚未婚、随父姓还是随母姓、婚后女到男家落户还是男到女家落户，均是法定继承人，依法享有平等继承权。"声明"与父母脱离父母子女关系的子女仍依法享有继承权。父母离婚后，由一方抚养的子女，对未与其共同生活的父或母仍享有继承权。② 非婚生子女与婚生子女的法律地位完全相同，法律有关父母子女间的权利义务同样适用于父母与非婚生子女。③ 养子女与其亲生父母相互之间由于没有法律关系所以不具有继承权。④ 继子女与其继父母之间由于形成抚养关系而相互具有继承权的，不影响与其亲生父母之间的继承权。

（3）父母。与子女相对应。养子女与养父母间相互享有继承权。养子女与亲生父母间不享有继承权。

（4）养孙子女与养祖父母之间互为第一顺序继承人。这里的养孙子女是指由其养祖父母直接收养为孙子女的情形，而不是指由养祖父母的子女收养为子女从而形成祖父母与孙子女之关系的情形。

2. 第二顺序法定继承人

（1）兄弟姐妹。兄弟姐妹包括同父母的兄弟姐妹、同父异母或者同母异父的兄弟姐妹、养兄弟姐妹、有扶养关系的继兄弟姐妹。亲兄弟姐妹（全血缘关系、半血缘关系）相互享有法定继承权。养兄弟姐妹相互享有继承权，但养兄弟姐妹与其亲兄弟姐妹间不享有继承权。形成扶养关系的继兄弟姐妹，继兄弟姐妹间继承权的发生，不以继父母子女间发生的抚养关系为依据，而是以继兄弟姐妹之间发生的抚养关系为依据。

（2）祖父母、外祖父母。有负担能力的祖父母、外祖父母，对于父母已经死亡或者父母无力抚养的未成年孙子女、外孙子女有抚养义务，因此祖父母、外祖父母是孙子女、外孙子女的法定继承人，依法对孙子女、外孙子女的遗产享有继承权。孙子女与外孙子女不是祖父母与外祖父母的第二顺序继承人，他们只能通过代位继承取得其祖父母或者外祖父母的遗产。

3. 法定继承顺序

（1）有第一顺序继承人的，第二顺序继承人不得继承；没有第一顺序继承人或者第一顺序继承人均丧失了继承权或者放弃了继承权的，第二顺序继承人继承。

（2）同一顺序继承人之间继承权平等，除了例外情形均平等地分配遗产。例外情形如下：

① 对生活有特殊困难、缺乏劳动能力的继承人，在进行遗产分配时，应当予以照顾。

② 对继承人尽了主要抚养义务或者与被继承人共同生活的继承人，在分配遗产时，可以多分。

③ 有抚养能力和有抚养条件的继承人，不尽抚养义务的，分配遗产时，应当不分或者少分。

④ 继承人协商同意不均分。

⑤ 依靠被继承人抚养的缺乏劳动能力又没有生活来源的人。

⑥ 对被继承人扶养较多的人。

注意：养子女对其亲生父母若尽了主要赡养义务的，可以依据这一规定适当分得其亲生父母的遗产。

二、制订财产传承规划方案

（一）明确财产传承规划的目的与制订财产传承规划方案的原则

财产传承规划，是指当事人在其健在时通过选择遗产策划工具和制订遗产计划，将拥有或控制的各种资产或负债进行安排，从而保证在自己去世或丧失行为能力时尽可能实现个人为其家庭（也可能是他人）所确定目标的安排。

财产传承规划的主要目的是确保个人或家庭的财富能够按照他们的意愿，在正确的时间、以正确的方式、传递给预定的受益人。个人财产传承规划的主要目的是以下六点：

1. 确保财富安全

通过合理的规划，确保财富不受债权人、离婚、诉讼等风险的影响。

2. 有序传承

避免家族成员之间因财产继承问题而产生的纠纷，确保财富按照创立者的意愿进行分配。

3. 税务优化

通过合法的税务规划，减少税收负担，最大化传承财富。

4. 激励和培养后代

通过设立教育基金、创业基金等方式，激励和帮助后代接受更好的教育或开展事业。

5. 慈善捐赠

如果创立者有慈善意愿，财产传承规划可以包括将部分财产捐赠给慈善机构或公益事业。

6. 家族企业传承

确保家族企业的平稳过渡，避免企业控制权的争夺，保持企业的稳定运营。

财产传承规划是一个复杂的过程，通常需要法律、财务、税务等专业人士的协助，以确保规划的合法性、有效性和可执行性。

如何才能做好财产传承规划呢？首先要注意以下两项原则：

1. 保证财产传承规划方案的可变通性

因为财产传承规划从制定到生效间有一段不确定的时间，而在该时间内的客户财产状况和目标都是处于不断变化中的，因此，理财规划师要时常与客户沟通，不断地对规划方案做调整，以保证其满足客户的不同需要。

客户向理财规划师征求规划意见就是为了在其突然去世或丧失行为能力时确保其财产有适当的安排。所以说，客户在制订财产传承规划时也无法确定何时会执行。如果客户在较长一段时间内不执行的话，其价值取向、财务状况、目标期望、投资偏好等往往会发生变化，其规划方案也可能随之发生改变。

例如，一位客户现年 43 岁，已婚并育有一儿一女，他计划将子女送到外国接受高等教育；该客户当前拥有的资产包括公司股权、投资基金股和房产等，他的财产传承规划目标是在保障妻子的生活水平下将剩余财产留给子女作为教育基金。这时的规划方案是将大部分财产留给一对儿女。但是，在五年后，该客户身体健康，但已离婚并再婚，又有了新的子女。客户的财务状况也发生了变化，他在结束大部分公司业务后主要持有基金股票和债券；且对前儿女的态度和 43 岁时不同了，更疼爱与现任妻子共同养育的女儿。由此可知，理财规划师要根据客户现状重新调整规划方案的内容。所以说，可变通性在财产传承规划中是极其重要的，理财规划师在为客户制订规划方案时应该留有一定的变化余地，并且要和客户进行定期或不定期的审阅和修改。

2. 确保财产传承的现金流动性

客户过世后的遗产，要先用于支付相关的税收及遗产处置费用，如法律和会计手续费、丧葬费等，并要还清相关债务，之后剩余的部分才可以分配给受益人。所以，如果客户遗产中的现金数额不足，反而会导致其家人陷入债务危机。为避免这种情况的发生，理财规划师必须帮助客户在其遗产中预留足够的现金以备支出。现金收入的来源通常有银行存款、存单、可变现的有价证券等。客户应该尽量减少遗产中的非流动性资产，如房地产、珠宝和收藏等，这些资产不仅无法及时变现为所需的现金，还会增加遗产处置的费用。所以，理财规划师可以建议客户将它们出售或赠给他人，从而减少现金支出。

（二）财产传承规划的工具

1. 遗嘱

遗嘱是遗嘱继承的前提和依据，是当事人按照自己的意愿进行财产传承的有效工具之一。

（1）遗嘱的特征。第一，遗嘱是被继承人单方行为，不需要征得其他人同意（遗嘱生效前，遗嘱人可以随时根据自己的意思变更或者撤销遗嘱）；第二，遗嘱必须是遗嘱人生前亲自独立实施的民事行为，不能适用代理；第三，遗嘱在遗嘱人死亡后才能实现；第四，遗嘱是按照法定形式制定的；第五，遗嘱是一种处分财产的行为。

（2）遗嘱的有效条件。

① 遗嘱人须有遗嘱能力（立遗嘱时为完全民事行为能力人，无行为能力或者限制行为能力人所立遗嘱无效；遗嘱人立遗嘱时有行为能力，后来丧失了行为能力，不影响遗嘱的效力）。

② 遗嘱须是遗嘱人处分其财产的真实意思表示（有多个合法、有效遗嘱的，以最后的遗嘱为准；受欺诈、胁迫设立的遗嘱无效；伪造的遗嘱无效；遗嘱被篡改的，篡改的内容无效）。

③ 遗嘱不能取消缺乏劳动能力又没有生活来源的继承人的继承权（取消或减少法定继承人中未成年人、无劳动能力又无生活来源的人、未出生的胎儿

对遗产的应继承份额，是无效的)。

④ 遗嘱所处分的财产须为遗嘱人的个人财产（遗嘱人通过遗嘱处分属于其他个人或者组织的财产的，遗嘱的该部分内容应当认定无效；属于夫妻共同财产的，应先把属于配偶的财产隔离，仅就遗嘱人个人的财产设立遗嘱)。

⑤ 遗嘱不能违反社会公共利益和社会公德。

（3）遗嘱的形式。

① 公证遗嘱。公证遗嘱是经过国家公证机关办理了公证手续的遗嘱。遗嘱人必须亲自到有管辖权的公证机关或请公证人员到现场办理遗嘱公证，不能委托他人代为办理。

② 自书遗嘱。自书遗嘱是由遗嘱人亲自书写的遗嘱，须由遗嘱人亲自签名，注明年、月、日。

③ 代书遗嘱。代书遗嘱是委托他人代笔书写的遗嘱。应当由遗嘱人指定两个以上的见证人在场，由代书人一人代书，注明年、月、日，代书人宣读遗嘱，遗嘱人认定无误后，由代书人、其他见证人和遗嘱人签名。

④ 打印遗嘱。打印遗嘱应当有两个以上见证人在场见证。遗嘱人和见证人应当在遗嘱每一页签名，注明年、月、日。

⑤ 录音录像遗嘱。录音录像遗嘱是以录音录像形式制作的遗嘱，应当由两个以上的见证人在场见证。遗嘱人和见证人应当在录音录像中记录其姓名或肖像，以及年、月、日。

⑥ 口头遗嘱。口头遗嘱是遗嘱人用口述的方式所立的对其遗产进行处分的遗嘱。口头遗嘱应由两个以上见证人在场见证。危急情况解除后，遗嘱人能够用书面或者录音形式立遗嘱的，所立的口头遗嘱无效。

注意：第一，遗嘱人立遗嘱后，如果认为原立遗嘱不妥，有权对其加以变更或撤销。第二，遗嘱人以不同形式立有数份内容相抵触的遗嘱时，其中有公证遗嘱的，以最后所立公证遗嘱为准；没有公证遗嘱的，以最后一份遗嘱为准。撤销遗嘱后未立新遗嘱的，其财产按法定继承的方式办理。第三，下列人员不能作为遗嘱见证人：① 无民事行为能力人、限制民事行为能力人以及其他不具有见证能力的人；② 继承人、受遗赠人；③ 与继承人、受遗赠人有利害关系的人。

（4）遗嘱的修订和撤销。除符合遗嘱有效条件外，还应注意：

① 公证遗嘱的修订、撤销仍要采取公证形式。

② 遗嘱人立有数份遗嘱，而且内容互相冲突的，推定遗嘱人修订、撤销了遗嘱，并且以最后所立遗嘱为准。数份遗嘱中以最后的遗嘱为准。

③ 遗嘱人将在遗嘱中处分了的财产在继承开始前作了转移或者部分转移的，遗嘱被视为撤销或部分被撤销。

④遗嘱人故意销毁遗嘱的，推定为遗嘱人撤销遗嘱。

（5）遗嘱的执行。遗嘱执行人的确定方式如下：

①遗嘱人在遗嘱中指定了遗嘱执行人的，由被指定的遗嘱执行人执行遗嘱；

②遗嘱中没有指定遗嘱执行人或者被指定的执行人不能执行遗嘱的，由法定继承人担任遗嘱执行人；

③继承人也不能执行遗嘱的，由遗嘱人生前所在单位或者继承开始地点的居民委员会、村民委员会担任遗嘱执行人；

④指定的专业机构和专业人士充当执行人（会计师事务所及注册会计师、律师事务所及律师、理财规划机构及理财规划师）。

（6）遗嘱执行程序。

第一，确定遗嘱执行人；

第二，查明遗嘱是否真实、合法；

第三，清理遗产（名称、数量、价值、地点），编制遗产清单；

第四，管理遗产（单纯地持有或者收取租金、实现债权、偿还债务、交纳专利年费等）；

第五，按照遗嘱内容执行遗赠和将遗产最终转移给遗嘱继承人。

（7）遗嘱工具的优点。第一是可以选择自己认为最可靠的继承人，充分保护公民财产所有权；第二是促使晚辈继承人孝敬老人，共同承担供养老人、养育子女、扶助幼小弟妹，发挥家庭养老育幼功能，促进家庭成员内部的互助团结，减少和预防纠纷。

（8）遗嘱工具的风险。第一，遗嘱的效力风险。由于遗嘱执行时遗嘱人已经死亡，遗嘱的真实性、变更等会带来很大的争议，因此产生遗嘱的效力风险。第二，设立遗嘱执行人的风险。遗嘱虽然由遗嘱执行人来保管，但遗产通常还是由遗嘱继承人持有，遗产极容易受到侵吞。第三，遗嘱继承面临巨额遗产税的财务负担。第四，遗嘱继承无法实现家庭财富与企业资产的有效分离。

理财规划师需要提醒客户在遗嘱中列出必要的补遗条款，借助该条款，客户在希望更改其遗嘱内容时不需要制定新的遗嘱文件，而在原来文件上修改即可。另外，在遗嘱的最后，客户还需要签署剩余财产条款声明，否则该遗嘱文件将不具有法律效力。

尽管理财规划师不能直接协助客户订立遗嘱，但仍有义务为客户提供有关的信息。例如，需要的文件、在遗嘱订立过程中可能出现的问题的规避方法等。这需要理财规划师对遗嘱术语、影响遗嘱的因素和有关法规有充分的了解。

2. 遗产委托书

遗产委托书是财产传承规划的另一种工具，它授权当事人指定一方在一定条件下代表当事人指定其遗产的订立人，或直接对当事人遗产进行分配。客户通过遗产委托书，可以授权他人代表自己安排和分配其财产，从而不必亲自办理有关的遗产手续。被授予权力代表当事人处理其遗产的一方称为代理人。在遗产委托书中，当事人一般要明确代理人的权力范围，后者只能在此范围内行使其权利。

财产传承规划涉及的遗产委托书有两种：普通遗产委托书和永久遗产委托书。如果当事人去世或丧失了行为能力，普通遗产委托书就不再有效。所以必要时，当事人可以拟定永久遗产委托书，以防范突发意外事件对遗产委托书有效性的影响。永久遗产委托书的代理人，在当事人去世或丧失行为能力后，仍有权处理当事人的有关遗产事宜。所以，永久遗产委托书的法律效力要高于普通遗产委托书。在许多国家，对永久遗产委托书的制定有着严格的法律规定。

3. 遗产信托

遗产信托是一种法律上的契约，当事人通过它指定自己或他人来管理自己的部分或全部遗产，从而实现各种与财产传承规划有关的目标。遗产信托可以作为遗嘱补充来规定遗产的分配方式，或用于回避遗嘱验证程序，或增强规划的可变性，或减少遗产税的支出。采用遗产信托进行分配的遗产称为遗产信托基金，被指定为受益人管理遗产信托基金的个人或机构称为托管人。

根据遗产信托的制定方式，可将其分为生命信托和遗嘱信托。

（1）生命信托是当事人仍健在时设立的遗产信托。例如，某客户在其生前为儿女建立遗产信托，并指定自己或他人为信托的托管人，儿女为受益人。这样，客户的儿女并不拥有该信托的所有权但却享有该基金产生的收益。生命信托包括可撤销性信托和不可撤销性信托。前者具有很强的可变性，它允许随时修改，较受大众欢迎。此类信托不但可以作为遗嘱的替代文件帮助客户进行遗产安排，而且可以节约昂贵的遗嘱验证费用。而不可撤销性信托只在有限的情况下才可以修改，但它能享有一定的税收优惠，所以当客户不打算对信托中的条款进行调整时，可以采用这一信托形式。

（2）遗嘱信托是根据当事人的遗嘱条款设立的遗产信托，它是当事人去世后遗嘱生效时，再将信托财产转移给托管人，由托管人依据信托内容，管理、处分信托财产。遗嘱信托是指委托人预先以立遗嘱的方式，将财产的规划内容（包括设立信托后遗产的管理、分配、运用及给付等）详订于遗嘱中；等遗嘱生效时，再将信托财产转移给受托人；由受托人依据信托内容（委托人遗嘱交办的事项）管理、处分信托财产。遗嘱信托业务分为执行遗嘱和管理遗产两类。

遗嘱信托适用范围为：① 名下有可观财产，担心将来在财产分配上会有困扰的人；② 有些继承人属于身心有障碍或者没有能力处理、管理财产，甚至是无法控制自己的人；③ 想立遗嘱，但不知如何规划，担心自己突然离开的时候，继承人没有能力处理留下来的财产的人；④ 对遗产管理及配置有专业需要的人。

遗嘱信托的程序为：① 被继承人生前设立个人遗嘱；② 受托人确立遗嘱信托；③ 受托人编制财产目录；④ 安排预算计划；⑤ 结清税、捐款项；⑥ 确定投资政策；⑦ 编制会计账目；⑧ 进行财产分配。

遗产信托在实现财富传承方面具有较大的优点：

第一，主要体现在信托能够实现被继承人的意愿；

第二，对于继承人财富使用形成约束，达到保障子女生活、赡养老人等目的；

第三，信托能够实现家庭财富与企业资产相分离，达到规避债务的目的；

第四，信托能够在一定程度上实现避税目的；

第五，信托能够实现家族企业股权集中管理的目的，避免股权分散或者变卖而导致家族企业衰败。

遗产信托在实现财富传承方面同样具有缺点：信托关系过于稳定，导致委托人在某些紧急情况下无法立即终止信托关系。

4. 人寿保险

人寿保险产品在遗产规划中也起着很大作用。客户如果购买人寿保险，在其去世时就可以获得一大笔保险赔偿金，而且它是以现金形式支付的，所以能够增加遗产的流动性。因此，人寿保险在财产传承规划中比较受理财规划师和客户的重视。然而，人寿保险赔偿金和其他遗产一样，也要支付税金。此外，客户在购买人寿保险时，需要每年支付一定的保险费。如果客户在规定的期限内没有去世，则可以获得保险费总额及其利息，但利率通常低于一般的储蓄利率。

保险在财富传承中的优点：第一，保险能比较充分地实现财富所有人的传承意图，传承人可以决定传承时间、传承对象，被继承财富不会被家族外人窃取；第二，遗产资产转移至受益人名下，不提供公开查询，有利于保护隐私；第三，受益资产不受债权人的追索，有利于避债；第四，避免遗产税和其他资产方式留存的纳税压力，实现合理避税目的；第五，约束了受益人对财富的实际支配权，定期支取，实现有效传承。

保险在财富传承中也存在缺点：第一，保单变现较为困难，流动性较低；第二，保险主要实现了资金财富管理，难以实现更多的财富传承目的；第三，保险的最终赔付还取决于保险公司的经营状况等。

5. 赠与

赠与是指当事人为实现某目标将某项财产作为礼物赠送给受益人，而使该项财产不再出现在遗嘱条款中。客户采取这种方式一般是为了减少税收支出。

但这种方法的缺点是，一旦财产赠与他人，当事人就会失去对该财产的控制权，将来也无法将其收回。

赠与人要关注赠与行为完成后的资产失控风险，赠与人一旦完成财产转移或者进行完赠与合同的公证，赠与人将不得任意撤销赠与。

《民法典》遗赠抚养协议的规定：第 1158 条对遗赠扶养协议制度作出完善，在原《中华人民共和国继承法》的基础上，扩大扶养人的范围，其中的组织不再局限于之前的"集体所有制组织"，而是规定"自然人可以与继承人以外的组织或者个人签订遗赠扶养协议。按照协议，该组织或者个人承担该自然人生养死葬的义务，享有受遗赠的权利。"

学习活动

张某担心自己去世后，三个儿子会因为自己的遗产而产生纠纷，便于 20×3 年 3 月写了一份遗嘱，并到公证机关做了公证。后来，他又担心儿子们不会按遗嘱执行，于是 20×3 年 6 月又重写了一份遗嘱，并在其中指出让自己朋友的儿子王律师来充当遗嘱执行人，监督遗嘱执行。20×4 年 9 月，他无意中听到有理财规划师在为客户制订财产传承规划，因此，他来到一家理财规划机构，就自己的财产继承事宜向专业的理财规划师进行咨询。

1. 你认为理财规划师的工作顺序应该是（　　　）。

A. 制订财产传承计划

B. 指导助理理财规划师向张某收集其财产传承规划信息

C. 对有关信息进行分析

D. 向张某介绍传承规划工具和功能

2. 关于张某的两份遗嘱，下列说法正确的是（　　　）。

A. 邀请两个以上见证人见证　　　B. 公开申明撤销第一遗嘱

C. 向公证机关申请公证　　　　　D. 撕毁自己手里的第一份遗嘱

E. 以上答案都可以

3. 对于张某的人寿保险，理财规划师的建议正确的是（　　　）。

A. 人寿保险影响客户遗产的总值

B. 人寿保险赔偿金在任何情况下都不可以作为遗产

C. 人寿保险信托是一种单独的产品

D. 人寿保险的保障功能在保险赔偿金交给受益人后弱化

知 识巩固

（一）单选题

1. 某甲与某乙已登记结婚，但未同居，也未举行婚礼。之后某甲后悔与某乙结婚，进行（   ）行为后，婚姻状况才能解除。

A. 调解　　　　　　　　　　　B. 宣布婚姻无效

C. 离婚　　　　　　　　　　　D. 撤销结婚登记

2. 离婚时，用于家庭生活的债务，应由（   ）。

A. 男方偿还　　　　　　　　　B. 女方偿还

C. 双方偿还　　　　　　　　　D. 有负担能力一方偿还

3. 离婚时，用于家庭生活债务，应由（   ）。

A. 男方偿还　　　　　　　　　B. 女方偿还

C. 双方偿还　　　　　　　　　D. 有负担能力的一方偿还

4. 结婚多年的配偶在离婚时，一方年老病残，失去劳动能力而又无生活来源，另一方应当（   ）。

A. 给予适当的经济帮助　　　　B. 在居住和生活方面适当的安排

C. 给予长期的经济帮助　　　　D. 负完全扶养义务直到死亡

5. 小高的生父和与小高形成了抚养教育关系的继父于 20×7 年 5 月先后死亡，依照我国法律规定，小高（   ）。

A. 只能继承生父的遗产

B. 只能继承继父的遗产

C. 对生父、继父的遗产都无继承权

D. 对生父、继父的遗产都有继承权

6. 石某的父亲于 20×0 年去世，石某依照法定继承取得遗产房屋一套。20×1 年石某与叶某结婚，婚后双方居住在石某的房屋中，20×3 年双方因感情不和而离婚，对该房屋的权属发生争议。该房屋所有权应（   ）。

A. 属于夫妻共同财产　　　　　B. 属于石某的个人财产

C. 属于夫妻按份共有财产　　　D. 属于叶某的个人财产

7. 遗产继承人的范围是（   ）。

A. 与法定继承人的范围相同　　B. 与法定继承人的范围不同

C. 公民与法人　　　　　　　　D. 公民、法人、国家或组织

8. 当法定继承、遗嘱继承和遗赠扶养协议三者相互冲突时，使用顺序为（   ）。

A. 法定继承、遗嘱继承、遗赠抚养协议

B. 法定继承、遗赠扶助协议、遗嘱继承

C. 遗赠扶养协议、遗嘱继承、法定继承

D. 遗嘱继承、遗赠扶养协议、法定继承

9. 下列遗嘱信托的说法，错误的是（   ）。

A. 遗嘱信托可以口头形式

B. 遗嘱信托在委托人过世后生效

C. 遗嘱信托可以规避因遗产分配产生的纷争

D. 遗嘱信托可以实现永续传承

10. 下列选项中，属于我国《中华人民共和国继承法》规定的第一顺序法定继承人的是（   ）。

A. 丧偶儿媳

B. 养子女对其生父母

C. 未建立抚养关系的继子女对其生父母

D. 孙子女对祖父母

（二）多选题

1. 在对客户财产进行评估时应注意（   ）。

A. 资产价值计算的是其目前的市场价值，而不是其购买时的支付价格

B. 负债的种类

C. 分文别类的归纳好

D. 不要遗漏某些容易被忽略的资产和负债项目

2. 财产传承规划应有所修改的情形是（   ）。

A. 子女的出生　　　B. 房产的出售　　　C. 退休　　　　　D. 结婚或离异

3. 常见的必需文件对规划有作用的是（   ）。

A. 出生证明　　　　　　　　　B. 结婚证明

C. 保险单据　　　　　　　　　D. 银行存款证明

4. 财产分配和传承规划的步骤（   ）。

A. 计算和评估客户的财产价值　　　B. 确定财产分配和传承的规划目标

C. 制订财产分配与传承规划方案　　　D. 定期检查和修改

5. 个人或家庭都有可能遭遇到一些不可预测的风险包括（   ）。

A. 家庭经营风险

B. 夫妻中一方或双方丧失劳动能力或经济能力的风险

C. 离婚或再婚风险

D. 家庭成员的去世

6. 属于财产评估中的资产类别的是（   ）。

A. 遗产处置费用　　B. 共同基金　　　　C. 人寿保单　　　　D. 医疗费用

7. 财产分配和规划在个人理财中的重要作用体现于（　　　）。

A. 对个人及家庭财产进行合理合法配置

B. 规避风险

C. 做好长远计划

D. 评估自身资产

8. 属于个人财产的是（　　　）。

A. 婚前以夫妻一方个人名义购买的房子，夫妻共同使用经过 8 年以上

B. 婚前个人财产与婚后共同财产无法查证

C. 婚前一方出版小说获得的稿费

D. 结婚后，一方以个人名义购买的电视机

9. 刘刚 5 岁丧父，其母后来与继父王某结婚，刘刚与外祖母一起生活，受其扶养。刘刚工作后，母亲去世，继父王某年老多病要求赡养，法院判决（　　　）。

A. 刘刚每月必须支付王某一定生活费

B. 刘刚可以不用支付王某生活费

C. 刘刚每月付王某一定生活费，王某死后遗产由刘刚继承

D. 刘刚对王某有赡养义务

10. 财产分配的原则是（　　　）。

A. 男女平等原则　　　　　　　　B. 照顾子女和女方利益原则

C. 不损害国家、集体利益的原则　　D. 确保财产分配的现金流动性

11. 信托用于个人理财的功能是（　　　）。

A. 财产转移　　　　　　　　　　B. 专业投资管理

C. 财产分割与保护　　　　　　　D. 税收筹划

E. 财产传承

12. 一般制订财产传承规划的原则（　　　）。

A. 保证财产的可变性　　　　　　B. 确保财产传承规划的现金流动性

C. 财产传承规划的格式化　　　　D. 财产传承规划的同一性

13. 遗产规划的主要目标有（　　　）。

A. 为受益人留下足够生活资源

B. 为特殊需要的受益人提供遗产保障

C. 非遗产性资产的继承

D. 保护受益人的养老金获取资格

14. 影响客户遗产规划变动的常见事实有（　　　）。

A. 遗产继承　　　　　　　　　　B. 房地产的出售

C. 结婚或离异　　　　　　　　　D. 子女出生

15. 人寿保险信托主要功能是（　　）。

A. 财产风险隔离　　　　　　　　　B. 专业财产管理

C. 规避经营风险　　　　　　　　　D. 更好地实现投保人的投保目的

16. 财产传承规划工具主要有（　　）。

A. 遗嘱　　　　　　　　　　　　　B. 遗嘱信托

C. 人寿保险　　　　　　　　　　　D. 财产转让合同

17. 按照法律规定，下列说法中，错误的有（　　）。

A. 配偶优先于子女继承遗产

B. 丧偶儿媳或者女婿一旦再婚，即失去对公婆或者岳父母遗产的继承权

C. 继子女可以继承生父母的遗产，也可以继承有抚养关系的继父母的遗产

D. 非婚生子女不享有继承父母遗产的权利

E. 通常情况下，父母子女相互享有继承权

（三）问答题

1. 什么是法定继承和遗嘱继承？

2. 财产传承规划的特点是什么？

3. 试述不同财产传承规划工具的优点及适用客户类型。

专业能力训练

1. 王某与夏某于 20×1 年结婚。20×6 年，王某用夫妻二人的储蓄以其个人名义与宋某合资成立某服装有限责任公司。公司章程上记载的出资情况为：王某 55 万元，宋某 45 万元。20×9 年 6 月，夏某以与王某感情不和为由提出离婚，并要求对包括某服装有限责任公司 55% 的股权的夫妻共同财产进行分割，但宋某不同意夏某为股东。该股权应该怎么分割，且如何对股权进行折价补偿呢？

2. 35 岁的王先生是一家律师事务所的合伙人，他妻子今年 30 岁，是一家上市公司的人事主管。王先生的父亲已经去世，王先生的母亲和王先生的哥哥生活在一起，王先生还有一个五岁的女儿。王先生在一次车祸中不幸遇难，没有留下遗嘱，王先生一家的总财产价值是 300 万元人民币。按此情况王先生的遗产应按什么方式继承？如果王先生准备一份遗嘱的话，家庭中哪一方应获得较多份额？此案例给我们什么启示？

示范案例

一、刘女士家庭财产分配规划案例

刘女士为独生女，今年29岁，近期打算与男友领证结婚。刘女士开了10家连锁咖啡馆，年经营收入近500万元。刘女士有婚前存款2 000万元；刘女士父母健在，男友父母健在，男友有兄弟姐妹2人。

（一）刘女士财产分配主要风险

刘女士结婚前的隐忧是担心个人名下的婚前婚后财产被外人分走。财产分配主要风险是：

1. 财产旁落风险：若与男友结婚，男友身份成为"丈夫"，是刘女士遗产的合法继承人。其可以继承的财产，不仅包括婚后所得的财产，刘女士婚前的个人财产，也将作为遗产分配，其丈夫也享有继承权，可以合法与刘女士父母平分（丈夫分得三分之一，父母合计分得三分之二）。其次，结婚后如果丈夫去世，丈夫的父母也是其夫妻财产的合法继承人。刘女士与丈夫的共同财产中的一部分，将由丈夫的父母分走。

2. 婚前财产婚后混同风险：虽然刘女士的10家连锁咖啡馆是婚前个人财产，但结婚以后经营所获得的收入，依法属于夫妻共同财产。虽然刘女士的2 000万元存款是婚前个人财产，但结婚以后如果发生账户进出，在没有保留完整证据的情况下，由于时间久远，2 000万元存款很可能与婚后财产混同而无法分辨。

3. 家人内斗风险：一旦丈夫或刘女士发生意外，以上这些财产哪些是婚前个人财产，哪些是婚后共同财产，家人之间无法区分清楚，难免产生争议。丈夫发生意外的情况下，丈夫的父母继承的财产，可能流转到丈夫的兄弟姐妹手里，因此兄弟姐妹很可能撺掇甚至打着父母的旗号前来争夺财产。

4. 财产继承复杂手续问题：即使家人之间未发生争议，在办理财产过户手续时，需要全体法定继承人在场，且需要出具各种复杂手续，导致父母难以及时取得财产。

（二）刘女士婚前财产分配解决方案

1. 刘女士在中华遗嘱库订立专业遗嘱，按照自己的心愿指定婚前个人财产归父母享有，婚后共同财产一部分归丈夫享有，同时遗嘱保管在中华遗嘱库，避免与丈夫之间的尴尬。

2. 闲置资金进入专门账户管理，如没有发生意外，该账户内的资产永远是婚前个人财产，可以避免婚后财产混同，如发生意外，该资产也是刘女士为父母准备的赡养费，父母无须征得他人配合就可以立即取得该财产。这一账户可以通过保险工具进行设置，而且刘女士可以通过保单贷款实现资金周转。

3. 与丈夫签署婚前财产协议，约定婚后经营收入为个人财产，避免婚后的财产争议。

二、李先生家庭财产传承规划案例

李先生55岁，是某银行私人银行客户，与妻子打拼半生，家庭金融资产5 000万元，有一爱女准备结婚，还有两位年过八旬的老人。李先生想准备一笔丰厚的嫁妆给女儿，同时不管自己将来的事业如何，都要给两位老人准备养老金。

（一）李先生的财产传承需求

1. 希望以合适的方式给女儿一笔财产，不希望这些财产与女儿的婚后财产存在混同风险；

2. 希望即使做生意的女婿有了债务问题，女儿依然有属于自己的个人财产，不会使其生活受到太大的影响；

3. 即使女儿将来发生婚变，给女儿的财产不会被分割，同时保证以后的基本生活开销可以得到保障；

4. 希望能够为父母的养老提供保障，如果自己出现意外，希望父母可以得到基本的生活保障。

（二）李先生的财产传承方案

首先，以李先生为被投保人购买终身寿险，保额为3 000万元。

其次，设立家族信托。信托中初始资金为1 000万元，同时将保额为3 000万元的终身寿险的受益人进行保全，变更为信托公司，即将保单的理赔金纳入李氏家族信托。信托受益人指定为李先生的女儿和两位老人，信托合同内领取规则设置为如下：

1. 婚姻祝福金：领取结婚证后，可一次性领取100万元礼金，如果女儿的婚礼超过20年，届满之日可领取300万元礼金；

2. 生育激励金：生育一胎可领取20万元礼金，二胎可领取50万元的礼金；

3. 婚变补偿金：如果女儿离异，每年可领取50万元相关补助金；

4. 品质养老金：两位老人每人每年可分配到30万元养老金。

信托合同中约定：第一，女儿的信托受益权属于个人财产，不属于夫妻共同财产；第二，除非另有规定，女儿的信托受益权不得用于偿还债务或设立担保；第三，房产是女儿的嫁妆房，要在婚前赠与女儿，签订赠与协议；第四，对于其他资产，必须有效实施设立遗嘱，给女儿的资产要说明只给女儿一个人，不包括女婿。

参考文献

［1］全国人大常委会办公厅 . 中华人民共和国民法典 [M]. 北京：中国法律出版社，2021.

［2］中国银行业协会银行业专业人员职业资格考试办公室 . 个人理财［M］. 北京：中国金融出版社，2023.

［3］艾正家 . 金融理财学［M］.2 版 . 上海：复旦大学出版社，2017.

［4］宋瑞云 . 学会理财的第一本书［M］. 北京：中国华侨出版社，2015.

［5］罗显良 . 理财产品全攻略［M］. 北京：中国宇航出版社，2013.

［6］刘德环，等 . 家庭理财一点通［M］. 北京：化学工业出版社，2014.

［7］陈雨露，刘彦斌 . 助理理财规划师专业能力［M］.4 版 . 北京：中国财政经济出版社，2011.

［8］北京当代金融培训有限公司 . 金融理财案例分析［M］. 北京：中信出版社，2012.

［9］徐凡 . 基于生命周期理财理论的个人理财投资策略研究［D］. 西安：西安科技大学，2009.

［10］毛丹平 . 金钱与命运：谁更需要关注财务风险［M］. 合肥：安徽人民出版社，2014.

［11］卡普尔，德拉贝，休斯 . 个人理财［M］.9 版 . 上海传神翻译服务有限公司，译 . 上海：上海人民出版社，2011.

［12］闻景 . 个人理财［M］. 上海：上海财经大学出版社，2006.

［13］林功实 . 个人投资理财［M］. 北京：清华大学出版社，2003.

［14］黄祝华，韦耀莹，孙开焕 . 个人理财［M］.5 版 . 大连：东北财经大学出版社，2019.

［15］张纯威，陆磊 . 金融理财［M］. 北京：中国金融出版社，2007.

［16］朱炜 . 一生的投资理财计划［M］. 北京：中央编译出版社，2008.

［17］吴盈．受益一生的理财计划［M］．北京：中国纺织出版社，2008．

［18］赵彦锋，李秀菊．投资理财细节全书［M］．北京：企业管理出版社，2007．

主 编 简 介

　　廖旗平，广东农工商职业技术学院财经学院金融学教授、管理学博士，高级理财规划师。曾兼任广东省理财规划师职业技能鉴定专家组成员、教育部高职高专经济类教学指导委员会金融分会委员等社会职务。主要讲授"个人理财""金融学基础"等课程，在《中央财经大学学报》等期刊公开发表论文50多篇，主持金融理论与教学研究课题5项，主编高职高专金融类教材2部：其中《个人理财》被评为教育部"十三五""十四五"职业教育国家规划教材。

郑重声明

高等教育出版社依法对本书享有专有出版权。任何未经许可的复制、销售行为均违反《中华人民共和国著作权法》，其行为人将承担相应的民事责任和行政责任；构成犯罪的，将被依法追究刑事责任。为了维护市场秩序，保护读者的合法权益，避免读者误用盗版书造成不良后果，我社将配合行政执法部门和司法机关对违法犯罪的单位和个人进行严厉打击。社会各界人士如发现上述侵权行为，希望及时举报，我社将奖励举报有功人员。

反盗版举报电话　（010）58581999　58582371

反盗版举报邮箱　dd@hep.com.cn

通信地址　北京市西城区德外大街 4 号　高等教育出版社知识产权与法律事务部

邮政编码　100120

读者意见反馈

为收集对教材的意见建议，进一步完善教材编写并做好服务工作，读者可将对本教材的意见建议通过如下渠道反馈至我社。

咨询电话　400-810-0598

反馈邮箱　gjdzfwb@pub.hep.cn

通信地址　北京市朝阳区惠新东街 4 号富盛大厦 1 座　高等教育出版社总编辑办公室

邮政编码　100029

防伪查询说明

用户购书后刮开封底防伪涂层，使用手机微信等软件扫描二维码，会跳转至防伪查询网页，获得所购图书详细信息。

防伪客服电话（010）58582300

网络增值服务使用说明

授课教师如需获取本书配套教辅资源，请登录"高等教育出版社产品信息检索系统"（xuanshu.hep.com.cn），搜索本书并下载资源。首次使用本系统的用户，请先注册并进行教师资格认证。

高教社金融专业教学研讨交流 QQ 群：424666478